新手学
分级基金投资

王 征 李晓波◎著

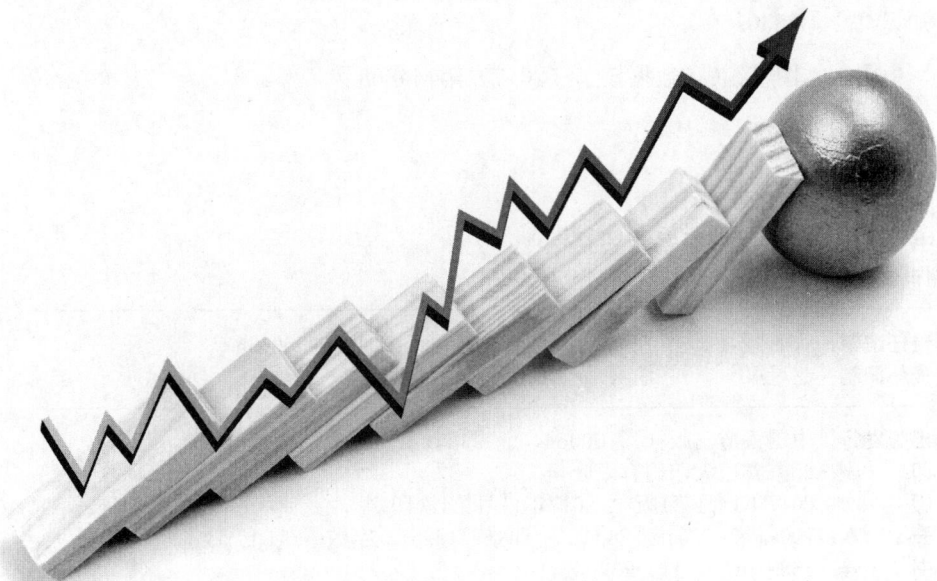

中国铁道出版社
CHINA RAILWAY PUBLISHING HOUSE

内 容 简 介

为了能够让更多的投资者正确地掌握分级基金的交易方法和技巧，包括讲解分级基金的基础知识，分级基金交易指南，分级基金的分类与折算，分级基金A份额、B份额的实战技巧，分级基金母基金的挑选与分析技巧，利用同花顺买卖分级基金实战。

本书结构清晰，功能详尽，实例经典，内容全面，技术实用，并且在讲解过程中不仅考虑读者的学习习惯，并且通过具体实例剖析讲解分级基金交易中的热点问题、关键问题及种种难题。

本书适用于基金、债券、银行理财、股票、期货、黄金、白银等投资者和爱好者，更适用于那些有志于在这个充满风险、充满寂寞的征程上默默前行的征战者和屡败屡战、愈挫愈奋并最终战胜失败、战胜自我的勇者。

图书在版编目（CIP）数据

新手学分级基金投资/王征，李晓波著. —北京：中国铁道出版社，2017.11
ISBN 978-7-113-23262-7

Ⅰ.①新… Ⅱ.①王… ②李… Ⅲ.①基金－投资－基本知识 Ⅳ.①F830.59

中国版本图书馆CIP数据核字（2017）第144868号

书　　　名：新手学分级基金投资	
作　　者：王　征　李晓波　著	
责任编辑：张亚慧	读者热线电话：010-63560056
责任印制：赵星辰	封面设计：MXK DESIGN STUDIO
出版发行：中国铁道出版社（100054，北京市西城区右安门西街8号）	
印　　刷：北京鑫正大印刷有限公司	
版　　次：2017年11月第1版　　2017年11月第1次印刷	
开　　本：700mm×1 000mm　1/16　印张：16.5　字数：251千	
书　　号：ISBN 978-7-113-23262-7	
定　　价：49.00元	

PREFACE
前　言 ●────────────────────────────────

　　"今天你分级了吗？"，随着分级基金的发行火热，投资者对分级基金也开始高度关注。不过，分级基金毕竟是创新产品，尤其是其"分级"的概念，往往会使普通投资者觉得较为复杂，从而在进行投资前犹豫不决，不知该选择哪一种分级份额。

　　市场上涨时，分级基金 B 份额可以抢反弹，获取超高收益；市场下跌时，分级基金 A 份额则成为避风港，总之，一只基金同时具备两种份额，依据市场变化充当不同的角色，这就是分级基金的魔方，"玩转它，有肉吃。"和投资传统基金需要两只或以上的产品去构建组合不同，分级基金则可以通过一只基金构建不同投资方式的"攻守兼备"组合。

　　对于投资者来说，分级基金的 A、B 份额就像"双色火锅"一样，A 份额是清汤，味道虽然淡，但是具有低风险稳健收益的特点，可满足追求稳定回报的投资者需求；而 B 份额就是红色锅底，足够火辣，适合重口味的投资者，其杠杆收益特征适合风险偏好程度较高、追求超额回报的投资者；而分级基金的母基金份额，则像一个既喝清汤也吃辣的投资者，旨在追求市场平均收益。

　　不管你是喜欢"清淡口味"，追求"麻辣风暴"，还是二者兼有，在分级基金中，你都可以找到适合自己的份额，在市场下跌或者上涨时，都保证可以吃到"肉"。

| 本书结构

　　本书共 10 章，具体章节安排如下。

　　⁂ 第 1 章：讲解分级基金的基础知识，即分级基金的定义、份额、净值、价格、优势、购买渠道、认识误区、发展历史。

⟫ 第 2 章：讲解分级基金交易指南，即场内外交易、沪深分级基金的不同、如何开户、如何申购、如何认购、如何购回、如何利用同花顺软件查看分级基金行情。

⟫ 第 3～7 章：讲解分级基金交易的方法与技巧，即分级基金的分类与折算、A 份额的交易方法与技巧、B 份额的交易方法与技巧，分级基金套利的方法与技巧。

⟫ 第 8～9 章：讲解分级基金母基金的挑选与分析技巧。

⟫ 第 10 章：讲解利用同花顺买卖分级基金实战，即上交所分级基金母基金的买卖技巧、上交所分级基金 A 份额的买卖技巧、上交所分级基金 B 份额的买卖技巧、上交所分级基金的拆分与合并技巧、深交所分级基金母基金的买卖技巧、深交所分级基金 A 份额的买卖技巧、深交所分级基金 B 份额的买卖技巧、深交所分级基金的拆分与合并技巧。

| 本书特色

本书的特色归纳如下。

1. 实用性：本书首先着眼于分级基金交易实战应用，其次探讨深层次的技巧问题。

2. 详尽的例子：本书都附有大量的案例，通过这些例子介绍知识点。每个例子都是作者精心选择的，投资反复练习，举一反三，就可以真正掌握交易技巧，从而学以致用。

3. 全面性：本书包含了分级基金交易的所有知识，即分级基金的定义、份额、净值、价格、优势、购买渠道、认识误区、发展历史、场内外交易、开户、申购、赎回、行情查看、分级基金的分类与折算、A 份额的交易方法与技巧、B 份额的交易方法与技巧，分级基金套利的方法与技巧、分级基金母基金的挑选技巧、分级基金母基金的分析技巧、上交所分级基金母基金的买卖技巧、上交所分级基金 A 份额的买卖技巧、上交所分级基金 B 份额的买卖技巧、上交所分级基金的拆分与合并技巧、深交所分级基金母基金的买卖技巧、深交所分级基金 A 份额的买卖技巧、深交所分级基金 B 份额的买卖技巧、深交所分级基金的拆分与合并技巧。

| 本书适合的读者

本书适用于所有投资者，不仅适用于基金、债券、银行理财、股票、期货、黄金、白银等投资者和爱好者，还适用于那些有志于在这个充满风险、充满寂寞的征程上默默前行的征战者和屡败屡战、愈挫愈奋并最终战胜失败、战胜自我的勇者。

| 创作团队

本书由王征、李晓波编写，下面人员对本书的编写提出过宝贵意见并参与了部分编写工作，他们是陆佳、张振东、王真、周贤超、杨延勇、解翠、王荣芳、李岩、周科峰、陈勇、孟庆国、赵秀园、吕雷、孙更新、于超、栾洪东、尹吉泰、纪欣欣、王萍萍、高云、李永杰、盛艳秀。

由于时间仓促，加之水平有限，书中的缺点和不足之处在所难免，敬请读者批评指正。

编　者
2017 年 5 月

| 目 录 |
CONTENTS

第 1 章 　 分级基金快速入门 　 / 　 1

1.1　初识基金 / 2

　　1.1.1　什么是基金 / 2

　　1.1.2　基金的特点 / 4

　　1.1.3　基金的作用 / 6

1.2　初识分级基金 / 7

　　1.2.1　什么是分级基金 / 7

　　1.2.2　分级基金的份额 / 7

　　1.2.3　分级基金的净值 / 8

　　1.2.4　分级基金的价格 / 9

　　1.2.5　分级基金的优势 / 9

1.3　购买分级基金的渠道 / 10

　　1.3.1　分级基金交易的一般渠道 / 10

　　1.3.2　选择适合自己的基金交易渠道 / 12

1.4　分级基金母基金的收益 / 12

　　1.4.1　基金收益的组成 / 12

　　1.4.2　基金收益计算方法 / 14

　　1.4.3　基金收益分配原则 / 14

　　1.4.4　基金收益分配方案 / 14

1.5　分级基金母基金的费用 / 16

　　1.5.1　认购费和申购费 / 16

　　1.5.2　费用的外扣法和内扣法 / 17

　　1.5.3　赎回费和转换费 / 18

　　1.5.4　管理费和托管费 / 19

1.5.5　前端收费和后端收费 / 21

1.6　分级基金的误区 / 22

　　1.6.1　认为分级基金都是高风险 / 22

　　1.6.2　认为所有 A 类分级基金都保本保息 / 22

　　1.6.3　对于母基金是 LOF 的分级基金的子基金错误看成是封闭基金 / 23

　　1.6.4　错误认为 B 类杠杆基金的溢价率和杠杆率存在线性（正比）关系 / 23

1.7　分级基金的发展历史 / 23

　　1.7.1　海外杠杆型基金的发展 / 24

　　1.7.2　国内分级基金的发展 / 24

第 2 章　分级基金交易指南 / 27

2.1　分级基金的场内外交易 / 28

　　2.1.1　场内交易 / 28

　　2.1.2　场外交易 / 28

2.2　沪深交易所的分级基金交易规则的对比 / 29

　　2.2.1　最大的区别是什么 / 29

　　2.2.2　代码的不同 / 29

　　2.2.3　申报规则的不同 / 31

　　2.2.4　拆分、合并和卖出的不同 / 31

　　2.2.5　转托管的不同 / 32

2.3　开立基金账户和交易账户 / 33

　　2.3.1　在基金公司开立账户 / 33

　　2.3.2　在银行开立账户 / 38

　　2.3.3　在证券公司开立账户 / 41

2.4　分级基金母基金场外交易的认购 / 42

2.5　分级基金母基金场外交易的申购 / 44

2.6　分级基金母基金场外交易的赎回 / 44

2.7 分级基金母基金场内交易的操作方法 / 46

    2.7.1 分级基金母基金场内交易的申购 / 46

    2.7.2 分级基金母基金场内交易的特点 / 47

2.8 利用同花顺软件查看分级基金行情 / 48

    2.8.1 同花顺软件的下载和安装 / 48

    2.8.2 同花顺软件的用户注册 / 51

    2.8.3 查看分级基金行情 / 53

第 3 章　分级基金的分类与折算　/　61

3.1 分级基金的分类 / 62

    3.1.1 根据投资范围的不同分类 / 62

    3.1.2 根据有无到期日的不同分类 / 65

    3.1.3 根据 A 份额和 B 份额收益分配不同分类 / 66

3.2 分级基金的定期折算 / 69

    3.2.1 什么是定期折算 / 69

    3.2.2 折算基准日 / 69

    3.2.3 折算方式和交易安排 / 70

    3.2.4 折算后 A 份额复牌首日前收盘价调整的规定 / 70

    3.2.5 正确认识分级基金的定期折算 / 70

    3.2.6 分级基金的定期折算实例 / 71

3.3 分级基金的不定期折算 / 73

    3.3.1 向上不定期折算 / 74

    3.3.2 向下不定期折算 / 76

第 4 章　分级基金 A 份额的投资方法与技巧　/　79

4.1 A 份额的基本概念 / 80

    4.1.1 约定收益率 / 80

    4.1.2 折溢价 / 82

    4.1.3 隐含收益率 / 83

4.2 A 份额的债性价值 / 83

    4.2.1 债性价值的决定因素 / 83

    4.2.2 约定收益率（A） / 84

    4.2.3 市场利率（r） / 84

4.3 A 份额的配对转换价值 / 85

    4.3.1 整体的折溢价 / 86

    4.3.2 产品规模的变化 / 86

4.4 A 份额与 B 份额的定价关系 / 87

    4.4.1 A 份额与 B 份额的价格相互牵制 / 87

    4.4.2 如何理解 A 份额掌握定价权 / 88

4.5 A 份额的自身特点 / 88

4.6 无限期型 A 份额的盈利 / 90

    4.6.1 约定收益的实现方法与技巧 / 91

    4.6.2 隐含收益率的实现方法与技巧 / 92

    4.6.3 接近或触及下折触发点情况下的无限期型 A 份额
           操作技巧 / 93

4.7 有限期型 A 份额的盈利 / 94

    4.7.1 场外交易的有限期型 A 份额 / 95

    4.7.2 场内交易的有限期型 A 份额 / 95

4.8 A 份额不是债券，但胜似债券 / 96

4.9 A 份额的投资风险 / 97

4.10 A 份额的投资策略 / 98

第 5 章　初识分级基金的 B 份额 / 99

5.1 B 份额的分类 / 100

    5.1.1 指数型 B 份额 / 100

    5.1.2 债券型 B 份额 / 101

    5.1.3 股票型 B 份额 / 102

5.2 B 份额的融资成本 / 102

5.3　B 份额的常用指标 / 104

　　5.3.1　初始杠杆 / 105

　　5.3.2　净值杠杆 / 106

　　5.3.3　价格杠杆 / 107

　　5.3.4　整体溢价率 / 110

5.4　B 份额的优势 / 111

　　5.4.1　B 份额与股票相比的优势 / 112

　　5.4.2　B 份额与股指期货相比的优势 / 114

　　5.4.3　B 份额与权证相比的优势 / 115

　　5.4.4　B 份额与配资融资相比的优势 / 116

第 6 章　分级基金 B 份额的交易技巧　/　117

6.1　挑选 B 份额的技巧 / 118

　　6.1.1　杠杆 / 118

　　6.1.2　流动性 / 120

　　6.1.3　离下折距离 / 121

　　6.1.4　溢价率 / 123

6.2　利用 B 份额抄底的技巧 / 125

6.3　开放式 B 份额的交易技巧 / 128

　　6.3.1　开放式 B 份额是如何赚钱的 / 129

　　6.3.2　开放式 B 份额为何亏损 / 129

6.4　全封闭、半封闭式 B 份额的交易技巧 / 131

　　6.4.1　初识全封闭、半封闭式 B 份额 / 132

　　6.4.2　全封闭、半封闭式 B 份额是如何赚钱的 / 132

　　6.4.3　全封闭、半封闭式 B 份额为何亏损 / 133

6.5　B 份额的投资策略 / 134

　　6.5.1　B 份额的三不买策略 / 134

　　6.5.2　B 份额的选择策略 / 134

　　6.5.3　B 份额的买入策略 / 135

第 7 章　分级基金的套利技巧　/　137

7.1　初识套利 / 138

　　7.1.1　什么是套利 / 138

　　7.1.2　分级基金的套利 / 138

　　7.1.3　分级基金套利的理论基础 / 139

7.2　分级基金套利的类型 / 140

　　7.2.1　溢价套利 / 140

　　7.2.2　折价套利 / 146

7.3　分级基金的盲拆 / 146

7.4　分级基金套利的成本 / 147

7.5　分级基金套利的风险 / 148

　　7.5.1　折溢价收窄风险 / 148

　　7.5.2　流动性风险 / 149

　　7.5.3　价格风险 / 149

7.6　分级基金套利的风险管理 / 149

　　7.6.1　卖空股指期货 / 149

　　7.6.2　融券 ETF / 150

　　7.6.3　利用股指期货对冲实例 / 151

第 8 章　分级基金母基金的挑选技巧　/　153

8.1　利用基金公司挑选母基金的技巧 / 154

　　8.1.1　多角度考察基金公司的资质 / 155

　　8.1.2　基金公司的规模 / 158

　　8.1.3　基金公司的投资风格 / 159

　　8.1.4　基金公司的研发能力 / 159

　　8.1.5　国外成熟市场选择基本公司的"4P"标准 / 160

8.2　利用基金经理挑选母基金的技巧 / 161

　　8.2.1　基金管理的方式 / 162

　　8.2.2　多角度考察基金经理 / 163

8.2.3　选择基金经理的一般原则 / 165

8.2.4　基金经理变动不一定会影响基金业绩 / 166

8.3　利用基金招募说明书挑选母基金的技巧 / 168

8.4　利用基金年报挑选母基金的技巧 / 170

8.4.1　基准收益率 / 170

8.4.2　收益标准差 / 171

8.4.3　单位化分析 / 172

8.4.4　基金经理的态度 / 172

8.4.5　后市行情展望 / 173

8.4.6　关联方交易 / 173

8.5　利用基金公告挑选母基金的技巧 / 174

8.5.1　上市公告书 / 174

8.5.2　定期公告 / 175

8.5.3　临时公告 / 176

8.5.4　澄清公告 / 177

8.6　利用绩效指标挑选母基金的技巧 / 177

第 9 章　分级基金母基金的分析技巧 / 179

9.1　分析大盘走势投资分级基金母基金 / 180

9.1.1　为什么投资分级基金母基金要看大盘指数 / 180

9.1.2　K 线及应用技巧 / 183

9.1.3　均线及应用技巧 / 187

9.1.4　成交量及应用技巧 / 190

9.1.5　KDJ 指标及应用技巧 / 192

9.1.6　MACD 指标及应用技巧 / 193

9.1.7　看大盘走势做基金的注意事项 / 195

9.2　基本面分析技巧 / 197

9.2.1　基本面分析包括的因素 / 197

9.2.2　把握经济周期 / 199

　　9.2.3　财务数据分析的注意事项 / 209

第 10 章　利用同花顺买卖分级基金实战　/　211

　10.1　登录网上交易系统 / 212

　10.2　上交所分级基金的买卖技巧 / 215

　　10.2.1　上交所分级基金母基金的买卖技巧 / 215

　　10.2.2　上交所分级基金 A 份额和 B 份额的买卖技巧 / 217

　　10.2.3　上交所分级基金的拆分与合并技巧 / 219

　10.3　深交所分级基金的买卖技巧 / 221

　　10.3.1　深交所分级基金母金的申购和赎回技巧 / 221

　　10.3.2　深交所分级基金 A 份额和 B 份额的买卖技巧 / 223

　　10.3.3　深交所分级基金的拆分与合并技巧 / 227

附录一　分级基金产品审核指引　/　229

附录二　上海证券交易所分级基金业务管理指引　/　233

附录三　分级基金投资风险揭示书必备条款　/　239

附录四　八问八答分级基金新规　/　245

第 1 章

分级基金快速入门

　　分级基金自 2007 年问世，就一直受到投资者的广泛关注。分级基金的价格波动很大，常常在几个交易日内就可能上涨百分之几十，也可能一周内下跌 20%。

本章主要内容包括：

➤ 什么是基金

➤ 基金的特点和作用

➤ 分级基金的定义和份额

➤ 分级基金的净值和价格

➤ 分级基金的优势

➤ 购买分级基金的渠道

➤ 分级基金母基金的收益

➤ 分级基金母基金的费用

➤ 分级基金的误区

➤ 分级基金的发展历史

1.1 初识基金

随着CPI（消费者物价指数）的居高不下，越来越多的人开始学习理财，因为你不理财，存在银行中的钱会越来越少。缺乏金融知识和工作繁忙的普通老百姓如何理财呢？就这样，基金作为一种大众化的投资理财产品已经逐步走进我们的生活。"你买基金了吗？""你的基金收益如何？"已成为流行的问候语。那么到底什么是基金呢？下面进行讲解。

1.1.1 什么是基金

假如小张、小李、小王现在手中都有一部分余钱，不想放在银行，想拿出来投资。开公司或办公厂对他们来说比较难，一是没有好的项目，二是投资实业太麻烦。所以只想投资股票、期货、黄金、债券、大宗商品等证券进行保值增值。

投资这类证券，他们都属于"三无"人员，即一无足够精力、二无过多资金、三无专业知识，所以他们良好的理财梦想一直没能实现。

有一天，小张把小李、小王请到家里，给他们出了个主意："我们三个人每人出点钱，雇一个投资理财高手帮大家投资，到时挣了钱大家平分，亏了也一起承担。"

小张认为可以聘请远近闻名的投资高手老刘，因为他拥有丰富的金融投资经验，近年来投资也赚了不少。

小李摇了摇头，表示不同意："大家只是听说过老刘，但并不认识他，把钱交给一个外人打理总是让人不太放心。"

这时小王想起了老赵，老赵是他们的好朋友，威望极高，并且略懂一点证券知识。同时老赵与老刘的关系也很好，如果请老赵牵头负责资金的整体运作，再去请老刘来负责具体操作，这样大家都会放心的。听了小王的想法，小张和小李都举双手赞成。于是他们请来了老赵和老刘。

老赵和老刘都同意三人的方案。几个人经过一番商讨后，定下如下规则。

• 小张、小李、小王的资金由老赵负责保管，老刘负责运作。

• 老赵和老刘的劳务费按照操作资金的一定比例收取，定期在筹集的资金中直接扣除。

• 无论在投资的过程中，赚了还是赔了，老赵和老刘都不负责任。

• 在扣除老赵和老刘的劳务费后，所有的资金、证券都属于小张、小李、小王共同所有。如果投资获利，三人就按投入的比例分红，如果赔了也要按相应的比例承担损失。

上述这些事就叫作合伙投资。

将这种合伙投资的模式放大几万倍，就是基金。

这种民间私下合伙投资的活动如果在出资人之间建立了完备的契约合同，就是私募基金。

如果这种合伙投资的活动经过国家证券行业管理部门（中国证券监督管理委员会）的审批，允许这项活动的牵头操作人向社会公开募集吸收投资者加入合伙出资，这就是发行公募基金，也就是大家现在常见的基金。

基金是一种间接的证券投资方式。基金管理公司通过发行基金单位，集中投资者的资金，由基金托管人（具有资格的银行）托管，由基金管理人管理和运用资金，从事股票、债券等金融工具投资，然后共担投资风险、分享收益。

在上述故事中，老赵就相当于"基金管理公司"；老刘就相当于"基金经理"。另外，为了充分保证投资者的资金安全，还会有专门的银行负责保管所有资金，这就是托管银行。投资者、基金管理公司和基金托管银行之间的关系，如图 1.1 所示。

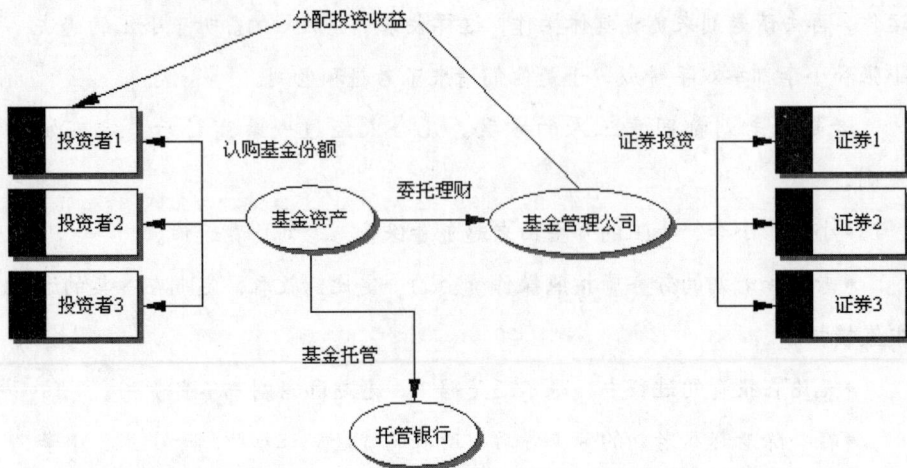

● 图 1.1　投资者、基金管理公司和基金托管银行之间的关系

1.1.2　基金的特点

选择基金投资，我们不必关心某只股票的涨跌，不必担心资金的投向，只需把资金交给值得信任的基金公司即可，他们就会为我们做好一切。基金有三大特点，分别是集合理财，专业管理；组合投资，分散风险；利益共享，风险共担，如图 1.2 所示。

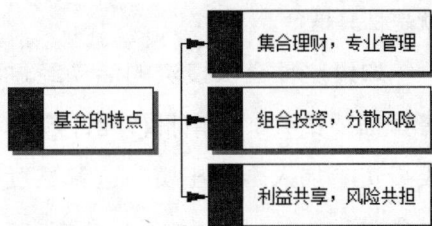

● 图 1.2　基金的特点

（1）集合理财，专业管理

"众人拾柴火焰高"，随便一只基金都可以筹集上亿元的资金。所有投资者每人付出不多的管理费，就足够雇用最专业的基金经理和调研团队。这就是基金投资的第一个优势：集合理财，专业管理。

基金公司雇佣的基金经理，不仅具有广博的投资理论知识，而且在投资领域中积累了非常丰富的经验，具有一般投资者不可比拟的优势。

（2）组合投资，分散风险

股民都知道，"不要把鸡蛋放在同一个篮子里"。意思是说，买股票应该尽量把资金分布在多只股票上，这样万一某只股票大幅下跌，整体的资金也不至于出现太大的损失。

根据这一理念，投资者要想在股市中充分分散风险，就要持有多只股票，而且这些股票最好能分布在不同的行业和不同的价格区间。但对于普通散户而言，因为个人精力有限，根本没有能力构建这样的股票组合。有一些股民在购买多只股票后，甚至连股票名称、代码都记不清楚，更不要说充分关注了。散户如果盲目地追求"分散投资"，只能让自己的股票清单越来越长，股票市值越来越少。

但基金管理公司就不同了，因为他们有足够的人力、财力同时购买几十种，甚至上百种股票或债券，充分分散风险。即使他们的投资组合中，有一两只股票出现了大幅下跌，对基金整体收益影响也不太大。

投资者花不多的钱买入一只基金，就相当于买了一个由几十只股票组成的投资组合。特别是这个投资组合中的每只股票或债券，都由专门人员盯着。

（3）利益共享，风险共担

投资就会有风险，因为风险是获利收益的本钱，即风险和收益是一对"孪生兄弟"。所有的基金投资者都会按所持有的基金份额平分收益或平摊损失，即"利益共享，风险共担"。

例如，某只基金在 2016 年上半年的盈利为 30%，所有基金持有人都可以按照自己的投资份额分享这部分收益。持有 2 000 元基金可获利 600 元收益；持有 2 万元，可以获利 6 000 元收益。

当然，如果基金亏损 30%，则所有基金持有人也应该共同承担损失。持有 2 000 元基金亏损 600 元；持有 2 万元，亏损 6 000 元。

基金公司、托管银行与投资者之间是服务关系，它们只提供服务，按照资金的比例收取劳务费，并不参与收益分配，当然也不承担风险。当基金盈利大幅提高时，基金的各项费率不会提高；当基金盈利减少时，基金的各项费用也不会降低。

有不少投资者会担心基金公司因此不负责任的操作。事实上，每个基金公司都会尽全力去运作旗下的基金品种，因为基金管理公司的收益与基金规模有关，它们只有管理好基金品种，吸引更多的投资者持有基金，才能获得更多的收益。

1.1.3　基金的作用

基金的作用主要有 4 点，具体如下。

（1）基金为中小投资者拓宽了投资渠道

对中小投资者来说，存款或购买债券较为稳妥，但收益率较低；投资股票有可能获得较高收益，但风险较大。证券投资基金作为一种新型的投资工具，把众多投资者的小额资金汇集起来进行组合投资，由专家来管理和运作，经营稳定，收益可观，可以说是专门为中小投资者设计的间接投资工具，大大拓宽了中小投资者的投资渠道。可以说基金已进入了寻常百姓家，成为大众化的投资工具。

（2）基金通过把储蓄转化为投资，有力地促进了产业发展和经济增长

基金吸收社会上的闲散资金，为企业在证券市场上筹集资金创造了良好的融资环境，实际上起到了把储蓄资金转化为生产资金的作用。这种储蓄转化为投资的机制为产业发展和经济增长提供了重要的资金来源，而且，随着基金的发展壮大，这种作用会越来越大。

（3）有利于证券市场的稳定和发展

首先，基金的发展有利于证券市场的稳定。证券市场的稳定与否同市场的投资者结构密切相关。基金的出现和发展，能有效地改善证券市场的投资者结构，成为稳定市场的中坚力量。基金由专业投资人士经营管理，其投资经验比较丰富，信息资料齐备，分析手段较为先进，投资行为相对理性，客观上能起到稳定市场的作用。同时，基金一般注重资本的长期增长，多采取长期的投资行为，较少在证券市场上频繁进出，能减少证券市场的波动。

其次，基金作为一种主要投资于证券的金融工具，它的出现和发展增加了证券市场的投资品种，扩大了证券市场的交易规模，起到了丰富活跃证券市场的作用。随着基金的发展壮大，它已成为推动证券市场发展的重要动力。

（4）有利于证券市场的国际化

很多发展中国家对开放本国证券市场持谨慎态度，在这种情况下，与外国合作组建基金，逐步地、有序地引进外国资本投资于本证券市场，不失为一个明智的选择。与直接向投资者开放证券市场相比，这种方式使监管当局能控制好利用外资的规模和市场开放程度。

1.2　初识分级基金

要投资分级基金，就要了解分级基金的定义、份额、净值、价格及优势，下面具体讲解。

1.2.1　什么是分级基金

分级基金，又叫作"结构型基金"，是指在一个投资组合下，通过对基金收益或净资产的分解，形成两级（或多级）风险收益表现有一定差异化基金份额的基金品种。它的主要特点是将基金产品分为两类或多类份额，并分别给予不同的收益分配。

1.2.2　分级基金的份额

分级基金其实是三个基金，分别是母基金、A 类子基金和 B 类子基金。

母基金是指未拆分的原基金，也是基金投资公司实际运作的基金。母基金份额，就是分级基金的基础份额。

A 类子基金，又称为 A 类份额，简称 A 份额，是指约定收益、风险较低的子份额。

B 类子基金，又称为 B 类份额，简称 B 份额，是指收益较高、风险较大的子份额。

> 提醒：B 份额，还称杠杆基金或杠杆份额，即 B 份额"借用"A 份额的资金来投资，所以具有杠杆特性，也正是因为"借用"了资金，所以 B 份额要支付给 A 份额一定基准的"利息"。

分级基金的份额如图 1.3 所示。

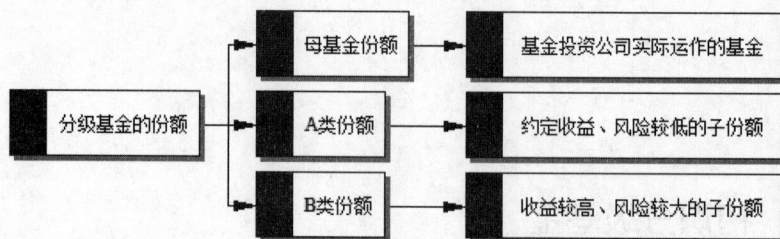

● 图 1.3　分级基金的份额

1.2.3　分级基金的净值

分级基金的收益，同市场中的其他资金一样，是用净值来反映的。每份分级基金的初始净值是 1 元，即母基金、A 份额和 B 份额的净值都为 1 元。此后，跟随投资市场的涨跌，净值也不断地涨跌。

A 份额是资金的借出方，获得稳健收益；B 份额是资金借入方，获取杠杆收益，资金统一运作投资于基金标的指数。通常 A 份额与 B 份额的比例为 1∶1，即 B 份额的初始杠杆为两部分，A 份额与 B 份额的比例都为 50%。这样，1 份母基金的净值表示如下：

1 份分级基金母基金的净值 ＝ 1 份 A 份额净值 × 1/2 + 1 份 B 份额净值 × 1/2

因为不是所有的母基金都是按 1∶1 的比例拆分 A/B 类份额，或因为 A/B 类份额可以通过场内交易单独买卖，会导致 A/B 类份额不再是最初拆分时的 1∶1，这时母基金的净值表示如下：

母基金的净值 ＝ A 份额净值 × A 份额占比（%） + B 份额净值 × B 份额占比（%）

下面来看一下 A 份额、B 份额和母基金的风险与收益。

A 份额：风险较低，收益稳定，投资亏损的概率很低。

B 份额：风险较高，收益也可能很高，即赚得可能很多或亏得可能很多。

母基金：风险和收益，都介入 A 份额和 B 份额之间。

这样，投资者可以根据自己的实际情况，即根据自己的风险、收益偏好，选择适合的母基金、A 份额、B 份额。

1.2.4 分级基金的价格

投资者需要注意，基金的净值与价格是不相同的。以环保分级（163114）为例，2016 年 12 月 13 日，母基金净值为 0.9475 元，环保 A（150184）的净值为 1.024 元，而收盘价格为 1.010 元；环保 B（150185）的净值为 0.866元，而收盘价格为 0.875 元。

为什么净值与价格不同呢？这是因为，净值是收盘后根据基金持有证券价格进行估算值计算得出的，而价格是份额交易价格，主要根据投资者对未来市场预期与交易行为决定的，有时是合理的，有时是不合理的。

分级基金由于净值与价格不同，所以在投资分级基金时，相对比较麻烦。下面讲解如何根据 A 份额和 B 份额的价格和净值，来计算出分级基金的投资价值。

$$A\ 份额折溢价率 = A\ 份额价格 \div A\ 份额净值 - 100\%$$

$$A\ 份额隐含收益率 = A\ 份额约定收益率 \div A\ 份额价格$$

提醒：分级基金的 A 份额约定收益率一般为基准利率 +3% ～ 5%，基准利率通常为一年定期存款利率，每年调整一次。如果 2016 年年初一年期定期存款利率为 1.5% 为基准，有的分级基金约定收益率为一年定期存款利率 +3%，即 4.5%；有的分级基金约定收益率为一年定期存款利率 +5%，即 6.5%。

$$B\ 份额溢价率 = B\ 份额价格 \div B\ 份额净值 - 100\%$$

$$B\ 份额净值杠杆 = 初始杠杆率 \times 母基金净值 \div B\ 份额净值 \times 100\%$$

$$B\ 份额价格杠杆 = 初始杠杆率 \times 母基金净值 \div B\ 份额价格 \times 100\%$$

1.2.5 分级基金的优势

分级基金的优势主要表现在以下 3 个方面，如图 1.4 所示。

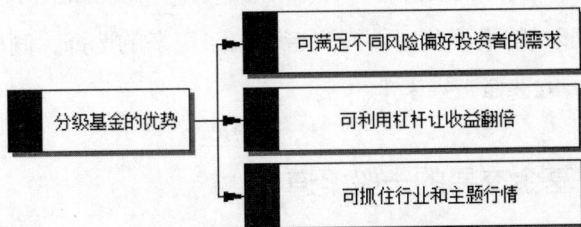

• 图 1.4 分级基金的优势

（1）可满足不同风险偏好投资者的需求

不同于美国锥形的投资者结构，中国的投资者结构很特殊，呈哑铃型、保守型和激进型都比较多，中间部分比较少。而分级基金 A 份额、B 份额，恰恰都对应了"哑铃"两头的客户群偏好。A 份额适合保守型求稳的心态，B 份额则符合激进型的风险偏好。此外，场内外套利、上折下折带来更多的玩法。因此，通过分级基金，风险厌恶型、风险偏好型、套利投资者、事件投资者的投资需求都能得到满足。

（2）可利用杠杆让收益翻倍

虽然股指期货和 ETF 期权也可以使用杠杆，但对资金量和专业度有一定要求。并且，股指期货的劣势还在于，虽然已覆盖大中小盘风格，但缺乏行业及主题。同样作为杠杆投资的一种，分级基金则适合资金量不多和非专业人士的大众使用。如果遇到牛市行情，杠杆基金可帮助投资者充分抓住大盘和各类主题、行业热点相关的上涨机遇。同使用杠杆融资一样，分级基金可帮助投资者将收益翻倍，赚得盆满钵满。

（3）可抓住行业和主题行情

分级基金喜好在同质及替代性较高的行业进行布局，而行业及主题多元化一直是分级基金的优势。目前分级基金拥有丰富多彩的行业及主题指数，如投资者看好相关主题上涨机会，但对数千只个股感到无所适从，B 份额是理想的选择。

1.3　购买分级基金的渠道

分级基金的认购渠道有多种：有代销的；有网上发售的、有柜台签售的。这些基金销售形式的多样化，给投资者带来了更多的选择，同样也因其形式的不同给投资者的选择带来困难。

1.3.1　分级基金交易的一般渠道

分级基金交易的一般渠道有 3 种，如图 1.5 所示。

下面详细讲解不同购买渠道的优缺点。

（1）基金公司直销中心

基金公司直销分为柜台直销和网上直销。柜台直销一般面向高端客户群体，则专业人员提供咨询和跟踪服务。网上直销面向广大中小投资者，因为网上直销大大节省了中间环节和各种费用成本，所以对广大投资者更有利。

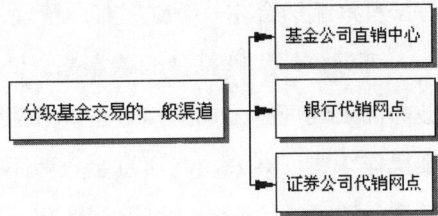

●图 1.5　分级基金交易的一般渠道

通过基金公司网上直销中心购买分级基金的优点是，可以通过网上交易实现开户、申购、赎回等手续办理，享受交易手续费优惠，不受时间地点限制。网上交易是目前比较流行的基金交易模式，只要在计算机前单击，交易即可轻松完成。

基金公司直销的缺点是，当客户需要购买多家基金公司产品时，需要在多家基金公司办理相关手续，投资管理比较复杂。如果一家基金公司只认可一种银行账户，投资多家基金公司就需要在多家银行开户，这就比在银行和证券公司代销机构购买要麻烦得多。

（2）银行代销网点

银行是传统的分级基金购买渠道，一般情况下，基金公司会把它的托管行作为指定代销银行。通过银行机构代销基金模式有着良好的信誉和网点众多等优势，一般投资者比较青睐到银行购买分级基金。

通过银行购买分级基金一般不能享受申购优惠，并且单个银行代理销售的分级基金品种非常有限，一般都是以新基金为主。托管行一般不会代理一只基金管理公司旗下的所有基金品种，所以我们办理基金转换业务手续时可能要往返多个网点，相当麻烦。

（3）证券公司代销网点

证券公司，特别是大型证券公司代销的分级基金品种都比较齐全，并且支持网上交易，这是证券公司代销分级基金的一大优势。证券公司的客户经理可能主动做出产品介绍，基金投资者能够享受到及时到位的投资咨询服务。在证券公司购买分级基金，资金存取通过银证转账进行，可以将证券、基金等多种产品结合在一个交易账户管理，大大便于投资者操作。

证券公司代销基金的缺点是，证券公司的网点较银行网点少，首次办理业务需要到证券公司网点办理，并且要在证券公司开立资金账户才能进行购买操作。在证券公司购买基金一般不如到基金公司直接购买费用低廉，因为基金公司要付给券商一些佣金费用。

1.3.2 选择适合自己的基金交易渠道

对于有较强专业能力（能对分级基金产品进行分析、能上网办理业务）的投资者来说，选择基金公司直销是比较好的选择。只要自己精力足够，可以通过产品分析比较及网上交易，实现自己对基金的投资管理。

对于中老年基金投资者来说，适合选择银行网点及身边的证券公司网点。因为银行网点众多，比较便利；去证券公司则可依靠证券公司客户经理的建议，通过柜台等方式选择适合自己的分级基金产品。

对于工薪阶层或年轻白领来讲，更加适合通过证券公司网点实现一站式管理，通过一个账户实现多重投资产品的管理，利用网上交易或电话委托进行操作，辅助以证券公司的专业化建议来提高基金投资收益水平。

> 提醒：无论通过什么渠道，基民都应该注意在合法的场所购买合法的基金公司的产品。对于基金管理公司、代销机构及基金产品的名单，基民可以到中国证监会网站（www.csrc.gov.cn）或中国证券业协会网站（www.sac.net.cn）查询。

1.4 分级基金母基金的收益

分级基金的母基金，就是一只普通基金。而基金投资面临着收益和风险，所以在投资分级基金的母基金之前，一定要弄清楚购买基金能获得哪些收益，又将面临着什么风险。

1.4.1 基金收益的组成

基金收益是基金资产在运作过程中所产生的超过自身价值的部分。具体地说，基金收益包括基金投资所得红利、股息、债券利息、买卖证券差价、存款利息和其他收入，如图 1.6 所示。

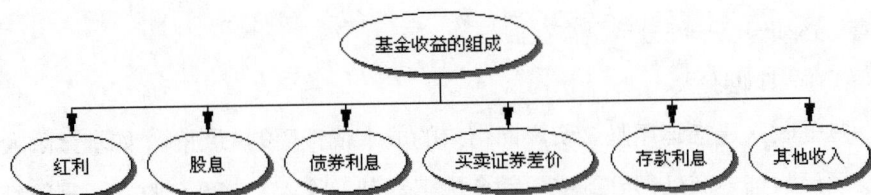

● 图 1.6　基金收益的组成

（1）红利

红利是指基金因购买公司股票而享有对该公司净利润分配的所得。一般而言，公司对股东的红利分配有现金红利和股票红利两种形式。

基金作为长线投资者，其主要目标在于为投资者获取长期、稳定的回报，红利是构成基金收益的一个重要部分。所投资股票红利的多少，是基金管理人选择投资组合的一个重要标准。

（2）股息

股息是指基金因购买公司的优先股权而享有对该公司净利润分配的所得。股息通常是按一定的比例事先规定的，这是股息与红利的主要区别。

与红利相同，股息也构成投资者回报的一个重要部分，股息高低也是基金管理人选择投资组合的重要标准。

（3）债券利息

债券利息是指基金资产因投资于不同种类的债券（国债、地方政府债券、企业债、金融债等）而定期取得的利息。

我国《证券投资基金管理暂行办法》规定，一个基金投资于国债的比例、不得低于该基金资产净值的 20%。由此可见，债券利息也是构成投资回报的不可或缺的组成部分。

（4）买卖证券差价

买卖证券差价是指基金资产投资于证券而形成的价差收益，通常也称为资本利得。

（5）存款利息

存款利息是指基金资产的银行存款利息收入。这部分收益仅占基金收益很小的一个组成部分。开放式基金由于必须随时准备支付基金持有人的赎回申请，必须保留一部分现金存在银行。

（6）其他收入

其他收入是指运用基金资产而带来的成本或费用的节约额，如基金因大额交易而从证券商处得到的交易佣金优惠等杂项收入。这部分收入通常数额很小。

1.4.2　基金收益计算方法

认 / 申购基金收益的计算方法：

份额 ＝ 投资金额 ×（1－认 / 申购费率）÷ 认 / 申购当日净值＋利息

收益 ＝ 赎回当日单位净值 × 份额 ×（1－赎回费率）＋红利－投资金额

用此方法可以计算每日自己的盈利情况。

1.4.3　基金收益分配原则

基金收益分配原则有以下 6 点，具体如下：

（1）每份基金份额享有同等分配权；

（2）基金当年收益先弥补上一年度亏损后，方可进行当年收益分配；

（3）如果基金投资当期出现亏损，则不进行收益分配；

（4）基金收益分配后基金份额净值不能低于基金面值；

（5）按照《证券投资基金暂行管理办法》（以下简称《暂行办法》）的规定，基金分配应采用现金形式，每年至少一次；基金收益分配比例不得低于基金净收益的 90%；

（6）单个基金账户中不得对同一基金同时选取两种分红方式；红利再投资部分以权益登记日的基金份额净值为计算基准确定再投资份额。

1.4.4　基金收益分配方案

基金收益分配方案主要包括 5 个方面，如图 1.7 所示。

```
                            ┌─────────────────────────┐
                     ┌─────→│   确定收益分配的内容    │
                     │      └─────────────────────────┘
                     │      ┌─────────────────────────┐
                     ├─────→│ 确定收益分配的比例和时间 │
                     │      └─────────────────────────┘
                     │      ┌─────────────────────────┐
                     ├─────→│   确定收益分配的对象    │
                     │      └─────────────────────────┘
┌──────────────┐     │      ┌─────────────────────────┐         ┌──────────────┐
│ 基金收益分配方案 ├─────┤      │                         ├────────→│   分配现金    │
└──────────────┘     │      │                         │         └──────────────┘
                     ├─────→│     确定分配的方式      ├────────→┌──────────────┐
                     │      │                         │         │  分配基金单位  │
                     │      └─────────────────────────┘         └──────────────┘
                     │                                 └────────→┌──────────────┐
                     │                                          │    不分配     │
                     │      ┌─────────────────────────┐         └──────────────┘
                     └─────→│  确定收益分配的支付方式  │
                            └─────────────────────────┘
```

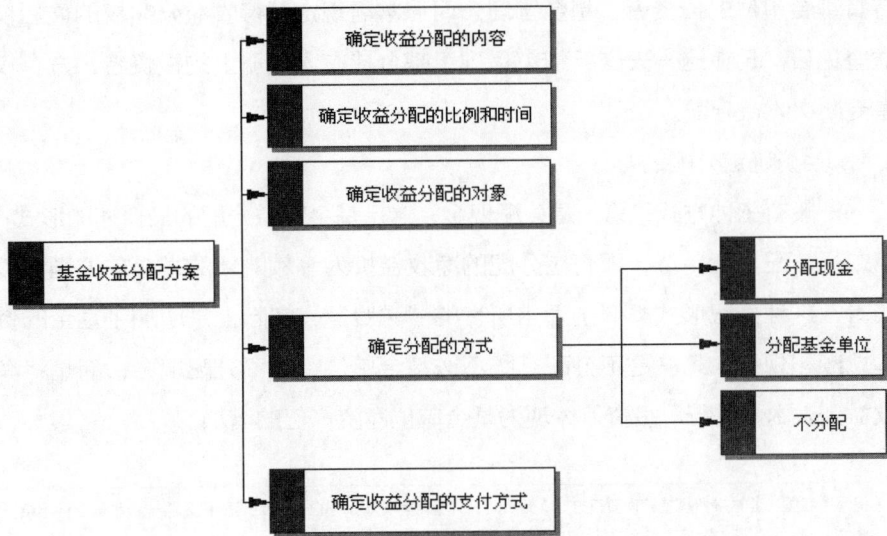

● 图 1.7　基金收益分配方案

（1）确定收益分配的内容

基金分配的客体是净收益，即基金收益扣除按照有关规定应扣除的费用后的余额。这里所说的费用一般包括：支付给基金管理公司的管理费、支付给托管人的托管费、支付给注册会计师和律师的费用、基金设立时发生的开办费及其他费用等。一般而言，基金当年净收益应先弥补上一年亏损后，才能进行当年收益分配；基金投资当年净亏损，则不应进行收益分配。特别需要指出的是，上述收益和费用数据都须经过具备从事证券相关业务资格的会计师事务所和注册会计师审计确认后，方可实施分配。

（2）确定收益分配的比例和时间

一般来讲，每个基金的分配比例和时间都各不相同，通常是在不违反国家有关法律、法规的前提下，在基金契约或基金公司章程中事先载明。在分配比例上，美国有关法律规定基金必须将净收益的 95% 分配给投资者。而我国的《证券投资基金管理暂行办法》则规定，基金收益分配比例不得低于基金净收益的 90%。在分配时间上，基金每年应至少分配收益一次。

（3）确定收益分配的对象

无论是封闭式基金还是开放式基金，其收益分配的对象均为在特定时日持有基金单位的投资者。基金管理公司通常需规定获得收益分配权的最后权益登记日，凡在这一天交易结束后列于基金持有人名册上的投资者，方有权享受此次收益分配。

（4）确定分配的方式

一般有三种方式：第一是分配现金，这是基金收益分配的最普遍的形式；第二是分配基金单位，即将应分配的净收益折为等额的新的基金单位送给投资者，这种分配形式类似于通常所言的"送股"，实际上是增加了基金的资本总额和规模；第三是不分配，既不送基金单位，也不分配现金，而是将净收益列入本金进行再投资，体现为基金单位净资产值的增加。

> 提醒：我国《证券投资基金管理暂行办法》仅允许采用第一种形式，我国台湾地区则采用第一种和第三种相结合的分配方式，而美国用得最多的方式却是第一种和第二种。

（5）确定收益分配的支付方式

收益分配的支付方式，关系到投资者如何领取应归属于他们的那部分收益的问题。通常而言，支付现金时，由托管人通知基金持有人亲自来领取，或汇至持有人的银行账户中；在分配基金单位的情况下，指定的证券公司将会把分配的基金单位份额打印在投资者的基金单位持有证明上。

1.5 分级基金母基金的费用

基金交易的费用包括认购费、申购费、赎回费、转换费、管理费和托管费，下面来详细讲解。

1.5.1 认购费和申购费

购买基金有两种方式，分别是认购和申购。

认购：投资者在基金募集期按照基金的单位面值加上需要交纳的手续费购买基金的行为。

目前国内通用的认购费的计算方法是：

$$认购费用 = 认购金额 \times 认购费率$$

$$净认购金额 = 认购金额 - 认购费用$$

申购：投资者在基金成立之后，按照基金的最新单位净值加上手续费购买基金的行为。

目前国内通用的申购费计算方法是：

$$申购费用 = 申购金额 \times 申购费率$$

$$净申购金额 = 申购金额 - 申购费用$$

我国《开放式投资基金证券基金试点办法》规定，开放式基金可以收取认（申）购费用，但该费用率不能超过申购金额的 5%。目前该费用率通常在 1% 左右，并且随着投资金额的增大而相应地减让。

开放式基金收取认购费和申购费的目的主要用于销售机构的佣金和宣传营销费用等方面的支出。

> 提醒：单从手续费来看，认购基金费用一般低于申购基金费用，这是因为认购的是新基金，基金公司为了保证发行规模鼓励认购。但投资者要明白，认购基金有几个月的封闭期，这几个月几乎没有运作收益，并且封闭期后，基金的运作水平也不可知，因为认购的是新基金。

1.5.2 费用的外扣法和内扣法

以前，国内基金公司计算认购、申购费用和份额时，采用的是内扣法，而 2007 年 3 月，证监会基金部发出《关于统一规范证券投资基金认（申）购费用及认（申）购份额计算方法有关问题的通知》，要求基金公司应当在通知下发之日起在 3 个月内统一调整为外扣法。

那么什么是外扣法，什么是内扣法呢？

外扣法和内扣法是基金申购费用和份额的两种计算方法，两者的区别是：外扣法是针对申购金额而言的，其中申购金额包括申购费用和净申购金额；而内扣法针对的是实际申购金额，即从申购总额中扣除申购费用。

内扣法的计算公式是：

$$申购费用 = 申购金额 \times 申购费率$$

$$净申购金额 = 申购金额 - 申购费用$$

$$申购份额 = 净申购金额 ÷ 当日基金份额净值$$

外扣法的计算公式是：

$$净申购金额 = 申购金额 ÷ （1+ 申购费率）$$

$$申购费用 = 申购金额 - 净申购金额$$

$$申购份额 = 净申购金额 ÷ 当日基金份额净值$$

假如，投资者投资 10 万元申购某基金，申购费率为 1.5%，基金单位净值为 1 元。

如果按内扣法计算：

$$申购费用 = 10 万 × 1.5\% = 1\,500 元$$

$$净申购金额 = 10 万 - 1\,500 元 = 98\,500 元$$

$$申购份额 = 98\,500 ÷ 1 = 98\,500 份$$

如果按外扣法计算：

$$净申购金额 = 10 万 ÷ （1+1.5\%） = 98\,522.17 元$$

$$申购费用 = 10 万 - 98\,522.17 元 = 1\,477.83 元$$

$$申购份额 = 98\,522.17 ÷ 1 = 98\,522.17 份$$

根据上述计算结果，可以看出外扣法可以多得 22 份左右的基金份额。所以采用外扣法计算申购份额，在同等申购金额条件下，投资者可以少付一些申购费用，多收一点申购份额，这对投资者来说显然是好事。

1.5.3 赎回费和转换费

赎回费是指基金的存续期间，已持有基金单位的投资者向基金公司卖出基金单位时所支付的手续费。

赎回费设计的目的主要是对其他基金持有人安排的一种补偿机制，通常赎回费中的至少 25% 是归基金资产，由基金持有人分享其资产增加。

我国《开放式投资基金证券基金试点办法》规定，开放式基金可以收取赎回费，但赎回费率不得超过赎回金额的 3%。目前赎回费率通常在 1% 左右，并且随着持有基金份额的时间增加而递减，一般持有两年以上即可免费赎回。

> 提醒：封闭式基金可以通过二级市场的买卖交易变现，开放式基金的赎回价格是以基金单位净值为基础计算出来的。

转让费是指投资者按基金管理人的规定，在同一基金管理公司管理的不同基金之间转换投资所需支付的费用。

基金转让费的计算方式有两种，分别是费率方式和固定金额方式。采取费率方式收取时，应以基金单位资产净值为基础计算，但费率不得高于申购费率。通常情况下，此项费率很低，一般只有百分之零点几。

转换费的有无或多少，具有较大的随意性，同时与基金产品性质和基金公司的策略有密切关系。

例如，伞式基金内的子基金之间的转换不收取转换费用，有的基金公司规定一定转换次数以内的转换不收取费用，或由债券基金转换为股票基金时不收取转换费用等。

> 提醒：买卖封闭式基金的手续费俗称佣金，用以支付给证券商作为提供买卖服务的代价。目前，法规规定的基金佣金上限为每笔交易金额的千分之三，佣金下限为每笔 5 元，证券商可以在这个范围内自行确定费用比率。这与股票的佣金是相同的。

1.5.4 管理费和托管费

在基金的运作过程中发生的一些开支需要由基金持有人来负担。基金管理人管理和运作基金，需要给基金公司员工和经理人发工资，基金公司的各项设施设备等开支都属于管理费用。

为了确保基金资金的安全，需要委托银行等信誉度较高的机构进行资金的托管，托管过程中所要支付的费用属于托管费。管理费和托管费的最终承担者都是基金购买者，即投资者。

（1）基金管理费

基金管理费是指支付给实际运作基金资产、为基金提供专业服务的基金管理人的费用，也就是管理人为管理和操作基金而收取的报酬。

支付给基金管理人的基金管理费的数额一般按照基金净值的一定比例从基金资产中提取。基金管理人是基金资产的管理者和运作者，对基金的保值和增值起到决定性的作用。因此，基金管理费用收取的比例比其他费用还要高。

基金管理费是基金管理人的主要收入来源，基金管理人的各项开支不能另向投资者收取。在国外，基金管理费通常按照每个估值日基金净资产的一定比例（如年利率）逐日计算，定期支付。

管理费的高低与基金的规模有关。一般来说，基金的规模越大，基金管理费率相对越低。但同时，基金管理费率与基金类别及不同国家和地区也有关系。一般来说，基金风险程度越高，基金管理费率越高，其中费率最高的基金为证券衍生工具基金，如期货期权基金、认股权证基金等；最低的是货币市场基金。

我国目前的基金管理年费率约在 1.5%。为了激励基金管理公司更有效地运用基金资产，有的基金还规定可向基金管理人支付基金业绩报酬。基金业绩报酬通常是根据所管理的基金资产的增长情况规定一定的提取比例。

（2）基金托管费

基金托管费是指基金托管人为基金提供托管服务而向基金或基金公司收取的费用。

托管费通常按照基金资产净值的一定比例提取，逐日计算并累计，至每月末支付给托管人，此费用也是从基金资产中支付，无须另向投资者收取。基金托管费计入固定成本。

基金托管费收取的比例同基金管理费类似，这与基金规模和所在地区有一定关系，通常基金规模越大，托管费率越低；新兴市场国这家的托管费收取比例相对较高。例如，国际上托管费率通常在 0.2% 左右，而我国则为 0.25%。

> 提醒：基金管理费和托管费是管理人和托管人为基金提供服务而收取的报酬，是管理人和托管人的业务收入。管理费和托管费率一般须经基金监管部门认可后，在基金契约或基金公司章程中标明，不得任意更改。另外，基金管理人和托管人，因未履行或未完全履行义务导致的费用支出或基金资产损失，以及处理与基金运作无关的事项发生的费用，不得列入基金管理费和托管费。

基金交易主要费用及其费率如表 1.1 所示。

表 1.1 基金交易主要费用及其费率

费用	费率	费用	费率
基金管理费	基金资产的 1.5%	申购费	不超过申购金额的 5%
基金托管费	基金资产的 0.25%	赎回费	不超过赎回金额的 3%
认购费	不超过认购金额的 5%	转换费	不超过申购费率

1.5.5　前端收费和后端收费

前端收费和后端收费是针对基金认（申）购费来说的。

● 前端收费：是指投资者在认（申）购基金时，就缴纳费用。通常这部分费用的收费标准按照购买金额的大小递减。

● 后端收费：是指投资者在认（申）购基金时，不缴纳费用，等基金购回时一起缴纳。这样收取的费用会按照基金持有时间和长短递减。如果投资者持有基金时间超过一定年限，还可以免交相关费用。

为了鼓励长期投资，不少基金公司推出"后端收费"模式，即先投资后埋单。投资者如果看好某只基金，并且打算长期持有，采用后端收费模式要比前端模式要好，因为这样可以省下不少费用。下面举例说明。

有张、王两位先生，三年前两人一起投资 3 万元，在同一天同一个价位买入了同一只开放式股票基金。现在，这只基金的净值已经实现翻倍，两人决定落袋为安，即把浮动账面收益换成真金白银，于是一起购回了这只基金。而结果却是张先生比王先生的实际投资收益高出 1 200 多元，这是什么原因呢？

原因在于，王先生选择的是前端收费，申购费率为 1.5%，赎回费率为 0.3，合计为 1.8%；而张先生采用的是后端收费，持有满三年，赎回费率为 0.2%，支付的申购费率只有 0.8%，合计为 1%。

这样投资 3 万元，张先生比王先生省了 0.8%，即手续费省了 3 万 × 0.8=240 元。

同时，由于张先生的后端收费，即先投资后埋单，所以购买的基金份额要比王先生多。

具体来看，三年前购买时，申购日的基金单位净值为 1.08 元，这样张先生可获得的基金份额为 3 万 ÷ 1.08=27 778 份；而王先生先要付申购费，然后再购买基金，所以其获得的基金份额为 3 万 ×（1-1.5%）÷ 1.08=27 361 份。

在这里可以看到，张先生比王先生用同样的钱，却比王先生多买了 27 778-27 361=417 份。所以，同样的投资入，张先生比王先生收益要高不少。

1.6　分级基金的误区

分级基金的误区主要表现在以下 4 个方面。

1.6.1　认为分级基金都是高风险

分级基金实际上分为具有约定收益的 A 份额和具有杠杆效应的 B 份额。A 份额是风险较低的。由于中国证券市场发展不完善，证监会只要求券商在客户交易股指期货、权证、创业板时签署《风险揭示书》进行风险揭示，而未要求券商制作《杠杆 ETF、分级基金杠杆份额交易风险揭示书》，没有要求券商对投资者对杠杆型基金产品进行投资者教育和风险测评，只一味地在《分级基金指引》要求场内申购母基金门槛 5 万元的"懒政"来限制投资者，却不限制投资者交易 B 份额，引发不了解分级基金原理的持有被下折的银华鑫利、银华鑫瑞、资源 B 的投资者投诉基金公司"分级基金高风险、欺诈"。事实上，除了没有 B 份额下折作为担保的 A 类（申万收益、银华 H 股 A）之外，其他永续型 A 类份额的风险不高于 AAA 级信用债，甚至可与国债相同。

1.6.2　认为所有 A 类分级基金都保本保息

实际上，根据分级基金合同条款，俗称"保息"的约定收益一般都是折算为等值母基金通过赎回的方式得以保障。对于有期限的 A 类分级基金，到期净值"本息"可以全部折算为母基金赎回，但折算为母基金后，母基金本身净值波动，需要承担转型停牌期的母基金涨跌风险，是不"保本"的。可以在到期前 2 ~ 3 个月卖出 A 类基金锁定本金和约定收益。而对于永续型约定收益 A 类分级基金，由于是永续存在，当 A 类约定收益率低于市场债券收益率时，则存在本金折价交易风险；在 A 类约定收益率高于市场债券收益率而溢价交易时，一旦发生向下折算，也会遭受原有溢价值的 75% 受损的风险。

如果 A 类基金对应的 B 类基金没有向下折算条款（申成指 A、银华 H 股 A），则更会出现约定收益"打白条"的风险。

1.6.3　对于母基金是 LOF 的分级基金的子基金错误看成是封闭基金

实际上母基金是 LOF 的分级基金，子基金也视为开放式基金，只不过子基金是母基金的一部分，因此子基金价格必须符合 A 类子基价格 ×A 类占比 +B 类子基价格 ×B 类占比 = 母基金净值。如果 A 份额溢价，则 B 份额折价；反之，A 份额折价，B 份额溢价。若母基金是封闭基金、半开放半封闭基金，子基金才被视为封闭基金，如瑞福进取、汇利 A 汇利 B 等。

1.6.4　错误认为 B 类杠杆基金的溢价率和杠杆率存在线性（正比）关系

实际上对分级基金而言，分级基金的优先份额和进取份额上市交易后，由于 A 类子基金的约定收益与市场上债券收益率的差异，导致 A 类子基金的折价或溢价交易。又由于有开放式分级基金的份额配对转换机制可以进行整体折溢价套利，进而决定了 B 类子基金的溢价或折价交易。

例如，A 约定收益率高于市场认可利率的房地产 A、医药 A、建信 50A 份额溢价交易，因此对应的房地产 B、医药 B、建信 50B 这些 B 份额即使杠杆率再高，也仍旧是折价交易。

如果投资者基于市场好转的预期，有可能超过合理折溢价的高价格买入 B 类基金。当市场上 B 类子基金的交易价超过了其合理折溢价的值时，就会对整体的 AB 合并成本高于母基金净值，过大而引发大量资金套利的风险。对于封闭式分级基金，由于没有配对转换机制，B 类基金的交易价过高，在临近到期日时存在交易价回归净值的交易风险。

1.7　分级基金的发展历史

下面来讲解海内外分级基金的发展历史。

1.7.1 海外杠杆型基金的发展

海外杠杆型基金起源于 20 世纪八九十年代以后有了快速的发展,由于发展历史较长、运作方式不同等因素,目前已经具备了一定的数量和规模,并以美国和英国的杠杆型封闭式基金最具代表性。

美国封闭式基金获取杠杆的形式主要有三种:一是从基金持有人风险收益偏好差异的角度对基金份额进行分级,改变收益分配方式,相当于高风险偏好持有人从低风险偏好持有人处融资以获得更高收益;二是通过发行债券或者优先股进行融资从而提高杠杆;三是通过投资金融衍生品提高杠杆。

相比之下,英国的封闭式基金中的一个重要组成部分就是分割资本投资信托。分割资本投资信托可以根据投资者的不同投资目标和风险承受力发行不同类别的基金份额。

1.7.2 国内分级基金的发展

自国投瑞银基金管理公司于 2007 年 7 月推出国内第一只分级基金——国投瑞银瑞福分级基金至今,国内目前已经成立运作的共有 300 多只分级基金,而前三只分级基金可以代表国内分级基金发展的三个阶段。

作为国内第一代分级基金的瑞福分级基金采用"分开募集、统一运作"的模式,两级份额配比为 1:1,仅高风险级别的基金份额上市交易,低风险级别份额不上市交易,在合同生效后每满一年时开放一次,接受投资者的集中申购与赎回,但由于高风险级别份额不可申赎,不存在份额配对转换机制,容易造成基金大幅折价或溢价。

两年之后发行的第二代分级基金——长盛同庆可分离交易基金采用封闭运作三年后转为普通 LOF 基金的运作方式,投资者认购的份额在募集期结束后按 4:6 的比例自动分离为 A、B 两类,且分别以不同代码单独上市交易,高风险级别基金份额所能获得最高初始杠杆为 1.67 倍,但该基金封闭期内不进行收益分配,只在封闭期末对所有份额进行份额折算。

时隔仅 5 个月之后,第三代分级基金——国投瑞银的瑞和沪深 300 指数分级基金面世,该基金的运作方式由之前的封闭式转变为开放式,投资方式也由主动投资演化为被动投资,该基金 A、B 两类份额在不同净值区间的初始杠杆倍数不同，在基金存在正收益时初始杠杆倍数最高达 1.6 倍，并可通过每运作周年年末的份额折算实现当年收益。

分级基金规模的扩大总是与股票市场相关联的。2013 年之前，股票市场处在熊市之中，分级基金的规模发展缓慢；2013 年之后市场逐渐转暖，分级基金也从 2013 年开始快速扩张，特别是 2014 年后半年，分级基金扩张最快。

第 2 章

分级基金交易指南

投资者要进行分级基金交易,首先要了解场内外交易、沪深分级基金的不同,其次还要知道如何开户,如何认 / 申购,最后还要学会下载同花顺软件进行分级基金行情和信息查看。

本章主要内容包括:

➤ 场内交易

➤ 场外交易

➤ 沪深交易所的分级基金交易规则的对比

➤ 开立基金账户和交易账户

➤ 分级基金母基金场外交易的认购

➤ 分级基金母基金场外交易的申购

➤ 分级基金母基金场外交易的赎回

➤ 分级基金母基金场内交易的操作方法

➤ 利用同花顺软件查看分级基金行情

2.1 分级基金的场内外交易

分级基金的交易分为场内交易和场外交易，下面进行具体讲解。

2.1.1 场内交易

场内交易就是在证券交易市场内交易。场内购买分级基金是指在证券公司开户后，通过证券公司交易软件购买分级基金。

（1）母基金

可以上市交易的分级基金母基金，投资者可以通过股票账户，在沪深证券交易所完成母基金份额交易，交易方法与股票买卖一样。另外，投资者在场内买入的母基金份，可以通过股票交易软件手动拆分 A 份额和 B 份额，并且可以卖出 A 份额，保留 B 份额；也可以卖出 B 份额，保留 A 份额。

（2）A 份额和 B 份额

投资者可以通过股票账户，在证券交易市场内买卖 A 份额、B 份额，就像股票买卖一样简单，流动性相当好，投资者可以随时变现。

购买一定比例的 A 份额和 B 份额，利用证券公司交易软件，可以把 A 份额和 B 份额合并成母基金。

2.1.2 场外交易

场外交易就是证券市场外交易，场外购买分级基金是指通过银行柜台、证券公司柜台、基金公司网站等渠道购买分级基金。

分级基金的 A 份额和 B 份额不可以在证券市场交易，投资者需要使用场外交易。若有约定投资期限，在定期开放申购期间，投资者不可以退出投资资金，就像买卖银行发行的理财产品一样。

（1）母基金

通过银行柜台、证券公司柜台、基金公司网站等渠道购买分级基金的母基金。母基金不会自动分拆成 A 份额和 B 份额。如果需要拆成 A 份额和 B 份额，需要转托管至场内，才能进行拆分操作。

如果是通过场外交易完成母基金的买卖，则投资者须在基金公司进行注册，并持有相关指定银行的存款账户。

（2）A 份额和 B 份额

通过场外交易完成母基金的买卖后，转托管至场内，拆分成 A 份额和 B 份额。这样 A 份额和 B 份额就可以利用证券公司交易软件自由地买卖了。

2.2 沪深交易所的分级基金交易规则的对比

当前，分级基金数量越来越多，由于在不同交易所上市，交易规则也有许多差别，令投资者眼花缭乱。下面来讲解上交所和深交所分级基金交易规则的差异。

2.2.1 最大的区别是什么

上交所的分级基金和深交所分级基金的最大区别是母基金是否上市。上交所分级母基金和 A、B 份额同时上市，而深交所分级基金仅 A、B 份额上市交易，如表 2.1 所示。

表 2.1　上交所的分级基金和深交所的分级基金的最大区别是母基金是否上市

交易名称	交易类型	上交所相关规定	深交所相关规定
上市	母基金	上市交易	不上市交易，只接收申购和赎回申请
	A 份额	上市交易	上市交易
	B 份额	上市交易	上市交易

2.2.2 代码的不同

目前，上交所上市的分级基金的基金代码都是以"50"开头的，并且母基金与 A、B 份额代码是连号的，如图 2.1 所示。

排序	代码	名称	. .	涨幅%	现价	涨跌	涨速%	主力净量	总手	换手%	量比	所属行业	振幅%
1	502001	500等权A		-0.10	0.994	-0.001	+0.00	—	1129	4.96	4.47	—	0.402
2	502002	500等权B		+9.66	0.908	+0.080	+10.73		1121	4.92	4.76		13.04
3	502004	军工A		+0.00	0.976	+0.000	+0.00	—	11975	0.982	0.47	—	0.205
4	502005	军工B		-0.48	1.035	-0.005	-0.29		44804	3.67	0.46		2.60
5	502007	国企改A		-0.10	0.999	-0.001	+0.00	—	14298	0.953	2.76	—	0.300
6	502008	国企改B		-0.92	0.644	-0.006	-0.46		46163	3.08	1.12		4.31
7	502011	证券A		+0.10	0.987	+0.001	+0.00	—	91540	6.41	1.32	—	0.406
8	502012	证券B		+0.35	1.137	+0.004	+0.00	—	13.52万	9.46	1.03		2.65
9	502014	一带一A		-0.10	1.003	-0.001	+0.00	—	2182	0.207	0.13	—	0.199
10	502015	一带一B		+0.00	0.399	+0.000	+0.76		14111	1.34	0.52		2.51
11	502017	带路A		—	—	—	+0.00	—	0	0	0.00	—	—
12	502018	带路B		-0.70	0.854	-0.006	+0.00		58	0.222	0.17		1.16
13	502021	国金50A		-0.10	0.993	-0.001	+0.00	—	251	0.598	0.84	—	0.101
14	502022	国金50B		+0.53	1.130	+0.006	+0.00		849	2.02	0.42		1.87
15	502024	钢铁A		-1.91	1.029	-0.020	+0.00	—	497	0.286	1.31	—	0.953
16	502025	钢铁B		+0.00	0.614	+0.000	+0.00		11904	6.84	1.74		3.58
17	502027	新丝路A		-0.30	1.000	-0.003	+0.10	—	775	4.72	1.78	—	0.399
18	502028	新丝路B		+3.85	0.702	+0.026	+0.86		3437	20.94	2.58		7.25
19	502031	高铁A		-0.47	1.062	-0.005	-0.38	—	237	0.266	2.01		2.34
20	502032	高铁B		-0.23	0.870	-0.002	+0.00		1554	1.74	1.06		1.72
21	502037	网金A		+0.09	1.059	+0.001	+0.00	—	1350	1.88	1.63	—	0.567
22	502038	网金B		-0.10	1.019	-0.001	+0.00		2220	3.10	1.12		5.39
23	502041	上50A		+0.00	1.016	+0.003	+0.00	—	1196	1.43	1.69	—	0.099
24	502042	上50B		+0.14	0.720	+0.001	+0.14		723	0.866	3.09		5.42
25	502049	上证50A		+0.31	0.969	+0.003	-0.10	—	34692	2.61	3.57		0.414

• 图 2.1 上交所上市的分级基金的基金代码

深交所分级基金的母基金代码是以"160"开头的，A、B 份额是以"150"开头的，如图 2.2 所示。

排序	代码	名称	. .	涨幅%	现价	涨跌	涨速%	主力净量	总手	换手%	量比	所属行业	振幅%
126	150105	HS300B		-0.43	1.170	-0.005	+2.81	—	651	0.830	1.62	—	2.98
127	150106	中小A		-0.26	1.166	-0.003	+0.00	—	7068	0.443	0.48	—	0.342
128	150107	中小B		+0.50	0.802	+0.004	+0.13	—	47924	3.00	0.89	—	2.51
129	150108	同辉100A		-0.62	1.123	-0.007	+0.00	—	88	0.082	0.23	—	0
130	150109	同辉100B		+0.37	0.817	+0.003	+1.11	—	173	0.160	0.23	—	1.11
131	150112	深100A		+0.00	1.022	+0.000	+0.00	—	652	0.609	0.76	—	0.098
132	150113	深100B		+0.00	1.265	+0.000	+0.00	—	88	0.082	0.80	—	1.42
133	150117	房地产A		-0.10	1.030	-0.001	+0.00	—	34447	0.296	0.28	—	0.388
134	150118	房地产B		-1.58	0.374	-0.006	+0.00	—	53.27万	4.58	0.70		3.95
135	150121	银河优先		—	—	—	+0.00	—	0	0	0.00	—	—
136	150122	银河进取		+0.00	1.150	+0.000	+0.00	—	2	0.004	0.02	—	0.609
137	150123	建信50A		+0.17	1.175	+0.002	+0.00	—	968	0.101	0.10	—	0.597
138	150124	建信50B		+0.17	1.175	+0.002	+0.00	—	13674	1.43	0.40	—	1.02
139	150130	医药A		-0.19	1.025	-0.002	+0.10	—	21.59万	0.614	1.36	—	0.487
140	150131	医药B		+0.00	0.430	+0.000	+0.23	—	131.1万	3.73	0.76	—	2.56
141	150133	德信A		-0.10	1.045	-0.001	+0.00	—	101	0.152	0.10	—	0
142	150134	德信B		+0.00	1.195	+0.000	+0.00	—	53	0.187	0.11	—	0
143	150135	国富100A		+0.10	1.012	+0.001	+0.00	—	60	0.026	0.09	—	0
144	150136	国富100B		+0.00	0.446	+0.000	-0.22	—	548	0.240	0.73	—	4.26
145	150138	中证800A		-0.89	1.001	-0.009	+0.00	—	946	3.04	21.60	—	1.09
146	150139	中证800B		+0.35	0.871	+0.003	+0.69	—	359	1.15	0.72	—	1.84
147	150140	国金300A		+0.00	0.990	+0.000	+0.00	—	4591	6.10	16.02	—	0.101
148	150141	国金300B		-1.98	0.595	-0.012	+0.00	—	105	0.140	0.11	—	3.13
149	150142	互利债A		—	—	—	+0.00	—	0	0	0.00	—	—
150	150143	转债A级		+0.00	0.981	+0.000	+0.00	—	3392	0.312	2.20	—	0.204

• 图 2.2 深交所分级基金的基金代码

2.2.3 申报规则的不同

上交所的分级基金和深交所的分级基金的申报规则的异同如表 2.2 所示。

表 2.2 上交所的分级基金和深交所的分级基金的申报规则的异同

交易名称	交易类型		上交所相关规定	深交所相关规定
申报规则	申报数量		应为 100 份的整数倍，且不低于 5 万份（以母基金份额计算）	不低于 100 份
	申报方式	申购申报	申购以金额申报，金额应当为 1 元的整数倍、且不低于 1 000 元	申购以金额申报，金额应当为 1 元的整数倍、且不低于 1 000 元
		赎回申报	赎回以份额申报，申报单位为单位基金份额	赎回以份额申报，申报单位为单位基金份额
	是否可以撤销、变更	认购申报	可以撤单	不可以撤单，可多次申报
		申购申报	可以撤单	可以变更或撤销
		赎回申报	可以撤单	可以变更或撤销
		买卖申报	可以撤单	可以撤单
		分拆、合并申报	不可以变更或撤销	可以撤单

2.2.4 拆分、合并和卖出的不同

上交所的分级基金是间接 T+0。具体来说，当日买入母基金当日可拆分，拆分后得到的 A、B 份额当日可卖出；当日买入 A、B 份额当日可合并，合并后得到的母基金当日可卖出或赎回。

深交所的分级基金，当日分拆母基金，次日获得 A、B 份额后可以卖出；当日合并 A、B 份额，次日获得母基金后可以申请赎回。

上交所的分级母基金当日买入，当日可以赎回。当日确认申购，次日可卖出、赎回或转托管；深交所的分级母基金当日申购，次日可以赎回。

上交所的分级基金和深交所的分级基金的拆分、合并和卖出的异同如表 2.3 所示。

表 2.3　上交所的分级基金和深交所的分级基金的拆分、合并和卖出的异同

交易名称	交易类型		上交所相关规定	深交所相关规定
拆分（S日）	母基金份额	S日已持有的母份额	S日得到拆分的子份额	S日得到拆分的子份额
		S日买入的母份额		母份额不上市交易
		S日由子份额合并而成的母份额	S+1得到拆分的子份额	S+1得到拆分的子份额
		S日申购的、S日场外转入场内的母份额	S+2得到拆分的子份额	S+2得到拆分的子份额
合并（M日）	A、B子份额	M日已持有的子份额	M日得到合并的母份额	M日得到合并的母份额
		M日买入的子份额		M+1日得到合并的母份额
		M日分拆所得的子份额	M+1日得到合并的母份额	
卖出（T日）	A、B子份额	T日已持有的子份额	T日可以卖出	T日可以卖出
		T日拆分得到的子份额		T+1日可以卖出
		T日买入的子份额	T+1日可以卖出	
	母基金份额	T日已持有的、T日由子份额合并得来的母份额	T日可以卖出	母基金份额不上市交易
		T日买入的母份额	T+1日可以卖出	
		T日申购的、T日场外转入场内的母份额	T+2日可以卖出	

2.2.5　转托管的不同

上交所的分级基金和深交所的分级基金的转托管的异同如表 2.4 所示。

表 2.4　上交所的分级基金和深交所的分级基金的转托管的异同

交易名称	交易类型		上交所相关规定	深交所相关规定
转托管（场内转场处）（C日）	母份额	C 日已持有的母份额	C 日可以转出	C 日可以转出
		C 日买入的母份额		母份额不上市交易
		C 日由子份额合并而成的母份额		C+1 日可以转出
		C 日申购的、C 日场外转入场内的母份额	C+2 日可以转出	C+2 日可以转出

2.3　开立基金账户和交易账户

基金账户是指注册登记机构为投资人建立的用于管理和记录投资人基金种类、数量变化等情况的账户，不论投资人是通过哪个渠道办理，均记录在该账户下。

交易账户是指基金销售机构（包括直销和代销机构）为投资人开立的用于管理和记录投资人在该销售机构交易的基金种类和数量变化情况的账户。

投资者使用同一开户证件只能开立一个基金账户，但在这一基金账户下可以在不同的销售机构开立相对应的交易账户。

2.3.1　在基金公司开立账户

个人投资者需要准备以下资料：

第一，投资者个人有效身份证件原件及其复印件（本人签字）。

第二，如为代办，还需提供代办人有效身份证件原件及复印件（代办人签字）。

第三，本人指定银行账户账号信息（开户银行、开户行名称、账号）。

> 提醒：有效个人身份证件是指：居民身份证、军官证、警官证、文职证、士兵证、户口本中的一种。

机构投资者需要准备以下资料：

第一，企业有效营业执照副本及复印件（加盖公章）或民政部门有效注册登记证书原件及其复印原件（加盖公章）。

第二，经法定代表人签字或盖章的《基金业务授权委托书》（加盖公章）。

第三，指定银行账户账号信息（开户银行、开户行名称、账号）。

第四，经办人有效身份证件及其签字复印件。

第五，填制完毕的预留《印鉴卡》一式三份。

第六，填妥的《开户申请表（机构）》并加盖公章。

下面通过具体实例讲解个人投资者如何在网上通过基金公司开立基金账户。

在浏览器的地址栏中输入"http://www.chinaamc.com/portal/cn/index.html"，按"Enter"键，进入华夏基金的首页，如图2.3所示。

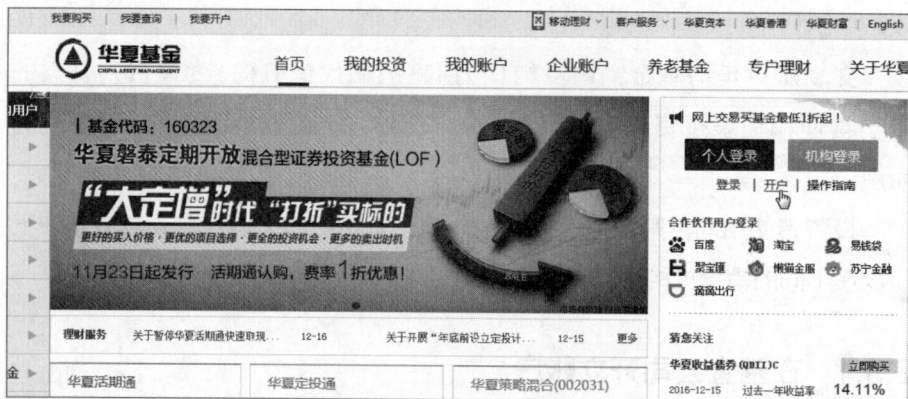

• 图 2.3 华夏基金的首页

选择"开户"选项，进入开户页面，首先选择你的银行卡，如图2.4所示。

这里要选择的银行卡就是你用来购买基金的绑定银行卡，在这里以"中国工商银行"为例。单击"中国工商银行"图标后，输入银行卡卡号、证件类型、开立银行卡时的证件号、真实姓名，如图2.5所示。

• 图 2.4 选择你的银行卡

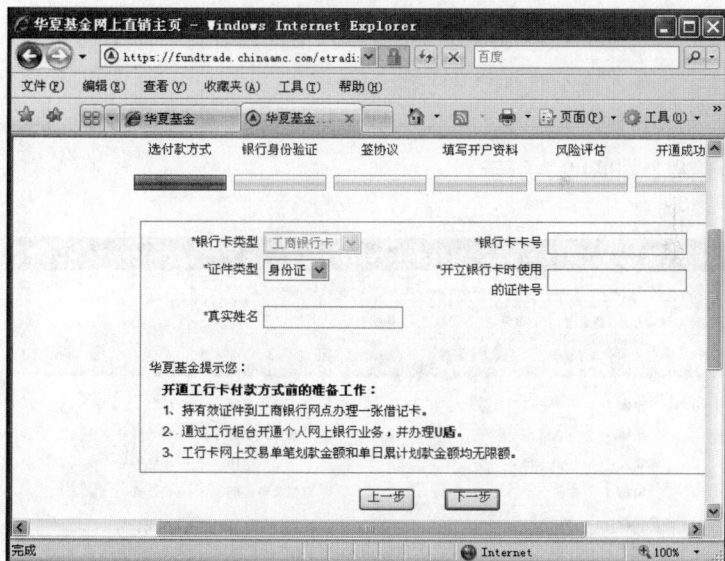

• 图 2.5 输入银行卡相关信息

正确输入银行卡相关信息后，然后单击"下一步"按钮，即可看到《华夏基金管理有限公司网上交易服务协议》和《华夏基金管理有限公司网上下单转账支付业务协议》两个文件内容，如图 2.6 所示。

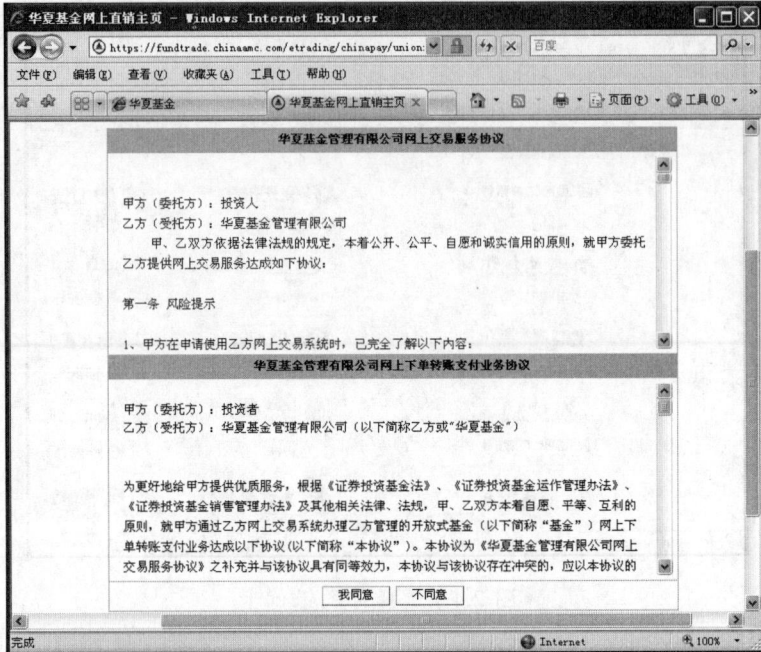

•图 2.6　查看协议文件内容

认真仔细地看完协议文件后，如果你同意，单击"我同意"按钮，填写开户资料信息，如图 2.7 所示。

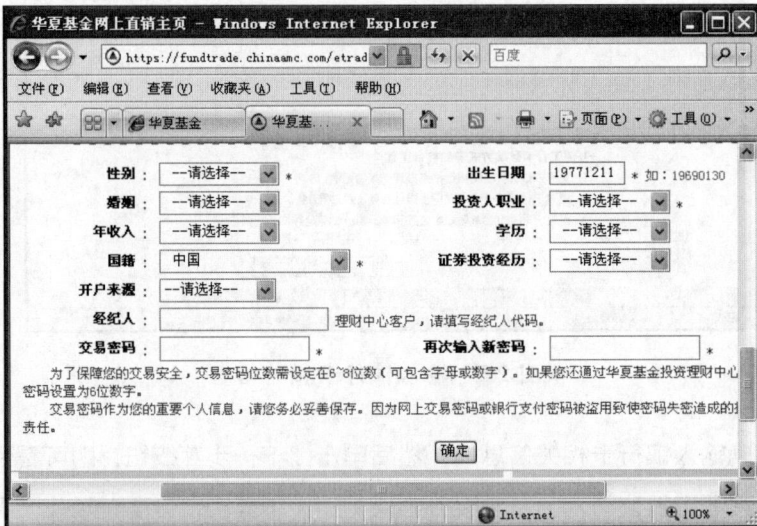

•图 2.7　填写开户资料信息

正确填写各项开户信息后，单击"确定"按钮，就可以对自己的风险承受能力进行测试，如图 2.8 所示。

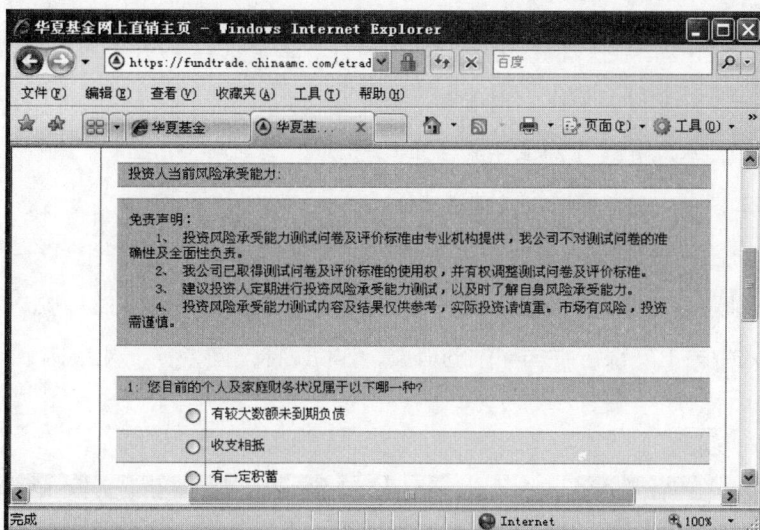

• 图 2.8　测试风险承受能力

根据自己的实际情况，认真选择不同的风险承受项，然后就可以看到自己的风险承受能力，这样你就成功开户了。开户成功页面如图 2.9 所示。

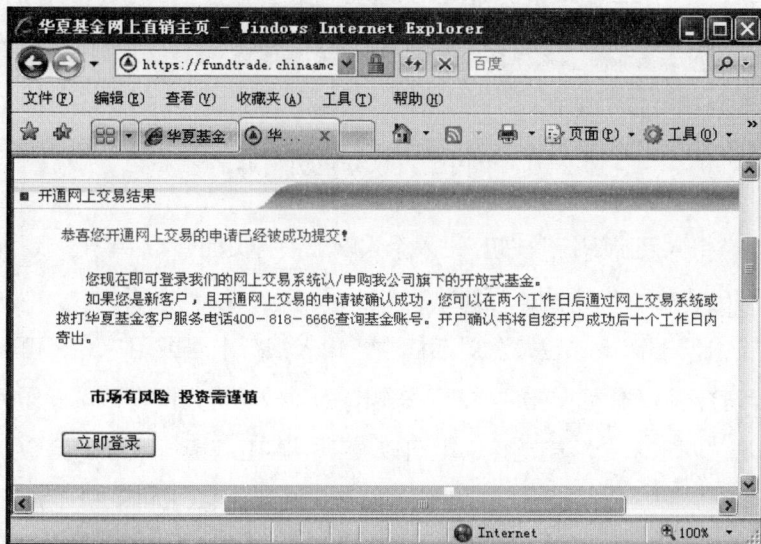

• 图 2.9　开户成功页面

开户成功后，基民就可以登录"网上交易"进行基金交易。

2.3.2　在银行开立账户

个人投资者通过代销基金的银行申请开立基金账户，应提交下列材料：

第一，填写好的《开户申请表》。

第二，本人有效身份证件原件。

第三，本人的银行存折（储蓄卡）。

下面通过具体实例讲解个人投资者如何在网上银行开立基金账户。

在浏览器的地址栏中输入"http://www.icbc.com.cn"，然后按"Enter"键，进入中国工商银行中国网站的首页，然后鼠标指向"个人网上银行"按钮，如图 2.10 所示。

●图 2.10　中国工商银行中国网站的首页

单击"个人网上银行"按钮，进入个人网上银行页面，然后单击"我的账户"按钮，弹出"登录"对话框，如图 2.11 所示。

在个人网上银行"登录"对话框中，输入银行卡号或用户名，再输入登录密码和验证码，然后单击"登录"按钮，即可成功进入网上银行操作页面。

单击"网上基金"超链接，就可以看到中国工商银行代理的基金产品的代码、基金简称、基金类型、发行价、发行日期等信息，如图 2.12 所示。

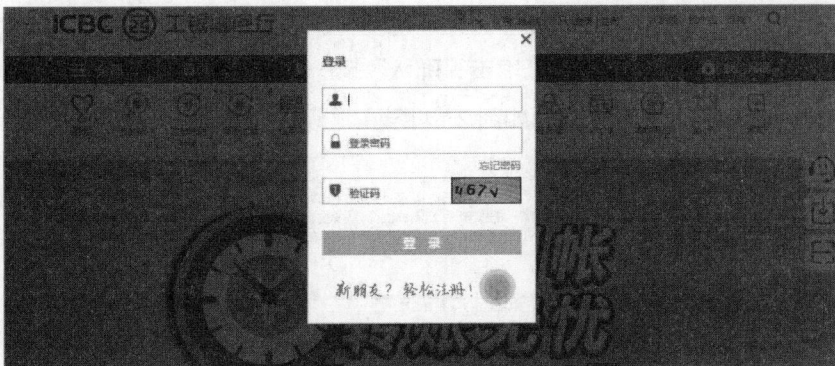

• 图 2.11　个人网上银行页面和登录对话框

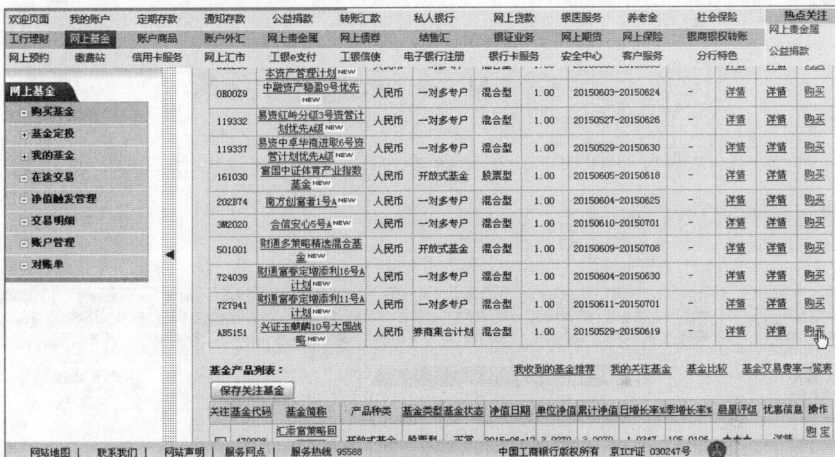

• 图 2.12　网上基金

单击某基金后面对应的"购买"超链接，即可进入购买界面。当然，如果你还没有开户，就进入开户界面，如图 2.13 所示。

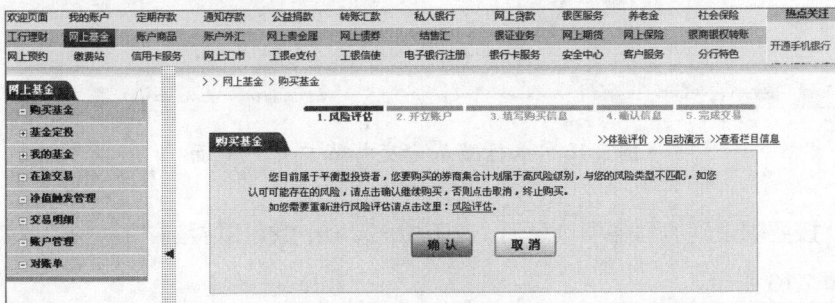

• 图 2.13　开户界面

开户之前，要进入风险评估，如果你的网上银行，已进行过风险评估，单击"确认"按钮，即可进入开立账户界面，如图2.14所示。

提醒：风险评估就是一些选择题，评估一下你的理财观念。

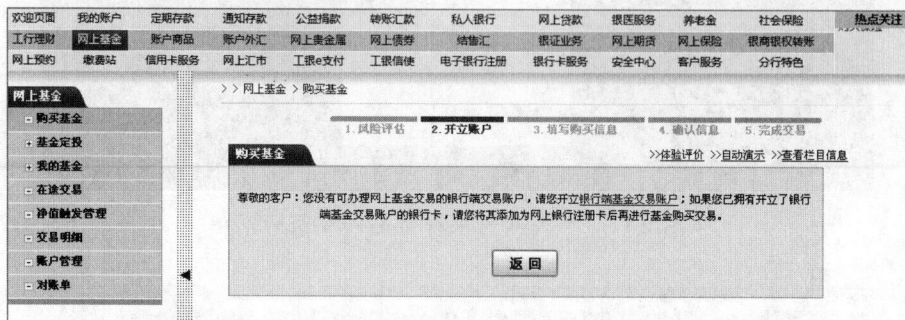

• 图 2.14　开立账户界面

单击"银行端基金交易账户"超链接，进入银行端基金交易账户开户界面，如图 2.15 所示。

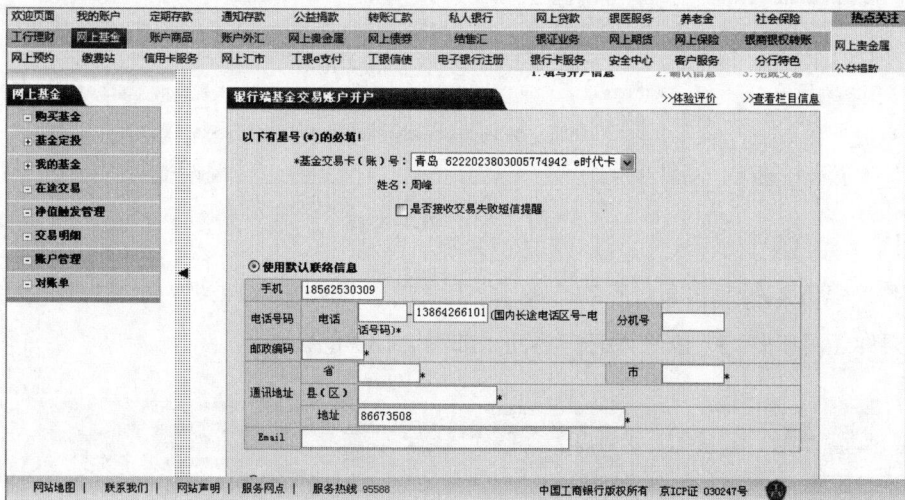

• 图 2.15　银行端基金交易账户开户界面

按要求正确填写各项信息后，向下拉滚动条，就可以看到"下一步"按钮，如图 2.16 所示。

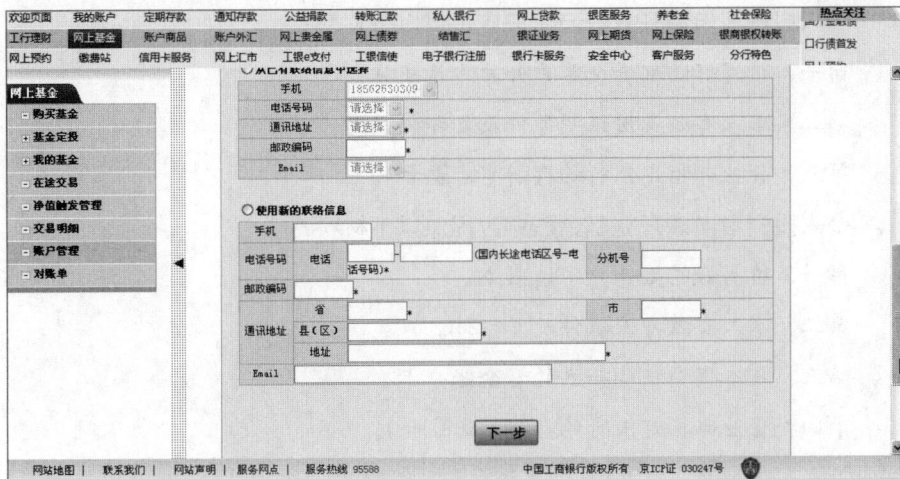

• 图 2.16　下一步按钮

单击"下一步"按钮，即可看到自己填写的信息，如图 2.17 所示。

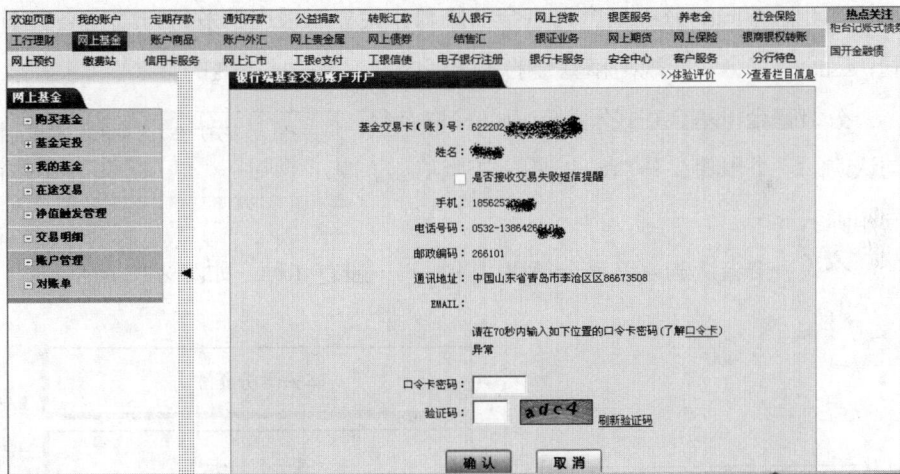

• 图 2.17　开户信息

输入口令卡密码和验证码，单击"确认"按钮，即可开户成功，然后就可以进入基金交易。

2.3.3　在证券公司开立账户

通过代销基金的证券公司开立基金账户之前，要先开立资金账户。

个人投资者申请开立资金账户应提供以下材料：

第一，填写好的《资金账户开户申请表》。

第二，本人有效身份证明原件及复印件。

第三，营业部指定银行的存折（储蓄卡）。

个人投资者申请开立基金账户应提供以下材料：

第一，填写好的《开户申请表》。

第二，本人有效身份证件及复印件。

第三，在本代销机构开立的资金账户卡。

第四，营业部指定银行的存折（储蓄卡）。

2.4 分级基金母基金场外交易的认购

在我国不同的分级基金母基金在招募和设立时采用的发行方式也略有不同，因此，基金发行规则和基金的认购程序并不是一成不变的。

分级基金母基金正式发行首日，投资者参与认购的三个步骤，分别是办理开户、认购过程和确认。

> 提醒：办理开户在 2.3 节讲过，这里不再重复。

个人投资者认购分级基金须提供的材料一般有 4 种，如图 2.18 所示。

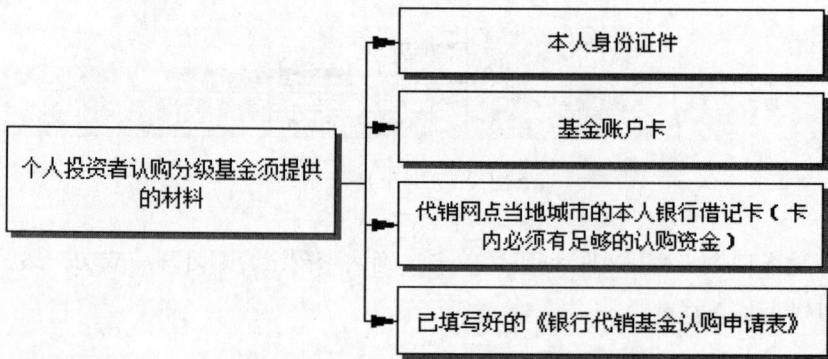

•图 2.18 个人投资者认购基金须提供的材料

机构投资者在基金直销中心认购分级基金须提供的材料一般有 4 种，如图 2.19 所示。

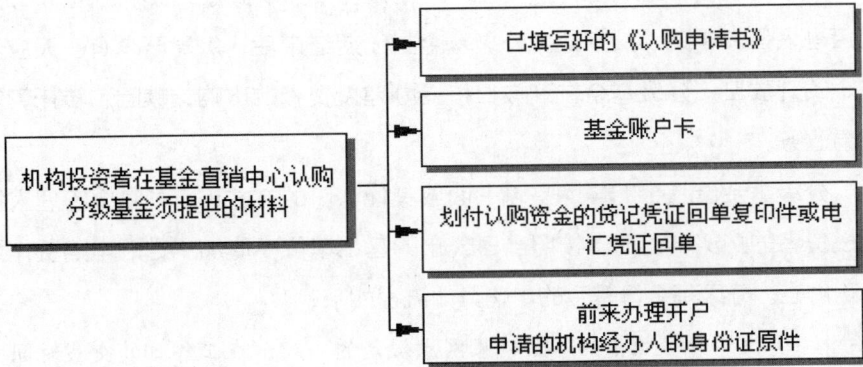

• 图 2.19 机构投资者在基金直销中心认购基金须提供的材料

机构投资者在代销网点认购分级基金须提供的材料一般有 4 种，如图 2.20 所示。

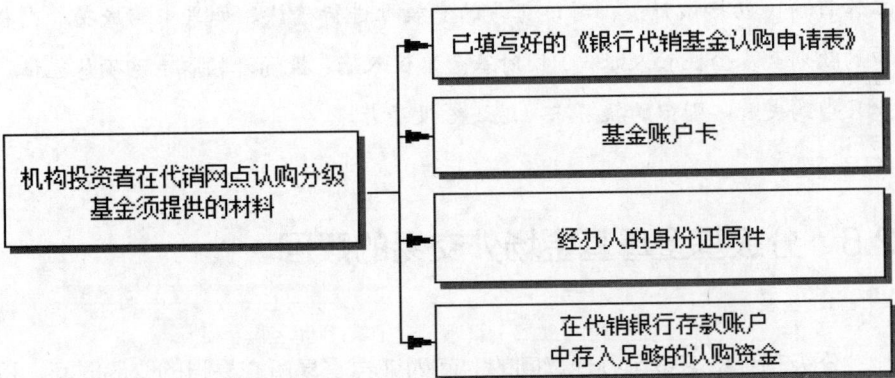

• 图 2.20 机构投资者在代销网点认购基金须提供的材料

我们可以在分级基金成立之后向各基金销售机色咨询认购结果，也可以到各基金销售网点打印成交确认单。此外，基金管理人将在分级基金成立之后按预留地址将《客户信息确认书》和《交易确认书》邮寄给我们，这样就完成了分级基金母基金场外交易的认购全过程。

2.5 分级基金母基金场外交易的申购

分级基金母基金成立后，一般会有一段短暂的封闭期，最长不超过3个月。之后进入日常申购、赎回期。分级基金封闭期结束后，每周至少有一天应为基金的开放日，分级基金在开放日接受办理投资者的申购、赎回、转托管等交易业务。

分级基金母基金的申购是以书面或其他认可的方式进行，基金管理人接到投资者的购买申请时，按照当日公布的基金单位净值加一定的申购费作为申购价格。分级基金母基金的申购具体流程如下：

（1）投资者必须根据基金销售网点规定的手续，在工作日的交易时间段内向基金销售网点提出申购申请，填写《申购申请表》。

（2）网点接受申请表和账户卡并对其进行审核，合格后网点录入信息并冻结申购款，同时将有关信息传至基金公司 TA（过户代理）登记，TA 向网点下传申购确认信息，同时将信息传至管理人。

（3）基金管理人以收到申购的当天作为申购申请日（T 日），并在 T+2 工作日前（包括该日），对该交易的有效性进行确认。如果申购成功，则将申购款划至基金托管人账户，同时基金单位入账，投资者领取申购确认凭证。如果申购失败，则申购款解冻，退还给投资者。

2.6 分级基金母基金场外交易的赎回

分级基金母基金可办理赎回的时间为证券交易所交易日的交易时间，投资者可以通过基金管理人或基金销售代理人进行电话或网上等形式进行赎回基金，当日 15:00 点前赎回操作，是以当日收盘以后公布的基金净值计算；15:00 点之后申报的赎回单，则以次日收盘以后公布的基金净值计算。收到赎回客户指令后，基金公司需要进行资金结算，因此需要耗费一定基金赎回时间。

适当附加分级基金母基金的赎回条件，是保障开放式基金日常运营稳定

的重要手段，为避免资金大面积赎回的风险。具体限制条件有 3 个，如图 2.21
所示。

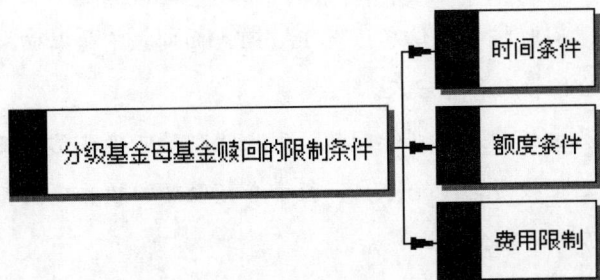

• 图 2.21　分级基金母基金赎回的限制条件

（1）时间条件

首次发行募集完一定的资金，分级基金母基金运作一段时间后才允许投
资者赎回。对这一时间限定，各国有不同的限制，一般都在 3 个月左右。

另外，对赎回日期也有限制，一般在每周或每月固定几个日期定为申购
或赎回的日期。最后是对赎回款到账日期的限制，即从接到基金份额有人提
出赎回要求，到向持有人支付赎回款的时间，这段时间一般不会太长，分级
基金规定为 7 天或 5 天。

（2）额度条件

分级基金对赎回的额度条件限制主要是为了应对巨额赎回来设立的。
基金一般不会刻意限定赎回的额度，但当赎回的总量超过一定的比例时会进
行一些特殊的安排。如某一个交易日，如果赎回要求超过发行单位总数的
10%，则 10% 以外的赎回要求可延迟至下一个交易日办理。

（3）费用限制

赎回费用是为了使投资者在买入分级基金份额后不会很快就赎回，目的
是为了保障基金公司的利益。投资者赎回基金时，按赎回基金份额的一定百
分比向基金管理者交纳费用，这个费用也不是固定不变的，持有的时间越长，
费用率越低。

分级基金的赎回流程与申购流程很相似，具体如下：

第一步，填写赎回申请表，然后将填写好的申请表和账户卡交给代理销售网点；

第二步，网点对其申请赎回资料进行审核，合格后录入相关信息并冻结相应赎回份额，同时将有关信息传至 TA，TA 向网点下传赎回确认信息，并同时将信息传给托管人和管理人。

第三步，基金托管人下划赎回款，网点收到赎回确认信息及赎回款项，就会将赎回款划至投资者资金账户，投资者领取赎回款和确认凭证。如果赎回失败，原来冻结的基金单位解冻。

2.7 分级基金母基金场内交易的操作方法

分级基金母基金场内交易，即母基金在证券交易所竞价交易，其方法与买卖股票相同。

2.7.1 分级基金母基金场内交易的申购

目前，分级基金母基金场内交易的申购主要采取网上定价的发行方式，因此，在发行期内认购分级基金会大幅超过基金的发行规模，所以需要通过"配号摇签"，适当分配基金份额。

配号就是根据投资者申购分级基金交易号分给投资者申购用的号码。根据此配号，投资者可以与公布的中签号对比，看中签与否。具体申购步骤如下：

（1）办理申购

已有上海股票账户或基金账户的投资者可直接进行申购；没有上海股票账户或基金账户的投资者，需要到当地开户网点办理股票账户或基金账户；投资者根据自己的计划申购量，在申购前向自己的资金账户中存入足够的资金，一经办理申购手续，申购资金即被冻结。

（2）确认中签并解冻资金

T 日：申购日；

T+1 日：将申购资金划入登记结算公司资金专户；

T+2 日：验资并出具验资报告，确认有效申购；

T+3 日：摇号抽签；

T+4 日：公布中签结果，对未中签的申购款予以解冻。

（3）申购规则

发行方式：上网定价发行；

发行对象：中华人民共和国境内自然人、法人和其他组织；

发行面值：1.00 元 / 份；

发行费用：0.01 元 / 份；

申购价格：1.01 元 / 份；

申购地点：上证券交易所；

申购单位：每份基金单位；

申购份数：每一账户的申购量最少不得低于 1 000 份；超过 1 000 份的，须为 1 000 份的整数倍；

申购限制：每一账户申购不设上限，投资者可以多次申购，但每笔申购不得超过 99.9 万份。同一账户多次申购的，将多次申购的数量全部累加，对同一账户的申购进行连续配号；

配号方式：分段配号，统一抽签。

（4）注意事项

• 已开设股票账户的投资者不得再开设基金账户。

• 一个投资者只能开设和使用一个资金账户，并只能对应一个股票账户或基金账户，不得开设和使用一个或多个资金账户对应多个股票账户或基金账户申购。

• 沪市投资者必须在申购前办理完成上海证券交易所指定交易手续，申购委托后，不得撤单。

2.7.2　分级基金母基金场内交易的特点

分级基金母基金场内交易具有 8 个特点，具体如下：

（1）开盘价由集合竞价的方式确定。

（2）实行 T+1 交易方式，当天买入的基金到第二天才能卖出。

（3）除了上市首日外，分级基金母基金每天的涨跌幅限制均为10%。

（4）在交易封闭式基金时，需要向券商支付交易佣金。根据规定，佣金标准由券商和投资者协商确定，不得高于成交金额的千分之三。当佣金金额不足5元时，按5元收取。

（5）与股票交易不同的是，分级基金母基金交易时，不必支付证券交易印花税。

（6）实行指定交易制度。投资者开户的证券营业部为其买卖分级基金母基金的唯一交易点。如果投资者想要到其他营业部交易，需要办理转托管手续。

（7）分级基金母基金的最小交易单位为100基金单位。如果因分红等原因出现不足100单位的零散基金时，也可以将这些零散基金卖出，但必须是一次性卖出。

（8）在提交分级基金母基金的买卖委托时，委托价格应以1基金单位为计价单位，申报价格的最小单位为0.000 1元。

基金管理公司会根据基金资产的投资状况定期公告单位基金的基金净值。基金净值是二级市场上投资者之间交易的重要参考指标，通过基金净值的变动可以判断基金的盈利能力。

2.8 利用同花顺软件查看分级基金行情

现在流行的炒股行情分析软件，都可以查看分级基金行情信息。本书利用同花顺软件来查看分级基金行情信息。

2.8.1 同花顺软件的下载和安装

在浏览器的地址栏中输入"http://www.10jqka.com.cn"，然后按"Enter"键，即可进入同花顺金融服务网的首页，如图2.22所示。

单击导航栏中的"软件下载"超链接，进入同花顺下载页面。同花顺软件，有免费版、手机版、收费版，如图2.23所示。

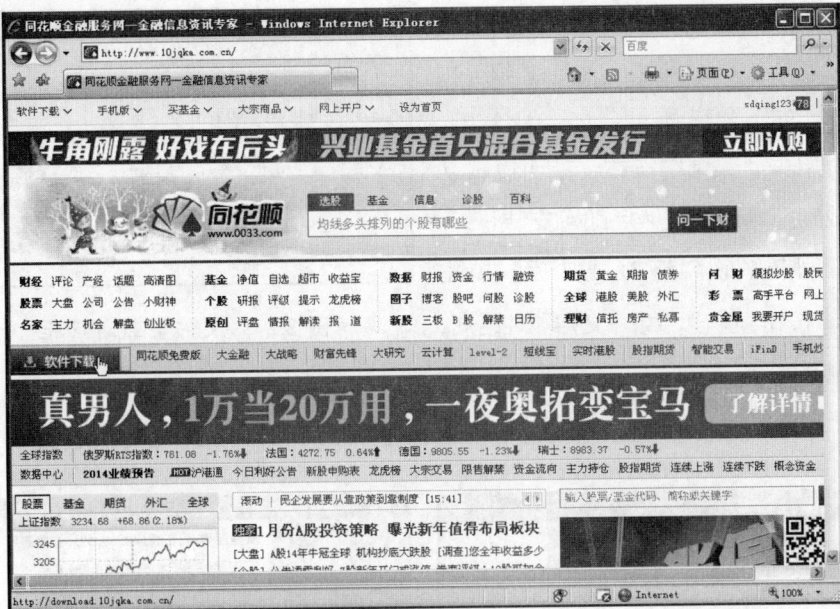

● 图 2.22　同花顺金融服务网的首页

● 图 2.23　同花顺下载页面

单击"同花顺免费版"对应的"下载"按钮,这时弹出"文件下载"对话框,如图2.24所示。

单击"保存"按钮,就可以成功下载同花顺软件,然后即可安装了。

同花顺软件下载成功后,单击 THS_v6.30.9 2_20131209. exe 按钮,弹出"打开文件"对话框,如图2.25所示。

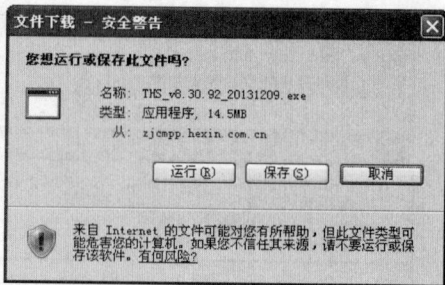

• 图 2.24　文件下载对话框

单击"运行"按钮,弹出同花顺安装向导对话框,如图2.26所示。

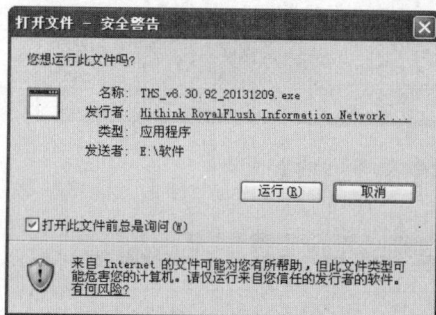

• 图 2.25　打开文件对话框

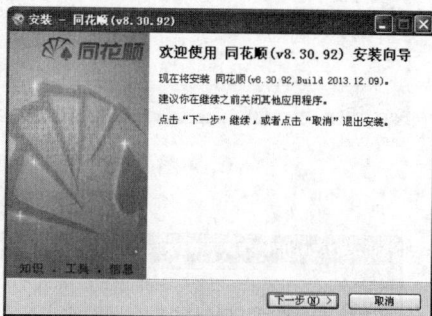

• 图 2.26　同花顺安装向导对话框

单击"下一步"按钮,选择同花顺软件的安装位置,同时可以看到该软件安装所占空间的大小,如图2.27所示。

默认情况下,是安装在C盘下,在这里我把该软件安装到D盘,然后单击"下一步"按钮,就可以选择在什么地方创建快捷图标,如图2.28所示。

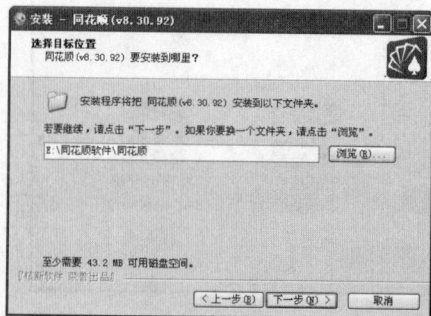

• 图 2.27　选择同花顺软件的安装位置

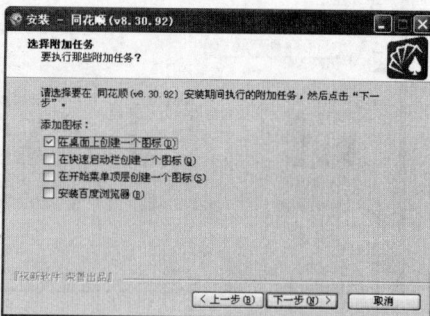

• 图 2.28　创建快捷图标

可以在桌面上、开始菜单中、快速启动栏中创建快捷图标，在这里只在桌面上创建快捷图标。设置好后，单击"下一步"按钮，开始安装，弹出安装提示对话框，如图 2.29 所示。

安装完成后，在桌面上创建一个快捷图标，如图 2.30 所示。

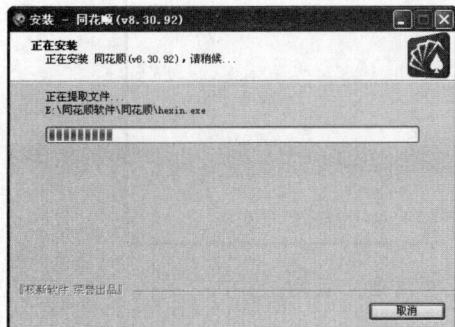

● 图 2.29　安装提示对话框　　　● 图 2.30　在桌面上创建一个快捷图标

2.8.2　同花顺软件的用户注册

同花顺软件安装成功后，单击桌面上的快捷图标，弹出"登录到全部行情主站"窗口，如图 2.31 所示。

● 图 2.31　"登录到全部行情主站"窗口

如果有同花顺账号和密码，即可直接登录，如果没有还要先注册。单击"免费注册"按钮，弹出"同花顺注册"窗口，如图 2.32 所示。

• 图 2.32 "同花顺注册"窗口

提醒：在注册用户时，一定要上网，否则就无法注册成功。

正确输入账号、密码和确认密码后，单击 "立即注册"按钮，就会显示注册成功界面，如图 2.33 所示。

提醒：输入密码和确认密码必须相同。

• 图 2.33 注册成功界面

单击"账号登录"按钮，即可成功登录同花顺软件。

2.8.3　查看分级基金行情

会员注册成功后，再单击桌面上的快捷图标 ，弹出"登录到全部行情主站"窗口，默认情况下，软件会自动识别上一次登录或注册的会员用户名和密码，如图 2.34 所示。

●图 2.34　"登录到全部行情主站"窗口

如果用户名和密码都正确，单击"登录"按钮，即可成功登录同花顺软件。

选择菜单栏中的"扩展行情 / 基金 /"命令，弹出下一级子菜单，即可看到所有的基金操作命令，如图 2.35 所示。

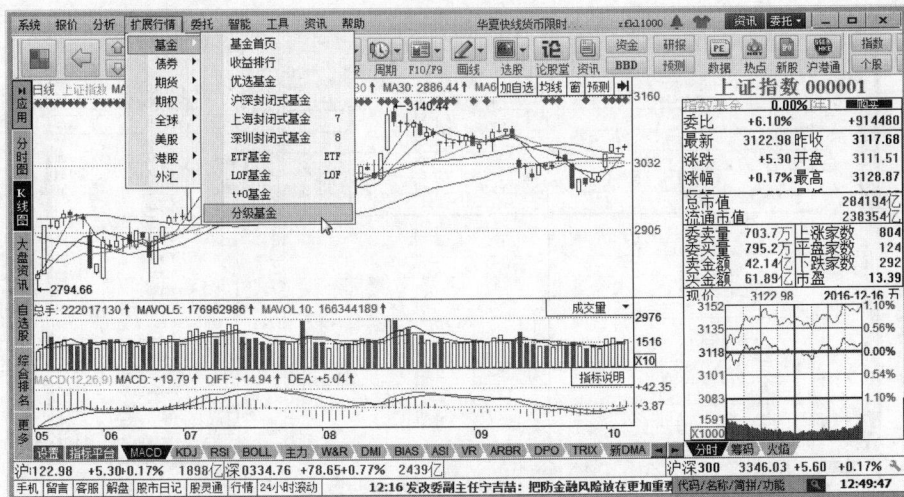

●图 2.35　所有的基金操作命令

选择"分级基金"命令，就可以看到上海和深圳市场中的所有分级基金的报价信息，如基金代码、基金名称、涨幅、现价、涨跌、涨速、总手、换手等，如图 2.36 所示。

• 图 2.36 　分级基金的报价信息

如果要查看某只分级基金的分时走势图，只需选择其报价信息即可。在这里选择"证券 B"选项，就可以看到证券 B（502012）的分时走势图，如图 2.37 所示。

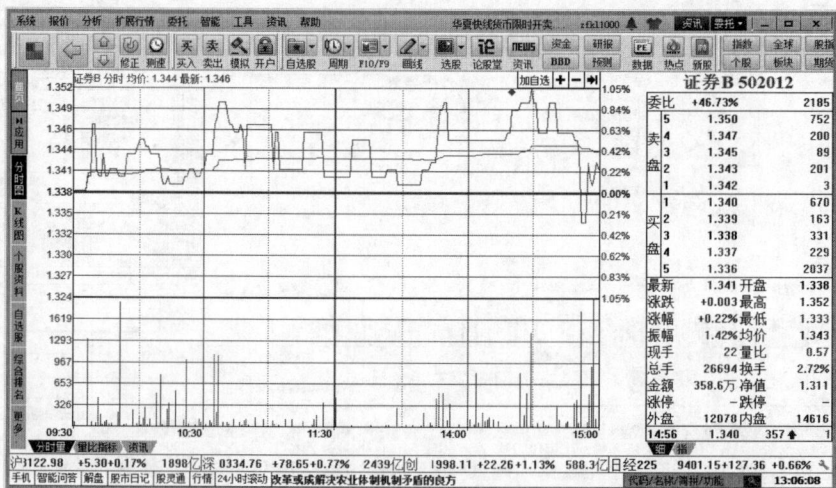

• 图 2.37 　证券 B（502012）的分时走势图

在分时图状态下，按"Enter"键，即可看到其日 K 线图走势，如图 2.38
所示。

• 图 2.38　证券 B（502012）的日 K 线图

按"F10"键，即可看到该分级基金的基本资料信息。在这里首先看到
的是分级基金的最新动态，如图 2.39 所示。

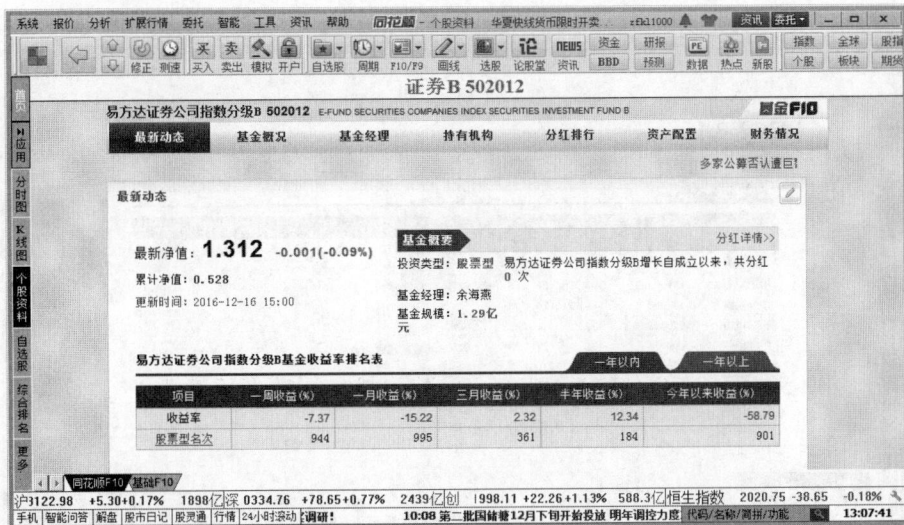

• 图 2.39　基金的基本资料信息

选择"最新动态"命令，就会显示所有菜单命令的子菜单命令，如图 2.40
所示。

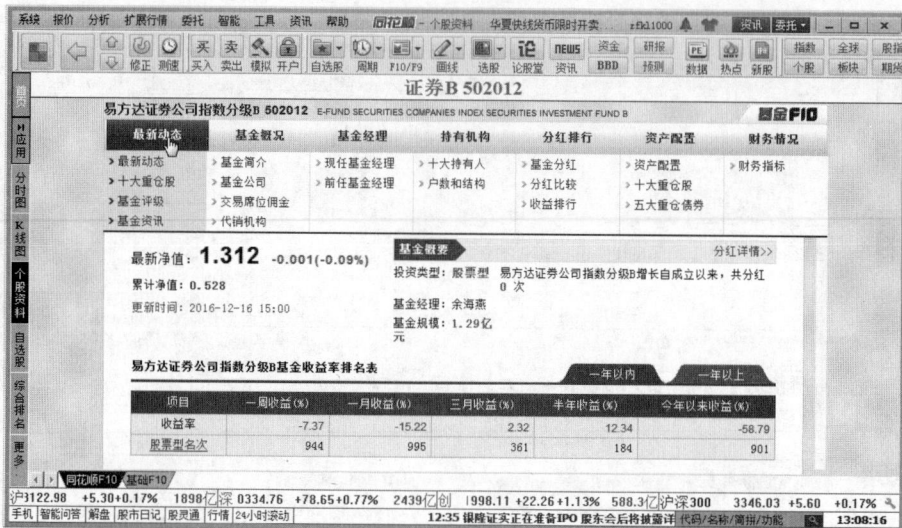

• 图 2.40　所有菜单命令的子菜单命令

在这里可以看到"最新动态"菜单中，包括最新动态、十大重仓股、基
金评级和基金资讯信息，通过拖动滚动条可以看到这些信息，如图 2.41 所示。

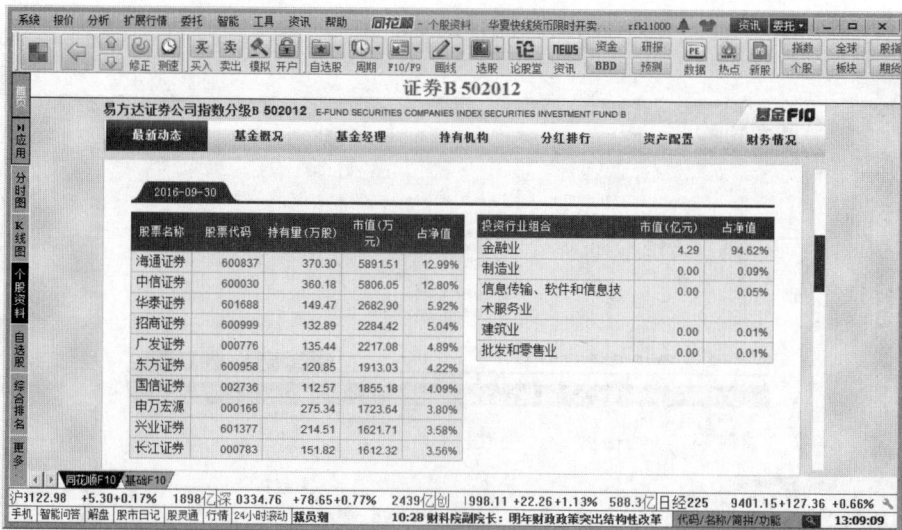

（a）十大重仓股

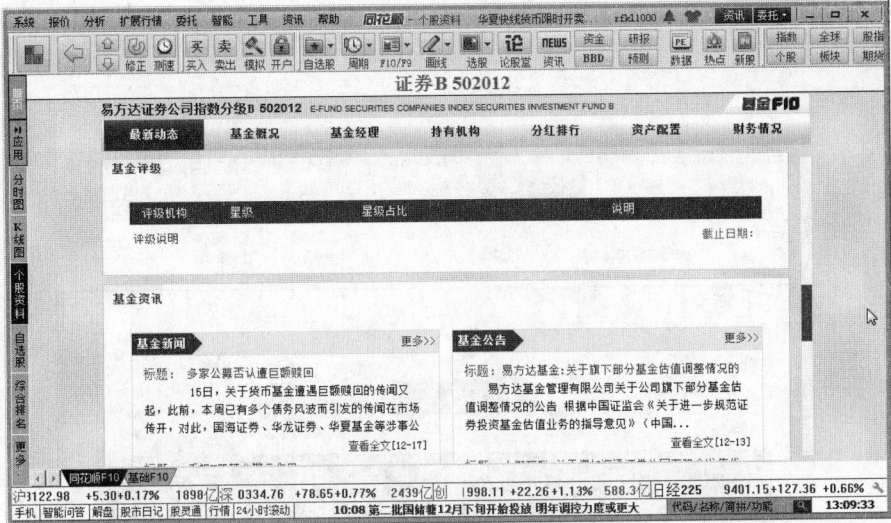

(b)基金评级和基金资讯

• 图 2.41 最新动态的子菜单命令信息

"基金概况"菜单命令包括基金简介、基金公司、交易席位拥金和代销机构信息，如图 2.42 所示。

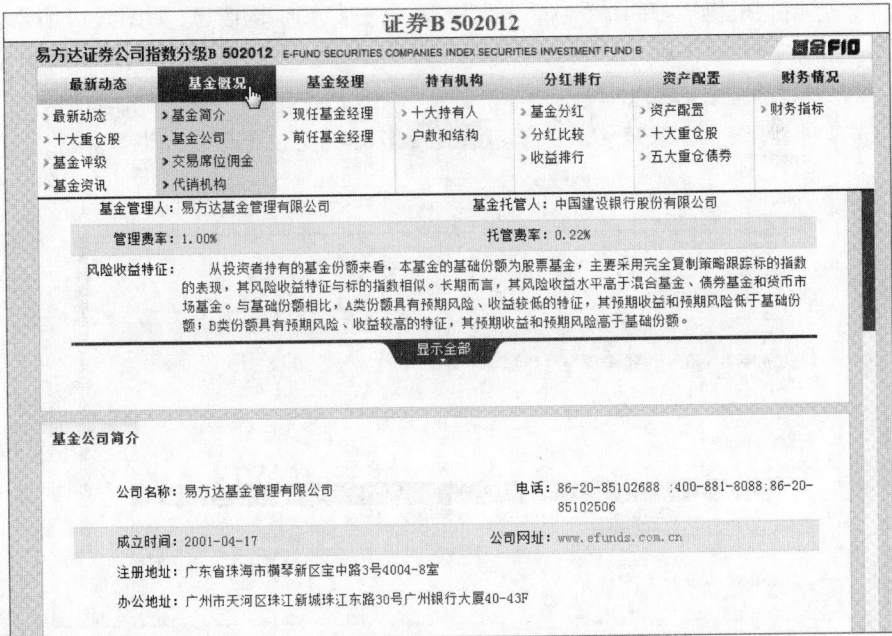

• 图 2.42 基金概况

"基金经理"菜单命令包括现任基金经理和前任基金经理信息，如图2.43所示。

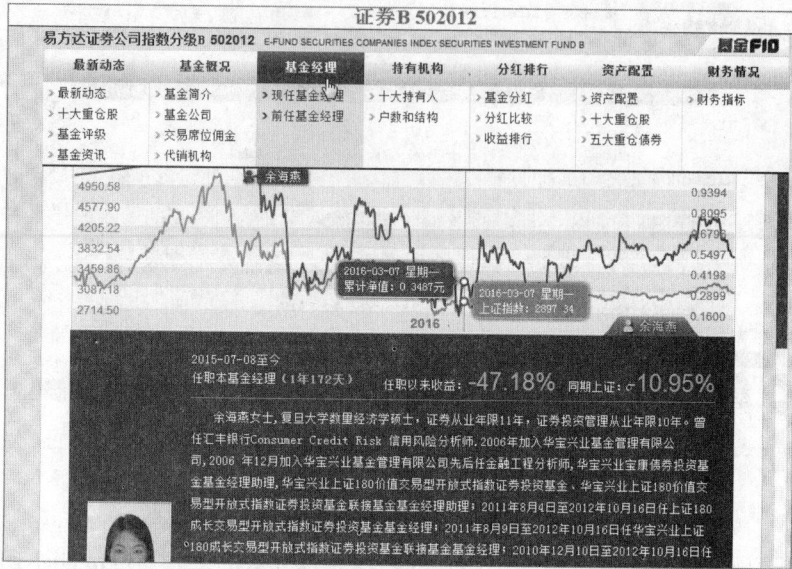

●图 2.43　基金经理

"持有机构"菜单命令包括十大持有人、户数和结构信息，如图2.44所示。

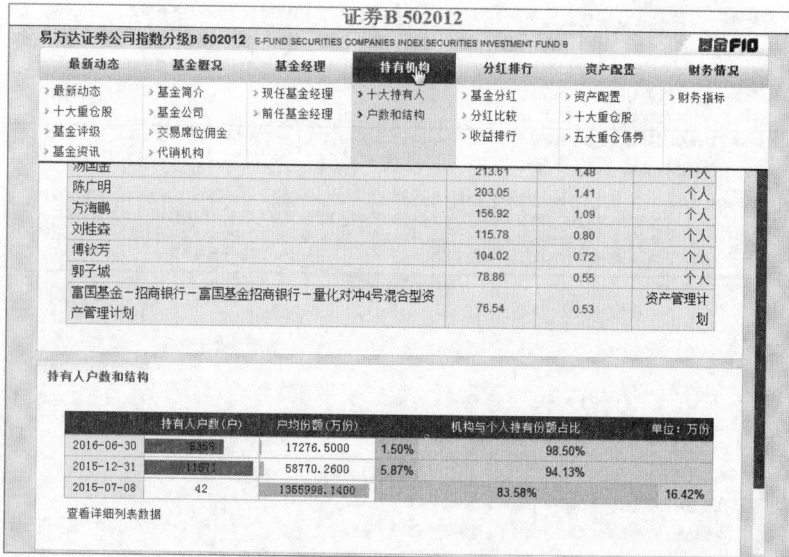

●图 2.44　持有机构

　　"分红排行"菜单命令包括基金公红、分红比较、收益排行信息,如图 2.45 所示。

● 图 2.45　分红排行

　　"资产配置"菜单命令包括资产配置、十大重仓股、五大重仓债券信息, 如图 2.46 所示。

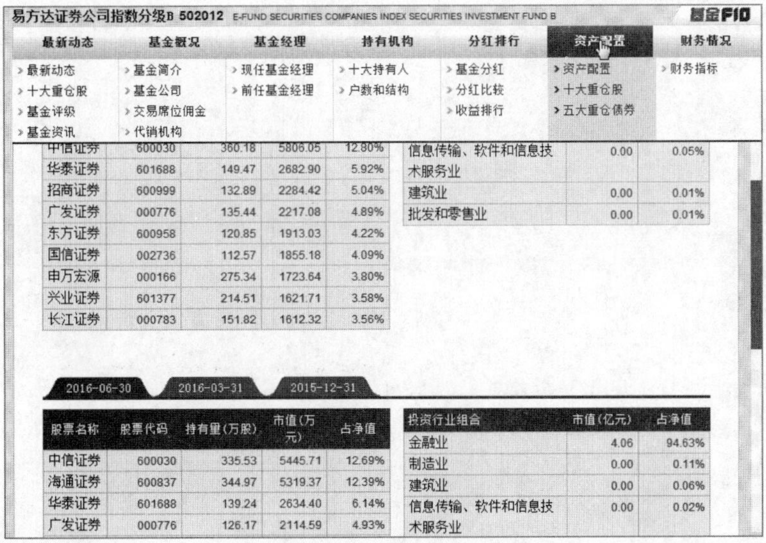

● 图 2.46　资产配置

"财务情况"菜单命令包括主要财务指标、资产负债简表、利润分配简表信息,如图 2.47 所示。

证券B 502012

易方达证券公司指数分级B 502012　E-FUND SECURITIES COMPANIES INDEX SECURITIES INVESTMENT FUND B

最新动态	基金概况	基金经理	持有机构	分红排行	资产配置	财务情况
›最新动态	›基金简介	›现任基金经理	›十大持有人	›基金分红	›资产配置	›财务指标
›十大重仓股	›基金公司	›前任基金经理	›户数和结构	›分红比较	›十大重仓股	
›基金评级	›交易席位佣金			›收益排行	›五大重仓债券	
›基金资讯	›代销机构					

科目/报告期(中报、年报)	2016-06-30	2015-12-31
银行存款(万元)	2407.31	7295.31
交易性金融资产(万元)	40894.55	124747.83
其中:股票投资(万元)	40694.67	124747.83
其中:债券投资(万元)	199.88	0.00
应付管理人报酬(万元)	34.54	107.30
应付托管费(万元)	7.60	23.61
资产总计(万元)	43544.61	136530.95
负债合计(万元)	622.36	4517.01
所有者权益合计(万元)	42922.25	132013.94
未分配利润(万元)	-16780.97	-22109.90

利润分配简表

科目/报告期(中报、年报)	2016-06-30	2015-12-31
利息收入(万元)	19.65	20.89
投资收益(万元)	-26045.61	319.42

• 图 2.47　财务情况

第 3 章

分级基金的分类
与折算

要进行分级基金交易，就要知道分级基金的类型，还要知道
分级基金的折算，即定期折算和不定期折算。

本章主要内容包括：

➤ 股票型分级基金和债券型分级基金

➤ 有限期型分级基金和无限期型分级基金

➤ 融资型、同涨同跌型、结构型和多空型分级基金

➤ 定期折算的定义和折算基准日

➤ 折算方式和交易安排

➤ 折算后 A 份额复牌首日前收盘价调整的规定

➤ 正确认识分级基金的定期折算

➤ 分级基金的定期折算实例

➤ 向上不定期折算

➤ 向下不定期折算

3.1 分级基金的分类

根据不同的标准来分类，分级基金可以分为不同的类型，下面进行具体讲解。

3.1.1 根据投资范围的不同分类

根据投资范围的不同分类，分级基金分为两种，分别是股票型分级基金、债券型分级基金，如图 3.1 所示。

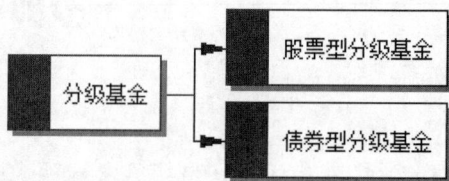

（1）股票型分级基金

股票分级基金主要投资于股票，又可分为主动管理的分级基金和指数型分级基金。

• 图 3.1 根据投资范围的不同分类

主动管理的分级基金，其母基金采用主动股票型基金的运作方式，在契约规定的投资范围内进行主动管理并投资。主动管理的分级基金的特点是，投资透明度差，股票差位和行业配置不太清楚，投资者很难把握这类产品短期是否有投资机会。

指数型分级基金，其母基金是以某证券指数为投资标的，如创业板指数、中小板指数、沪深指数等。指数型分级基金是证券市场上比较受欢迎的分级基金，这是因为其适明度高，投资者可以清楚地判断出中短期投资机会。

在浏览器的地址栏中输入"http://www.jijinb.com"，然后按"Enter"键，就进入分级基金网（中国分级市场的引领者）的首页，如图 3.2 所示。

• 图 3.2　分级基金网（中国分级市场的引领者）的首页

　　选择导航栏中的"基金 B"选项，就可以进入基金 B 界面，就可以按主题对分级基金进行分类，如图 3.3 所示。

• 图 3.3　入基金 B 界面

　　在左侧"主题类型 B 类分级基金"下方可以看见很多分类，选择不同的分类，就可以显示该类型的分级基金。在这里选择"中小板指数"选项，就可以看到中小板指数对应的分级基金 B，如图 3.4 所示。

• 图 3.4　中小板指数对应的分级基金 B

选择"医疗主题"，选项就可以看到医疗主题对应的分级基金 B，如图 3.5 所示。

• 图 3.5　医疗主题对应的分级基金 B

（2）债券型分级基金

债券型分级基金，又可分为一级债券分级基金和二级债券分级基金。一级债券分级基金不能在二级市场直接买入股票，但可以打新股；二级债券分级基金可以在二级市场买入不多于 20% 的股票，因此一级债券分级基金风险低于二级债券分级基金。

在基金 B 界面中，选择"可转债"选项，就可以看到可转债对应的分级基金 B，如图 3.6 所示。

• 图 3.6　可转债对应的分级基金 B

3.1.2　根据有无到期日的不同分类

根据有无到期日的分类，分级基金可分两种，分别是有限期型分级基金和无限期型分级基金，如图 3.7 所示。

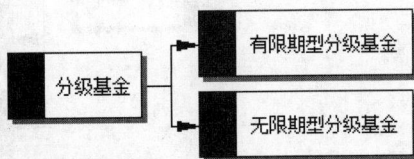

• 图 3.7　根据有无到期日的不同分类

（1）有限期型分级基金

有限期型分级基金，是指在某个特定日期，如一年、一年半、三年等，分级基金的 A 份额和 B 份额按照自身的净值折算为母基金，或折算为母基金后，再重新分拆为 A 份额和 B 份额。

根据 A 份额能否上市交易，有限期型分级基金 A 份额分为上市交易 A 份额和非上市交易 A 份额。

上市交易 A 份额，每年都可以获得约定收益。分级基金运作到期后，投资者可以拿出相应的净值 + 约定收益。需要注意的是，随着分级基金到期日的临近，A 份额和 B 份额的折益价率将收窄至 0% 附近。

非上市交易 A 份额的期限多为 3 个月、4 个月、6 个月等，投资者可以在银行、券商、基金公司直销中心等渠道单独购买，与银行理财产品相似。在一般情况下，投资者可持有到期获得约定收益。

（2）无限期型分级基金

在约定的日期，分级基金的 A 份额、B 份额的净值高于 1 元的部分，折算为分级基金母基金，剩余部分仍在二级市场交易。

与有限期型分级基金相比，无限期分级基金的 A 份额、B 份额的折溢价率存在一定的延续特征，不会明显地收敛。

3.1.3　根据 A 份额和 B 份额收益分配不同分类

根据 A 份额和 B 份额收益分配不同分类，分级基金可为 4 种，分别是融资型分级基金、同涨同跌型分级基金、结构型分级基金和多空型分级基金，如图 3.8 所示。

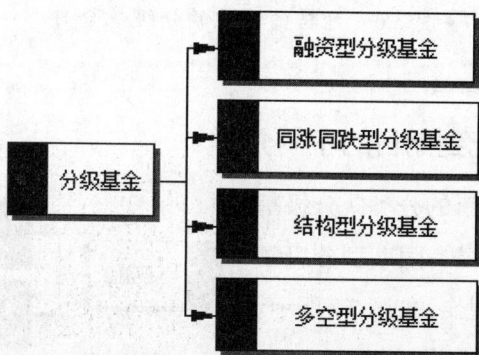

• 图 3.8　根据 A 份额和 B 份额收益分配不同分类

（1）融资型分级基金

融资型分级基金的 A 份额，无论母基金是盈利的，还是亏损的，持有 A 份额的投资者，都可以得到约定的固定收益。需要注意的是，如果投资者是通过证券市场买的 A 份额，其收益会跟着市场的涨跌出现一波的波动，如图 3.9 所示。

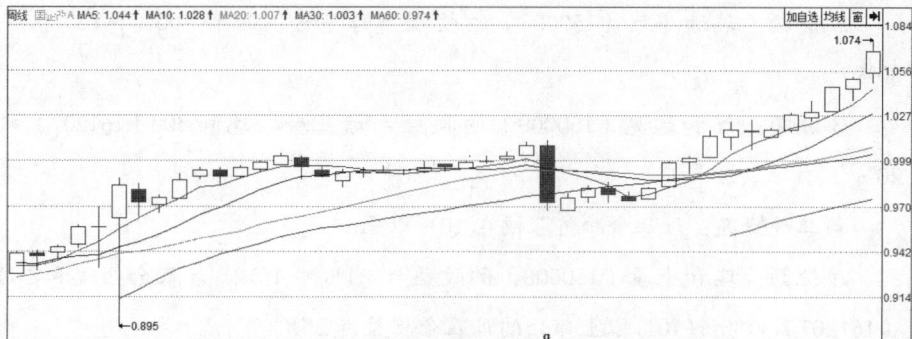

● 图 3.9　国企改 A 的周 K 线图

融资型分级基金的 B 份额，其收益就是母基金收益减去 A 份额收益。

如果母基金收益大于 A 份额的约定的固定收益，则 B 份额就会盈利；如果母基金收益等于 A 份额的约定的固定收益，则 B 份额会不赚不赔；如果母基金收益小于 A 份额的约定的固定收益，则 B 份额就会出现亏损。

（2）同涨同跌型分级基金

在一般情况下，同涨同跌型分级基金的 A 份额，会获得约定的固定收益。但是，如果证券市场出现了大跌，导致 B 份额净值低于某一个约定的临界值（如 0.25 元）时，A 份额和 B 份额的净值就开始同项波动，即一起上涨或一起下跌。

如果证券市场大幅下跌之后，又出现了快速上涨或震荡上涨，那么 A 份额仍可以得到约定的固定收益。

（3）结构型分级基金

根据母基金净值涨幅落在不同的区间，结构型分级基金的 A 份额和 B 份额收益，会采取不同的分配方案，下面以瑞和 300 分级基金为例进行说明。

母基金：瑞和 300（161207），全称为国投瑞银和沪深 300 指数分级基金

A 份额：瑞和小康（150008）

B 份额：瑞和远见（150009）

第一种情况：母基金净值涨幅在 0 ～ 10% 之间

A 份额：瑞和小康（150008）的收益＝母基金：瑞和 300（161207）×
80%

B 份额：瑞和远见（150009）的收益＝母基金：瑞和 300（161207）×
20%

第二种情况：母基金净值涨幅在 10% 以上

A 份额：瑞和小康（150008）的收益＝（1%～10%）母基金：瑞和 300
（161207）×80%+10% 以上部分的母基金收益 ×20%

B 份额：瑞和远见（150009）的收益＝（1%～10%）母基金：瑞和 300
（161207）×20%+10% 以上部分的母基金收益 ×80%

（4）多空型分级基金

多空分级基金的份额设计有三类：母份额、看涨份额、看跌份额，一般
称空头份额为 A 份额，多头份额为 B 份额。主要特色在于提供投资杠杆放大
效应，同时，也可以作为下跌市况中的避险投资工具。例如，买入优质股，
在市况不好时，买入"看空"份额对冲风险。和传统分级的区别在于多了简
单的避险功能，但比传统分级基金，杠杆更大，风险更高，相当于迷你期货
合约，特别适合具有市场趋势方向判断力的投资者。

多空分级基金产品获得杠杆的方式从产品设计角度来说，类似对赌。多
空分级产品的创新在于分配模式，也即产品设计中的约定杠杆，这是多空分
级基金的利益分配核心。杠杆可以是 3 倍，也可以是 2 倍，具体杠杆是多少
要基金合同的约定。

例如，某只多空理财产品的杠杆倍率为 3 倍，开始净值为 1，在持有期限内，
标的指数上涨 10%，则看涨份额的净值率增长为 30%，达到 1.3 元，而看空份
额的净值增长为 −10%，为 0.9 元。

多空基金的多空份额持有人一定是高风险收益偏好者，风险承担能力强。
其收益获得依赖对指数趋势的把握，收益特征属于高风险、高收益。多空分
级基金和传统分级基金的区别在于，A 份额可以实现在下跌时赚钱，可以成
为市场指数下跌时的避险工具，作用相当于迷你期货。另外，由于高杠杆的
作用，多空分级基金比传统分级基金的波动率更大，风险更高，体现出的是
高风险、高收益的特性。

多空分级基金相比较融资融券而言，成本更低，进入门槛更低，操作更方便，所以更适合具有风险承受力的中小投资者投资。另外，多空分级基金对融资融券的冲击也不会很大，首先，投资者风险偏好不一样，适合的投资人群不一样，不能替代。融资融券更适合于个股，但指数多空分级基金更适合对大盘趋势有较好把握的投资者。

3.2 分级基金的定期折算

分级基金的定期折算，类似基金的"付息分红"，下面进行具体讲解。

3.2.1 什么是定期折算

分级基金的 A 份额借钱给 B 份额用，分级基金的 B 份额付给 A 份额"利息"，即约定收益率。约定收益率算在分级基金的 A 份额的净值中，一年分级基金的 A 份额能拿到一次，就是通过定期折算，把约定收益率通过母基金形式付给分级基金 A 份额。

3.2.2 折算基准日

当前，开放式分级基金通常每年进行一次定期折算，根据基金合同的规定，折算基准日通常为每个会计年度的第一个工作日（如 2012 年 1 月 4 日）或每个运作周年的最后一个工作日。投资者在折算基准日持有的 A 份额和母基金将参与折算，B 份额不参与折算。

在浏览器的地址栏中输入"http://www.jijinb.com"，然后按"Enter"键，就进入分级基金网（中国分级市场的引领者）的首页，选择导航栏中"数据"选项，再选择"A 份额"选项，就可以看到不同分级基金的折算基准日，如图 3.10 所示。

● 图 3.10　不同分级基金的折算基准日

3.2.3　折算方式和交易安排

在折算基准日，将优先份额前一年的约定收益折算成母基金分配给优先份额持有人。

为保证折算的顺利进行，折算基准日及次一工作日，母基金暂停申购、赎回和转托管；折算基准日次一工作日，A 份额停牌一天，B 份额正常交易。

3.2.4　折算后 A 份额复牌首日前收盘价调整的规定

根据证券交易所《关于分级基金份额折算后复牌首日前收盘价调整的通知》，定期折算完成后，A 份额复牌首日即时行情显示的前收盘价将调整为其前一交易日的基金份额参考净值。

不同分级基金关于定期折算的具体规定和处理方式可能有所不同，投资者要了解某只分级基金的具体情况，可查阅该基金合同、招募说明书及相关折算公告。

3.2.5　正确认识分级基金的定期折算

第一，A 份额的定期折算过程对 B 份额没有本质的影响。因为 A 份额的定期折算只将净值高于 1 的部分折算为母基金份额，并不改变 A 份额原有的份额数，因此分级基金的 B 份额数也无须改变，B 份额的净值也无须发生折算。所以 B 份额在定期折算期间都是正常交易的。

第二，有部分投资者认为 A 份额的定期折算前有明显的套利机会，以折价的价格买进，却可以分到一年的利息，好像可以白拣一个大便宜。事实上，这是对 A 份额认识不足而产生的误区。首先，A 份额的价格围绕净值上下波动，折算前买入的净值已经包含了要折算出来的"利息"，价格在此基础上按照一定的折价率买入，也已包含了 A 份额的"利息"，羊毛终究是要出在羊身上的。折算前买入的 A 份额折算分出来的"利息"已经包含在买入价中，并不存在显著套利机会。

第三，很多投资者不能理解 A 份额的定期折算后为什么会大跌。折算后，A 份额单位净值由此前高于 1 元调整至 1 元面值，相应开盘价也调整至 1 元面值。由于到期期限等收益特征，A 份额普遍存在高折价现象，这样以面值开盘的价格都成为"虚高"价格，因此面值开盘价向公允市价的回归也成为必然。

3.2.6　分级基金的定期折算实例

2015 年 1 月 1 日，A 同学和 B 同学各出 100 万元，共计 200 万元让基金经理操盘。A 与 B 各占 50%，A 是拿约定收益年利息 6% 的保守份额，B 是借 A 的钱的杠杆份额。都以 1 元 / 份来计算，A 级为 100 万份，B 级为 100 万份，母基份数 =A 份数 +B 份数，为 200 万份。为了方便计算，这里不计算基金管理费、托管费等成本。

那么这支基金的初始资产为 A+B=200 万元，其中：

$$A 份额 =100 万份 \times 1 元 =100 万元$$

$$B 份额 =100 万份 \times 1 元 =100 万元$$

A 份额：B 份额 =1 ： 1

$$B 份额的初始杠杆 =（A 份数 +B 份数）\div B 份数 =2 倍杠杆$$

如果一年后 2016 年 1 月 1 日，基金盈利 10%，母基金 C 资产为 200×1.1=220 万元，盈利 20 万元。这时先扣除给 A 的利息 100 万元

×6%=6 万元，还剩 14 万元。这时 A、B、C 的资产都发生了变化，

A 的资产 = 本金 100 万元 + 利息 6 万元 =106 万元，每份净值 =106 万元 ÷100 万份 =1.06 元

B 的资产 = 本金 100 万元 + 收益 14 万元 =114 万元，每份净值 =114 万元 ÷100 万份 =1.14 元

母基 C 的资产 =A+B=106+114=220 万元，每份净值 =220 万元 ÷200 万份 = 1.1 元

这时，A 和 B 还要继续让基金经理帮忙理财，但两者的资产不一样，以后计算好麻烦，怎么办呢？那就定期折算吧！折算的结果是，将 A、B、C 的净值都归于 1 元，但 A 和 B 的资产不变，A：B 份额比例不变，B 份额杠杆倍数回到初始状态。折算结果如下：

A 的资产 106 万元，折算后得到：

100 万份 A 份额 ×1 元 =100 万元

6 万份 C 份额 ×1 元 =6 万元（可在场内赎回得到现金）

B 的资产为 114 万元，折算后得到：

100 万份 B 份额 ×1 元 =100 万元

14 万份 C 份额 ×1 元 =14 万元（可在场内赎回得到现金）

母基金的资产为 220 万元，折算后为：

220 万份 C 份额 ×1 元 =220 万元

如果一年后 2016 年 1 月 1 日，基金亏损 10% 呢？

母基金 C 资产为 200×0.9=180 万元，亏损的 20 万元由 B 份额承担。同时 B 还要承担给 A 的利息 6 万元。这里 A 的资产是 106 万元，份额 100 万份，单位净值 1.06 元；B 的资产是 74 万元，份额 100 万份，单位净值 0.74 元；母基金资产 C 是 180 万元，份额 200 万份，单位净值 0.9 元。经过定期折算，结果如下：

B 的资产 74 万元，折算后得到：

100 万份 B 份额 × 单位净值 0.74 元 =74 万元

C 份额的资产 180 万元，折算后得到：

200 万份 +68 965 份 C 份额 × 单位净值 0.87 元 =180 万元

A 的资产 106 万元，折算后得到：

$$100 万份 A 份额 \times 1 元 =100 万元$$

$$母基金 C 的份数 = 利息 60\,000 元 \div 母基净值 0.87=68\,965 份$$

注意，派息产生的 C 份额是新增的场外份额。派息后，C 份额份数增加，但 A 与 B 的份额比值仍不变。

$$C 净值 =(A 净值 +B 净值) \div 2=(1+0.74) \div 2=0.87$$

A 同学可收到 68\,965 份母基 C 后，可马上在场内赎回，虽然当天母基金的可能因大盘涨跌有 2 个点左右的浮动，但影响不大，收到的现金也就相差 100 多元，对于 6 万元利息来说可以忽略不计。

另外，赎回母基要花费千分之五的赎回费，6 万元母基赎回成本是 300 元。A 同学也可以不赎回，而是将母基金 68\,964 份母基金 C 份额拆分（拆分母基金必须是双数），第二天得到 34\,482 份 A 份额和 34482 份 B 份额，收到当天可以卖出收回现金。

拆分卖出比赎回的时间快，拆分没有费用，卖出的成本是股票交易佣金。不论是拆分卖出还是场内赎回，对 A 基金的投资者来说相差不大，不必纠结，简单一点的方法就是场内赎回。

3.3 分级基金的不定期折算

分级基金的不定期折算分为以下 2 种，分别是向上不定期折算和向下不定期折算，如图 3.11 所示．

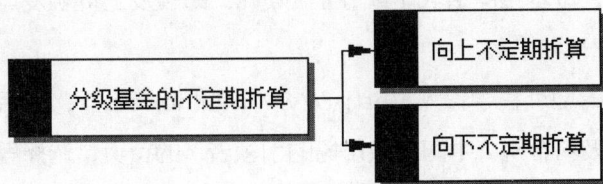

• 图 3.11 分级基金的不定期折算

3.3.1 向上不定期折算

牛市来了，即市场出现了连续的上涨行情，这时分级基金就会出现向上不定期折算。

（1）为什么要向上不定期折算

在牛市中，当母基金净值增长时，B份额净值也同步上涨，其资产规模与A份额资产规模的比值会越来越大，杠杆会越来越小，直至无限逼近1，甚至忽略不计。这明显会丧失B份额的魅力，通过折算，将各份额净值重新归一，相对于一只新上市的分级基金，杠杆被重新加载。

上折的另一重意义就是为B份额提供了一种享受牛市收益并退出的渠道。上折阈值一般是母基金达到1.5元或2元时触发，按照份额配比1：1测算的话，B端的净值将达到2元或3元，这是一种非常丰厚的利润。但其交易价格未必能充分体现其净值增长，持有者就有可能成为纸上富贵，无法获取实际收益；由于B流动性等原因，投资者在二级市场卖出不顺利从而也无法变现，或者由于A的流动性太差，使得与A合并赎回的渠道也不畅通。目前来看，这几种退出障碍都是实实在在存在的。上折则提供了一种新的退出方式，使得投资者的基金份额收益绝大部分得以实现。因而，上折在未来牛市时的意义是毫无疑问的。正因如此，某些原发行时没有上折条款的基金后来修改合同，设置了上折条款，如信诚沪深300等。另外，目前新发基金的上折阈值也普遍由2元变为1.5元，都是充分认识到上折的重要意义。

（2）上折基准日

目前，主流分级基金的上折触发点普遍采取母基金净值等于1.5元，即某交易日收盘，母基金净值大于或等于1.5元，即触及上折触发点，该交易日就是上折基准日。

在浏览器的地址栏中输入"http://www.jijinb.com"，然后按"Enter"键，就进入分级基金网（中国分级市场的引领者）的首页，选择导航栏中"数据"选项，再选择"母基份额"选项，就可以看到不同分级基金的上折阈值，如图3.12所示。

● 图 3.12　不同分级基金的上折阈值

在"上折阈值"的右边，还可以看到上折差距，即母基金的净值再上涨百分之多少，就达到了上折阈值。

（3）向上不定期折算过程

上折后 A 份额和 B 份额的净值均回归为初始净值 1，超过 1 的部分将以母基的形式发放给 A 份额和 B 份额的持有人。

下面举例说明。

以创业板分级基金为例，假设折算前投资者分别持有 10 000 份 A 份额、B 份额和 10 000 份母基：

净值分别是 1.02 元、1.97 元、1.5 元；

价格分别是 1.12 元(A)、2.2 元（B）（母基只有净值）；

资金分别是：11 200 元、22 000 元和 15 000 元。

折算后，三类份额单位净值归一，母基份额的投资者持有的母基份额 10 000 份将变为 15 000 份，总资金为 15 000 元。

A 类份额的投资者将持有 10 000 份 A 和 200（0.2×10 000）份分来的母基，总资金为 11 400 元。

B 份额的投资者将持有 10 000 份 B 和 9 700（0.97×10 000）份分来的母基，总资金为 19 700 元。

3.3.2 向下不定期折算

熊市来了，即市场出现了连续的下跌行情，这时分级基金就会出现向下不定期折算。

（1）为什么要向下不定期折算

基金成立初期，分级基金的 A 份额和 B 份额的净值都为 1 元。如果分级基金的 B 份额的净值跌没了，分级基金的 A 份额的本金和利息，就会受到威胁，所以分级基金设置平仓机制。

如果分级基金的 B 份额的净值跌到 0.25 元，分级基金将进行平仓操作，这个平仓操作，就是向下不定期折算。

（2）下折基准日

目前，主流分级基金的下折触发点普遍采取母基金净值等于 0.25 元，即某交易日收盘，母基金净值小于或等于 0.25 元，即触及下折触发点，该交易日就是下折基准日。

在浏览器的地址栏中输入"http://www.jijinb.com"，然后按"Enter"键，就进入分级基金网（中国分级市场的引领者）的首页，选择导航栏中"数据"选项，再选择"母基份额"选项，就可以看到不同分级基金的下折阈值，如图 3.13 所示。

● 图 3.13 不同分级基金的上折阈值

在"下折阈值"的右边，还可以看到下折差距，即母基金的净值再下跌百分之多少，就达到下折阈值。

（3）向下不定期折算过程

A 份额和 B 份额的净值重新回归初始净值 1，A 份额持有人将获得母基份额，B 份额持有人的份额将按照一定比例缩减。

下面举例说明一下。

以招商中证煤炭 B 份额（简称：煤炭 B，代码：150252）下折为例（假设折算前 A/B 份额均为 10 000 份）：

2015 年 7 月 8 日，基金公司发布可能触发下折的提示性公告——7 月 8 日 B 份额净值为 0.245 元，触发下折阈值 0.250 元——7 月 9 日，发布下折公告，并以当日为折算基准日进行份额折算。

触发条件：B 份额净值 =0.25 元

B 份额资产：折算前 10 000 份 B 份额 ×0.323 元净值

折算后 3 230 份 B 份额 ×1.00 元净值

A 份额资产：折算前 10 000 份 A 份额 ×1.007 元净值

折算后 3 230 份 A 份额 ×1.00 元净值

6 840 份母基金份额 ×1.00 元净值（通过场内赎回兑现利润）

基金资产：折算前 20 000 份母基金份额 ×0.665 元净值

折算后 13 300 份 C 份额 ×1.00 元净值

这里：折算前后 A:B=1：1 保持不变，但折算后基金规模或许会大幅度缩水，这是因为 A 份额投资者可以赎回 6 840 份母基金份额 ×1.00 元净值 =6 840 元，占 A 份额投资者原有资金的 67.9%，也就是说，通过下折，A 份额投资者可提前收回 67.9% 的本金。

第 4 章

分级基金 A 份额的
投资方法与技巧

A 份额的收益较高、收益确定，和其他低风险的理财产品（包括 1 年期定期存款、保本保收益的银行理财产品、类固定收益类信托、纯债基金、货币基金）相比也有不可比拟的优势。本章将讲解分级基金 A 份额的投资方法与技巧。

本章主要内容包括：

➤ 约定收益率、折溢价、隐含收益率

➤ A 份额的债性价值

➤ A 份额的配对转换价值

➤ A 份额与 B 份额的定价关系

➤ 无限期型 A 份额的盈利

➤ 有限期型 A 份额的盈利

➤ A 份额不是债券，但胜似债券

➤ A 份额的投资风险

➤ A 份额的投资策略

4.1 A 份额的基本概念

在具体讲解分级基金 A 份额之前，先来了解几个基本的概念，分别是约定收益率、折溢价、隐含收益率，如图 4.1 所示。

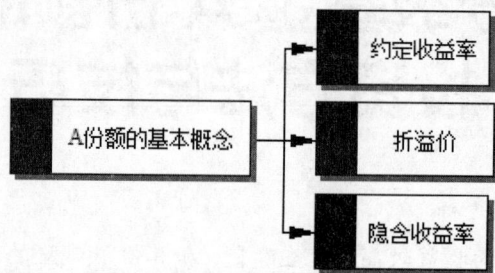

● 图 4.1 A 份额的基本概念

4.1.1 约定收益率

约定收益率，即写入到基金合同中的 A 份额的年化收益率。当前，分级基金 A 份额的年化收益率在 4% ～ 7.5% 不等。需要注意的是，A 份额的约定收益率一般为一年定期 +3%、+3.2%、+3.5%、4%。

从理论上说，若分级基金 A 份额的约定收益率为 5%，投资者持有 1 000 份 A 份额，那么每年可获利 50 份母基金的份额。

需要注意的是，国为 A 份额的价格与其净值存在一定的差异，即折价或溢价，所以会导致实际收益与约定收益有一定偏差。

A 份额的实际收益率 = 约定收益率 ÷ 交易价格。

下面来具体查看一下 A 份额的约定收益率和实际收益率。

在浏览器的地址栏中输入 "https://www.jisilu.cn"，然后按 "Enter" 键，就进入股票分级基金（集思录）的首页，如图 4.2 所示。

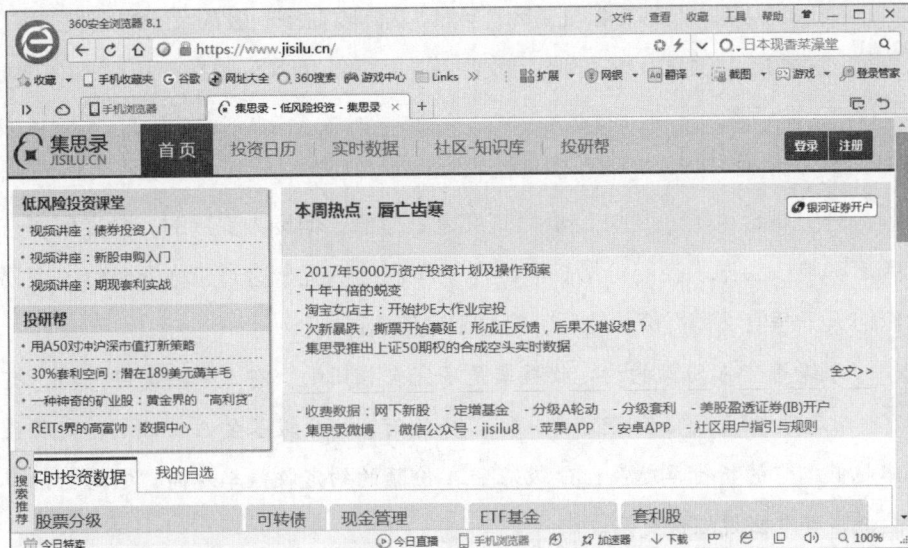

• 图 4.2　入股票分级基金（集思录）的首页

　　在股票分级基金（集思录）的首页中，选择导航栏中的"实时数据"选项，就可以看到分级基金 A 份额的实时数据信息，如图 4.3 所示。

• 图 4.3　分级基金 A 份额的实时数据信息

　　在这里可以看到 A 份额的利率规则，即 +3%、+3.2%、+3.5%、4%。还可以看到本期利率和下期利率，这两个都是约定收益率。

修正收益率，就是实际收益率。当然，实际收益率一般都大于约定收益率。例如，深成指A（150022）的约定收益率是4.5%，而实际收益率却为6.132%。

4.1.2 折溢价

分级基金A份额的交易价格基准是其净值，但场内交易时，会受到多方因素影响，会出现交易价格高于或低于净值的情况，这对应称为溢价（交易价格大于净值）和折价（交易价格小于净值）。

分级基金A份额的约定收益率是不完全相同的，有1年期定存+3%，有1年期定存+3.5%，1年期定存+4%。一般而言，分级基金A份额的约定收益率越低，它的折价率越高；分级基金A份额的约定收益率越高，它的折价率越低，甚至出现溢价交易。

而折价率，就是净值减去交易价格，然后再除以净值，具体公式如下：

折价率 =（A份额净值 － A份额交易价格）÷A份额净值

在浏览器的地址栏中输入“https://www.jisilu.cn”，然后按“Enter”键，就进入股票分级基金（集思录）的首页。选择导航栏中的“实时数据”选项，就可以看到分级基金A份额的实时数据信息，在这里可以看到A份额的折价率，如图4.4所示。

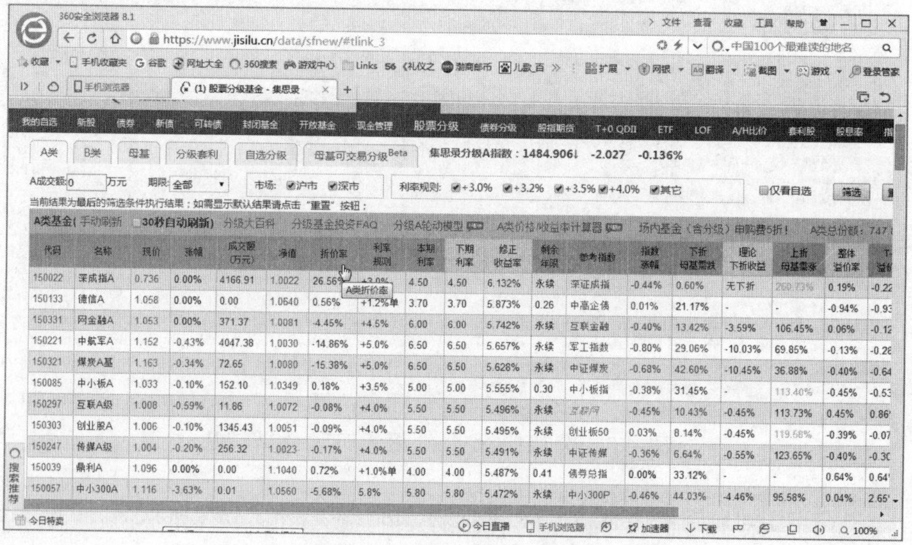

代码	名称	现价	涨幅	成交额(万元)	净值	折价率	利率规则	本期利率	下期利率	修正收益率	剩余年限	参考指数	指数涨幅	下折母基需跌	理论下折收益	上折母基需涨	整体溢价率	T-
150022	深成指A	0.736	0.00%	4166.91	1.0022	26.56%	+3.0%	4.50	4.50	6.132%	永续	深证成指	-0.44%	0.60%	无下折	260.73%	0.19%	-0.22
150133	德信A	1.058	0.00%	0.00	1.0640	0.56%	+1.2%单	3.70	3.70	5.873%	0.26	中高企债	0.01%	21.17%	-	-	-0.94%	-0.93
150331	网金融A	1.063	0.00%	371.37	1.0081	-4.45%	+4.5%	6.00	6.00	5.742%	永续	互联金融	-0.40%	13.42%	-3.59%	106.45%	0.06%	-0.12
150221	中航军A	1.152	-0.43%	4047.38	1.0030	-14.86%	+5.0%	6.50	6.50	5.657%	永续	军工指数	-0.80%	29.06%	-10.03%	69.85%	-0.13%	-0.28
150321	煤炭A基	1.163	-0.34%	72.65	1.0080	-15.38%	+5.0%	6.50	6.50	5.628%	永续	中证煤炭	-0.68%	42.60%	-10.45%	36.88%	-0.40%	-0.64
150085	中小板A	1.033	-0.10%	152.10	1.0349	0.18%	+3.5%	5.00	5.00	5.555%	0.30	中小板指	-0.38%	31.45%	-	113.40%	-0.45%	-0.53
150297	互联A级	1.008	-0.59%	11.86	1.0072	-0.08%	+4.0%	5.50	5.50	5.496%	永续	互联网	-0.45%	10.43%	-0.45%	113.73%	0.45%	0.86'
150303	创业股A	1.006	-0.10%	1345.43	1.0051	-0.09%	+4.0%	5.50	5.50	5.495%	永续	创业板50	0.03%	8.14%	-0.45%	119.58%	-0.39%	-0.07
150247	传媒A级	1.004	-0.20%	256.32	1.0023	-0.17%	+4.0%	5.50	5.50	5.491%	永续	中证传媒	-0.36%	6.64%	-0.55%	123.65%	-0.40%	-0.30
150039	鼎利A	1.096	0.00%	0.00	1.1040	0.72%	+1.0%单	4.00	4.00	5.487%	0.41	债券总指	0.00%	33.12%	-	-	0.64%	0.64'
150057	中小300A	1.116	-3.63%	0.01	1.0560	-5.68%	5.8%	5.80	5.80	5.472%	永续	中小300P	-0.46%	44.03%	-4.46%	95.58%	0.04%	2.65'

● 图4.4 A份额的折价率

4.1.3　隐含收益率

需要注意的是，隐含收益率只适用于场内交易的无限期 A 份额。

因为不同的分级基金，成立日期不同、约定收益率不同，所以交易价格也不同，这样就无法对不同分级基金 A 份额的收益进行高低比较。隐含收益率则提供了一个统一衡量 A 份额内在投资价值高低的标准，其具体计算公式如下：

隐含收益率 ＝ 约定收益率 ÷（A 份额交易价格 － A 份额净值 ＋1）

4.2　A 份额的债性价值

随着债券收益率的下降和分级基金 A 份额市场的壮大，不少稳健投资者将目光投向分级基金 A 份额。与债券不同，A 份额除了具备债性价值以外，其价值还决定于其与 B 端的配对转换价值。下面先来讲解 A 份额的债性价值。

4.2.1　债性价值的决定因素

由于在每年的定期折算中获得固定收益份额，所以分级基金 A 份额的价值中最重要的组成部分之一是其债性价值。就债性价值而言，A 份额可以被视作永续浮息债，而永续浮息债的定价公式如下：

$$p = \frac{A_0 + A/r}{(1+r_0)^t}$$

债性价值的决定因素主要由其约定收益率（A）和市场利率（r）决定，这与债券相同，如图 4.5 所示。

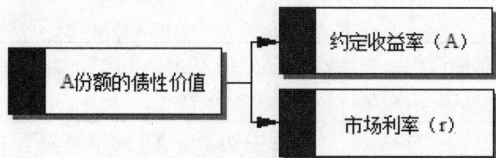

●图 4.5　A 份额的债性价值

4.2.2 约定收益率（A）

约定收益率类似于债券的票息，但由于其本身是浮息债，因此在升降息周期中与固息债表现有所不同。对比固息金融债和浮息金融债，在降息周期中，浮息债（此处是指挂钩一年期定期存款）的走势相对于固息债会相对弱势。

1年期定存+4%品种相对于1年期定存+3%品种而言受降息影响较小，这是因为浮动的约定收益率占总的约定收益率而言相对较小，因此在降息周期中1年期定存+4%品种相对1年期定存+3%品种单就债性价值而言具备更高的吸引力。此外，固息分级A（证券A级固息6%）不会像浮息品种那样受到降息的额外影响。

4.2.3 市场利率（r）

如果说约定收益率决定了分级基金A份额定价的分子端，那市场利率即是决定了分级基金A份额定价的分母端。从跨市场的视角上讲，市场利率既由债券市场收益率决定，也由其他类固定收益类品种的收益率决定。

（1）债券市场收益率

债券市场的收益率是衡量市场利率最重要的维度，一直以来分级基金隐含收益率的走势被用来和AA级信用债进行比较，这主要是因为A份额不能被用来质押套息。然而基于对于A份额的观察，其隐含收益率的变化短期与债券市场收益率相关度并不高，但是其长期走势具备相当高的相关性。

债券与A份额的对比如表4.1所示。

表4.1　债券与A份额的对比

	债券	A 份额
收益率	7～10年期信用债到期收益率当前大概在4.6%左右	分级基金A份额，当前到期收益率大概在6%～7%之间
久期		分级基金A份额由于具有下折机制，可以收回本金，市场上普遍认为其久期相当于7～10年期的信用债

续表

	债券	A 份额
信用风险	AAA 级信用债信用风险较低	除了申万深成指 A 和银华 H 股 A 以外，其他分级基金 A 份额无违约风险。另外，溢价 A 份额在下折时会有额外亏损
可质押性	AA 级以上信用债可质押	分级基金 A 份额不可质押
税收问题	个人投资者需缴纳利息税	个人投资者无须缴纳利息税

（2）其他类固定收益类产品收益率

除了债券收益率以外，两融收益权利率、打新收益率、货币基金收益率、银行理财收益率等都会对市场利率产生影响。在利率市场化的进程中市场利率并不会随着名义利率的下行而同步下行，也就是说 A 份额约定利率的下行速度会高于市场利率，分子端的萎缩幅度大于分母端，其本身价值受损。

自 2014 年 11 月的降息之后 A 份额正是经历了上述的变化。但是一旦名义利率的绝对值降低到一定程度，其继续下行的空间有限时（目前的名义利率处在历史低点），该种情况有望得到缓解。更进一步地说，如果未来市场利率能够下行，而此时名义利率下行速度放缓（也就是说 A 份额的约定收益率下行速度放缓），A 份额的价值的变化周期将会发生逆转。

> 提醒：如果短期出现了其他低风险投资的高预期收益的机会会造成市场的短期无风险收益上行，分流了 A 份额的需求。例如，期限套利空间的突然变大和大体量大盘股打新造成的打新预期收益的上行。

4.3　A 份额的配对转换价值

配对转换价值这是 A 份额与债券一个比较大的不同，即使抛开了折算价值，A 份额与债券也有较大不同。配对价值有可能让 A 份额短期内实现巨大收益（创业板 A 在 2015 年 1～3 月份上涨了 21%），也有可能给 A 份额投资带来巨大回撤（超过 10%）。下面从整体的折溢价率和产品规模的变化两个角度分析 A 份额的配对价值，如图 4.6 所示。

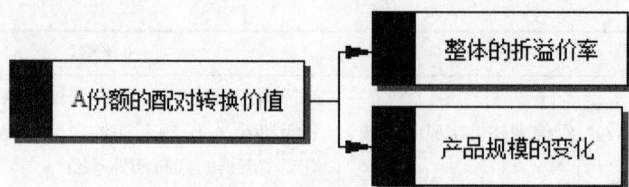

• 图 4.6　A 份额的配对转换价值

4.3.1　整体的折溢价

2014 年大盘行情启动以来，分级基金 A 份额的两次黄金坑都是大面积的整体溢价带来的，而当整体折价开始蔓延则给 A 份额带来上涨的动力。这主要是因为当整体溢价时套利者会申购分拆并抛出子份额，而反之折价套利要同时买入子份额并进行赎回，前者 A 的价格会受到打压，后者则会拉涨 A。

（1）权益类市场的行情

整体折溢价的产生主要取决于权益类市场的走势，当行情火爆时，B 份额由于具备杠杆从而受到热捧使得整体溢价高。而当行情震荡甚至熊市时，B 份额退出的动机强烈，整体折价容易产生。

（2）投资者结构的变化

投资者结构的变迁也会影响配对价值，在 2014 年行情启动时散户投资者的大量涌入推高了分级基金的整体溢价。而正如之前所提到的，较高的整体溢价会对 A 份额形成强大的压力。

4.3.2　产品规模的变化

产品供需是 A 份额配对价值的先行指标，A 份额的价值与产品规模变化息息相关。一方面新产品密集上市会造成明显的供给冲击；另一方面 B 份额需求减弱会由于依赖于同 A 份额合并赎回因而使得 A 份额被拉涨。

（1）产品供需

A 份额的持有者多为长线投资者，B 份额如果想退出必须借助 A 份额合并赎回，因此当 B 份额需求不足时会拉涨 A 份额，进而导致了母基金规模的缩小。

（2）产品之间的互相替代影响产品供需

B 份额需求的减弱有可能是源于替代品的出现。追踪同样板块的 B 份额如果有流动更好、杠杆更高的替代品，则有可能在被替代的过程中规模萎缩。同样，宽基分级在行业轮动的行情中容易被行业分级所替代，也会造成这种替代效应。

（3）权益类市场的走势影响产品供需

权益类市场的走势是决定投机需求的重要因素，当行情较好时，B 份额的投机需求较足；而行情震荡时甚至是熊市时，其需求会萎缩给 A 份额带来机会。

4.4 A 份额与 B 份额的定价关系

下面来看一下 A 份额与 B 份额的定价关系。

4.4.1 A 份额与 B 份额的价格相互牵制

因为配对转换机制的存在，A 份额与 B 份额的合并价格会围绕母基金净值波动。当合并价格大于母基净值时，套利者会执行溢价套利促使价格回归；当合并价格小于母基净值时，套利者会执行折价套利促使价格回归。

因为 A 份额与 B 份额合并价格波动区间被限定，A 份额的价格上涨，则 B 份额的价格相对下跌；反之，A 份额的价格下跌，则 B 份额的价格相对上涨，A 份额和 B 份额的价格存在"跷跷板"效应，如图 4.7 所示。

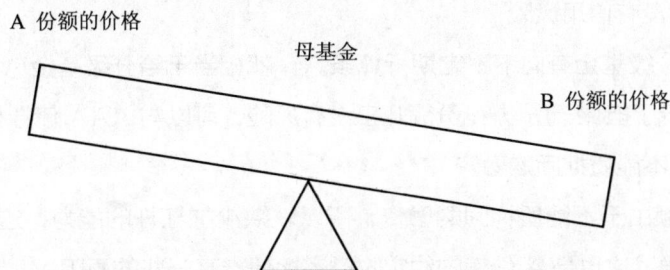

• 图 4.7 A 份额与 B 份额的价格相互牵制

4.4.2　如何理解 A 份额掌握定价权

一般情况下，A 份额掌握定价权，A 份额决定 B 份额的价格，B 份额又在一定程度上影响 A 份额。假设隐含收益率在 6.4% 左右，则"+5"的 A 溢价 B 折价，"+3"的 A 折价 B 溢价，A 的折溢价不同导致"+5"的 B 总比"+3"的 B 价格低，A 决定了 B 的定价区间。比如，债券价格大幅上涨时，A 份额的价格也会随着相对上升，B 份额此时价格区间相应下降。

B 份额的交易价值可能对两者价格存在短期扰动，一定程度上影响 A 份额，但长期来看 A 份额依旧掌握主动，如图 4.8 所示。

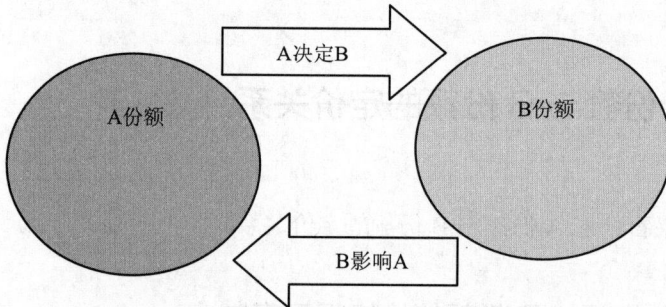

● 图 4.8　A 份额和 B 份额的定价关系

4.5　A 份额的自身特点

A 份额的自身特点有 5 点，分别是没有信用风险、不能质押回购融资、配对转化机制、二级市场资金的松紧和不定期折算，如图 4.9 所示。

（1）没有信用风险

因为分级基金有向下不定期折算条款，就相当于给分级基金 A 份额的约定收益进行了担保，所以 A 份额几乎没有风险，可以与 AAA 债券相比。

（2）不能质押回购融资

A 份额由于不能质押回购融资，所以就缺少加杠杆的能力，这就需要收益率做补偿，这也是 A 份额的约定收益率比债券高一些的原因。

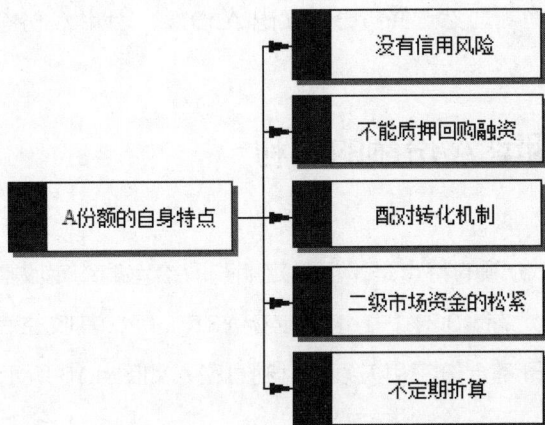

● 图 4.9　A 份额的自身特点

（3）配对转化机制

配对转化机制，对分级基金 A 份额的短期走势有比较重要的影响。

（4）二级市场资金的松紧

投资者一定要明白，分级基金 A 份额是交易市场中，可交易的流动性资产，又有固定收益性质，所以对资金的敏感度很高。

每当资金紧张时，分级基金的 A 份额通常都会调整；而资金松动后，分级基金的 A 份额通常都会小幅回升。

（5）不定期折算

不定期折算包括下折和上折。

下折时，投资者可以提前获利了结。分级基金母基金的净值下跌超过一定程度（如 0.25 元）后触发，将 A 份额净值超过 B 份额净值的部分折算成母基金。一般情况下，下折对 A 份额有利，因为在实际交易过程中，A 份额的价值处于净值折价（如现在约定收益 6% 的折价大约 12%）。当触发下折后，A 份额提前按照净值兑换成母基金，享受折价回归。

> 提醒：下折条款对 A 份额来说，其实是一个隐含的期权，如果将来某天触发，可以将永续提前转化为固定期限，获利一笔资本利得。

上折对 A 份额的影响比较复杂。实际上，上折对 A 份额的直接影响不大，只是提前拿到了份额，然后价格重新归整市场主流的收益率水平。但因为上折后，B 份额持有者显然选择折分后卖出 A 份额，因此 A 份额会受到打压。

4.6　无限期型 A 份额的盈利

无限期型 A 份额的特点是，可以定期获取给定的约定收益，如 1 年期定存 +3%、1 年期定存 +3.2%、1 年期定存 +3.5% 等，其收益有两个特点，分别是收益是获得母基金份额和无须支付利息税，如图 4.10 所示。

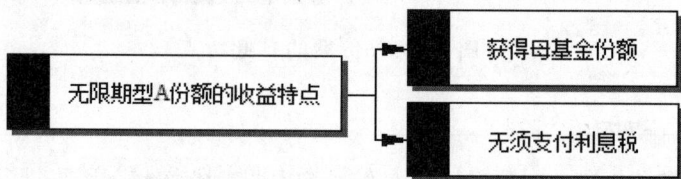

• 图 4.10　无限期型 A 份额的收益特点

在浏览器的地址栏中输入"https://www.jisilu.cn"，然后按"Enter"键，进入股票分级基金（集思录）的首页。选择导航栏中的"实时数据"选项，就可以看到分级基金 A 份额的实时数据信息。

单击"期限"对应的下拉列表框按钮，弹出菜单命令，如图 4.11 所示。

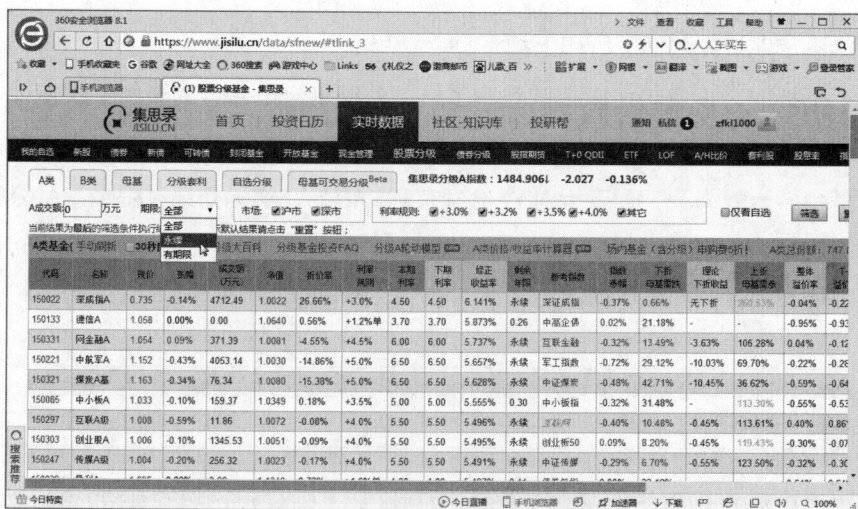

• 图 4.11　菜单命令

在菜单命令中，选择"永续"选项，然后再单击"筛选"按钮，就可以看到所有无限期 A 份额的实时数据信息，如图 4.12 所示。

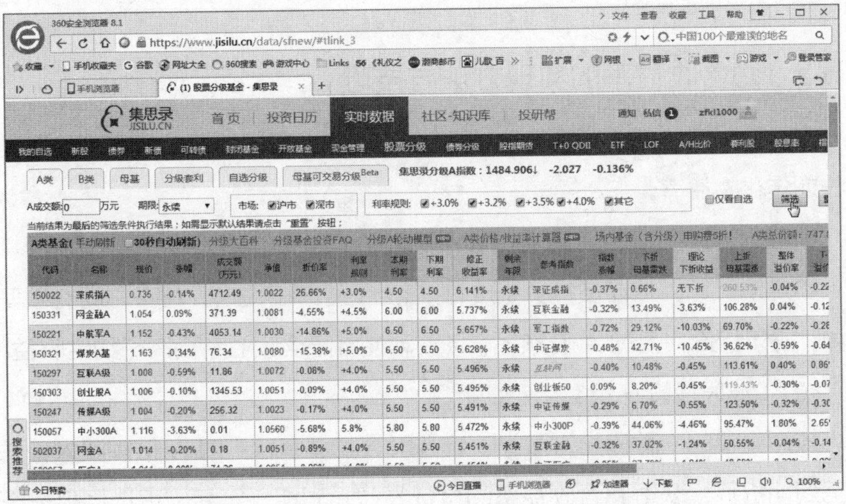

●图 4.12　所有无限期 A 份额的实时数据信息

4.6.1　约定收益的实现方法与技巧

下面先来看一下如何获得 A 份额。获得 A 份额有两种方法，具体如下：

第一种方法是，在分级基金母基金成立时认购买入，场内母基金份额折分为 A 份额和 B 份额，然后卖出 B 份额，这样就可以获利 A 份额。

第二种方法是，直接在二级市场买入 A 份额。因为分级基金的 A 份额，可以像股票一样买卖，投资者只需付出类似于股票的交易成本，且不用缴纳任何印花税，交易费用相对较低。

获利 A 份额后，下面来看一下如何实现 A 份额收益。

从中长期持有的角度来看，参与投资 A 份额每年的投资收益主要体在定斯折价分红中。例如，约定收益率为 6.5% 的分级基金产品，每 1 000 份 A 份额每年可获得 65 份的母基金份额；约定收益率为 7% 的分级基金产品，每 1 000 份 A 份额每年可获得 70 份的母基金份额。

所以，约定收益率越高，投资者每年可以获得的分级基金母基金份额越多。需要注意的是，通常情况下，约定收益率越高，A 份额的交易价格越高，也就导致各个分级基金 A 份额的隐含收益率相对接近。

> 提醒：对于分级基金 A 份额来说，隐含收益率才是衡量投资者实际回报率的指标。

4.6.2 隐含收益率的实现方法与技巧

隐含收益率，是无限期型 A 份额在不发生不定期折算的情况下，A 份额的长期年化收益率。

实际上，A 份额常常随着二级市场的价格波动，触发向下不定期折算或向上不定期折算，从而使得 A 份额的隐含收益率和约定收益率之间有差异。例如，对于折价交易的 A 份额，市场波动使其隐含收益率会高于约定收益率。

（1）波段投资 + 持有至定期折算

较为简单的一种操作方法是，选择隐含收益率较高的 A 份额买入，并持有至到期折算，获得隐含收益率的投资收益。到期折算后，再选择另一个隐含收益率较高的 A 份额买入，就这反复循环。

另一种操作方法是，考虑到二级市场的波动性，当手中持有的 A 份额交易价格出现持续溢价进卖出，获取交易收入。再买入折价且隐含收益率较高的另一个 A 份额，并持有至到期折算。这种方法，类似于股票的高抛低吸。

下面举例来说明一下。

有色 A（150197）、食品 A（150199）的约定收益率都为 1 年期定存在 4%，但是它们的交易价格常常存在一定的不同。2015 年 8 月，有色 A（150197）的隐含收益率明显高于食品 A（150199），且隐含收益率在 7.5%，所以投资者可以参与有色 A（150197）的投资。

2016 年年初，有色 A（150197）的隐含收益率明显低于食品 A（150199），这样投资者就可以卖出有色 A（150197），转换为食品 A（150199），规避有色 A（150197）的下跌风险。

2016 年 5 月，投资者可以再将食品 A（150199）转换为有色 A（150197），以获利超额收益。

（2）波段投资 + 整体折溢价率

对于二级市场中的交易品种，供求关系是决定它们交易价格的唯一因素。只要买入的力量大于卖出的力量，价格就会上涨，否则价格就会下跌。只是不同的品种的供求关系，考虑的因素不同而已。

分级基金 A 份额有两个投资群体，分别是配置型投资者和套利型投资者，如图 4.13 所示。

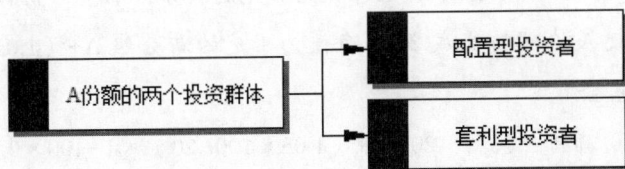

• 图 4.13　A 份额的两个投资群体

配置型投资者，他们希望得到的是，A 份额的长期投资回报率。

套利型投资者，他们希望得到的是，分级基金整体折溢价水平来进行申购分拆套利或买入合并套利。

从场内流通份额来看，无论 A 份额价格是高是低，只要存在整体溢价交易，套利型投资者就会进场申购分拆套利，这样就会增加 A 份额和 B 份额的供给。在 A 份额需求相对稳定的情况下，A 份额的供给的增加，就会造成其价格的回落下跌。

（3）长期持有

选择一个 A 份额约定收益高的母基金，在认购期认购，即在分级基金母基金成立前招募时买入，上市交易后，卖出 B 份额，持有 A 份额，长期持有。或者在分级基金 A 份额的隐含收益率高时买入，然后长期持有。

4.6.3　接近或触及下折触发点情况下的无限期型 A 份额操作技巧

有下折条款的 A 份额，若 B 份额的净值离设定的下折点距离较近时，如仅相差 10% 或以内时，对应的 A 份额会产生额外收益。

（1）A 份额处于折价状态

市场资金为获取 A 份额的下折利润，往往会买进 A 份额，这样就会造成

A 份额的交易价格出现上涨，折价变小，甚至出现溢价现象。而一旦触及下折点，A 份额就可以获利下折收益。下面举例来说明一下。

例如，分级基金 A 份额的净值为 1.05，交易价格为 0.9 元，分级 B 现价 0.2 元，触发下折，那么以现价 0.9 元买进 100 股，下折后，分级 A 将会获得多少利润？

成本：100×0.9 元 =90 元

下折后：

每 100 股 B 份额转变成 20 股净值为 1 元的新分级基金 B 份额；

每 100 股 A 份额转变成 20 份净值为 1 元的新分级 A+（$1.05 \times 100-20$）份 1 元的母基金

那么 A 份额将会获利：$20 \times 1+（1.05 \times 100-20）\times 1-100 \times 0.9=15$ 元

$$收益率 =15 \div 90=16.67\%$$

尽管公式很复杂，其实收益率就是 A 份额的折价率。不过这个收益率仅仅是理论上的收益率，并非实际收益率。在实际的过程中，A 份额下折的收益需要扣除手续费。

（2）A 份额处于溢价状态

如果 A 份额处于溢价状态，这时遇到 B 份额下折，投资者要第一时间卖出 A 份额。这是因为遇到 B 份额下折，A 份额的交易价格会下跌接近其净值，溢价消失，这样就会造成投资者持有 A 份额出现亏损。

总之，如果 A 份额处于溢价状态，一定要小心 B 份额的下折风险。

4.7 有限期型 A 份额的盈利

有限期型 A 份额有一般会有一个封闭期，时间多为 6 个月、1 年或 3 年。封闭期结束后，投资者可以自由买卖了，即申购买入或赎回卖出。

在浏览器的地址栏中输入 "https://www.jisilu.cn"，然后按 "Enter" 键，就进入股票分级基金（集思录）的首页。选择导航栏中的 "实时数据" 选项，就可以看到分级基金 A 份额的实时数据信息。单击 "期限" 对应的下拉列表框按钮，弹出菜单命令，选择 "有限" 选项，然后单击 "筛选" 按钮，就可以看到所有有限期型 A 份额的实时数据信息，如图 4.14 所示。

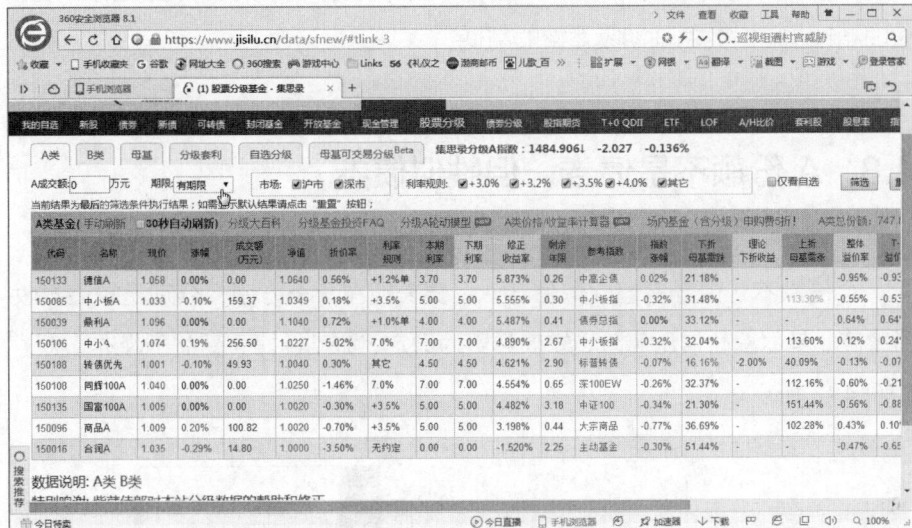

• 图 4.14　有限期型 A 份额的实时数据信息

提醒：有限期型 A 份额的封闭期，并不是其对应的母基金的运作有限期。

4.7.1　场外交易的有限期型 A 份额

场外交易的有限期型 A 份额，投资者可以通过银行、券商、基金公司进行买卖，一般情况下，申购买入的费率为 0，赎回卖出的费率也为 0。需要注意的是，部分基金公司规定，持有不足两个封闭期的收取约为 0.1% 的赎出费用。

当前，有限期型 A 份额的约定收益率采用"1 年期定存 + 固定利率"、"1 年期定存 × 固定倍数"、"1 年期定存 × 固定倍数 + 利差"的模式。整体来看，约定收益率基本在 4% ～ 6% 之间。

4.7.2　场内交易的有限期型 A 份额

一般来说，场内交易的有限期型 A 份额存在小幅折价，价格波段也不大，因此不适合波段交易。但因为存在折价，所以隐含收益率普遍高于约定收益率，所以适合买入，然后中长期持有的投资者。

选择场内交易的有限期型 A 份额，投资者一定要关注产品的流动性，避免出现大的冲击成本；其次要注意投资期限，选择到期时间与投资期限相对应的品种，同时关注到期收益率的高低。

4.8 A 份额不是债券，但胜似债券

A 份额不是债券，但胜似债券，主要表现在 5 个方面，分别是较债券收益率高、基本没有信用风险、较债券更为稳定、流动性好、受益于降准降息，如图 4.15 所示。

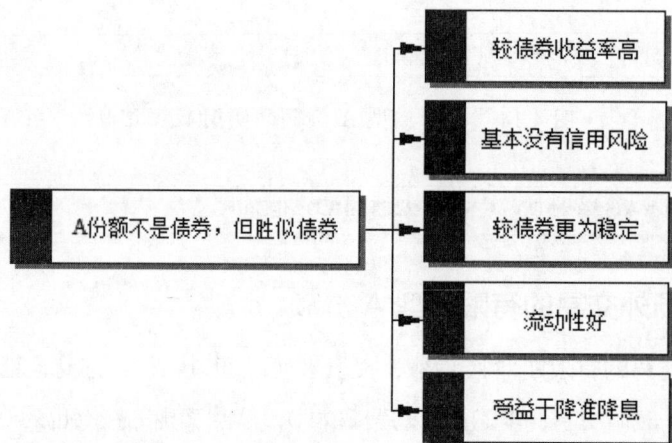

● 图 4.15 A 份额不是债券，但胜似债券

（1）较债券收益率高

A 份额隐含收益率中枢在 6% ～ 7%，与 10 年期 AA 企业债走势相当，高于一般债券利率，只是其暂不能质押无杠杆收益。

（2）基本没有信用风险

下折条款确保了 A 份额的安全，且历史来看，下折也很少触发。

（3）较债券更为稳定

A 份额隐含收益率的平均方差远小于企业债，整体收益更为稳定，且短期波动不改长期配给价值。

（4）流动性好

A 份额可在二级市场交易，流动性优于普通中长久期债券。

（5）受益于降准降息

降准带来的流动性利好 A 份额，降息使作为浮息债的 A 份额短期承压，但长期来看也可能会推动其上涨，尤其是降息周期尾声时。

4.9　A 份额的投资风险

A 份额的投资风险主要表现在 3 个方面，分别是不能直接获得现金、再投资风险、降息影响，如图 4.16 所示。

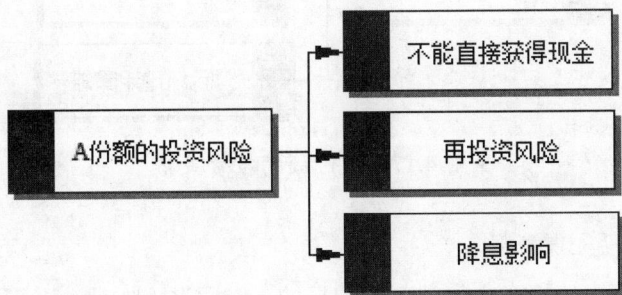

● 图 4.16　A 份额的投资风险

（1）不能直接获得现金

由于 A 份额不可申购赎回，类似于封闭式基金，投资者不能直接获得现金。而在以母基金的形式赎回时，需要交纳赎回费，一般是赎回金额的 0.5%，相当于损失了一部分的收益。

（2）再投资风险

A 份额可以通过配对转换、定期折算和不定期折算转化为母基金申购赎回获得收益，但是获得的收益若进行再投资则面临再投资风险，尤其是在收益率长期下行的背景下。

（3）降息影响

当前，我国处于降息周期，由于 A 份额本质上是浮息债，约定收益率一

般为一年定存 +3%、+3.5%，降息则会使分级 A 的约定收益率下降，短期内投资者投资于 A 份额的收益可能会下降。

4.10 A 份额的投资策略

A 份额的投资策略主要有三种，分别是长期配置策略、博弈下折条款策略、折溢价套利策略，如图 4.17 所示。

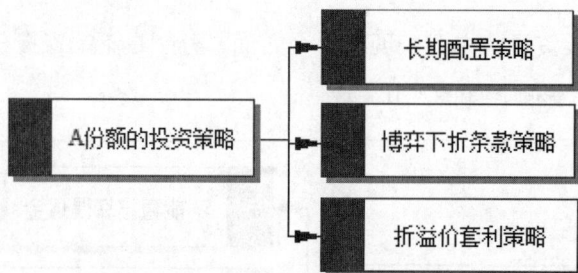

● 图 4.17 A 份额的投资策略

（1）长期配置策略

投资者可以选择隐含收益率高的品种，作为类固收品种进行配置。选择该策略的投资者需密切关注市场走势，避免触发折算条款给投资带来的损失。

（2）博弈下折条款策略

博弈下折条款策略主要是看重 A 份额的看跌期权价值，触发下折后 A 份额的净值回归 "1"，折价被 "抹平"。如果投资者预计未来股市走熊且 A 份额有较高的折价率，则博弈下折条款便是最佳投资策略。

（3）折溢价套利策略

"裸套" 过程并非瞬间完成，而是有 3 ~ 4 个交易日的过程，存在几个交易日的风险敞口，包括整体折溢价率的不利变动或母基金净值下跌等风险。所以普通的整体折溢价套利属于预期套利，存在一定的套利失败可能。在实际操作中，除了 "裸套" 以外，我们还可以利用股指期货或者融券业务进行对冲套利，或者在已有仓位的基础上进行 T+0 套利。

第 5 章

初识分级基金的
B 份额

前面讲解了分级基金的 A 份额，下面来讲解分级基金的 B 份额。分级基金 B 份额自面市以来深受激进型投资者偏爱，这是因为每当市场出现较有力度的升势，B 份额就会有远超股指的表现，赚钱效应明显，并成为市场中的亮点。

本章主要内容包括：

➤ 指数型 B 份额

➤ 债券型 B 份额

➤ 股票型 B 份额

➤ B 份额的融资成本

➤ 初始杠杆

➤ 净值杠杆

➤ 价格杠杆

➤ 整体溢价率

➤ B 份额的优势

5.1 B 份额的分类

根据分级基金母基金的运作方式，B 份额可以分为 3 种，分别是指数型 B 份额、债券型 B 份额和股票型 B 份额，如图 5.1 所示。

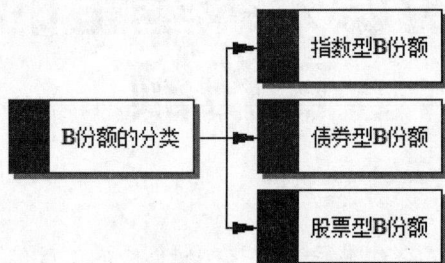

• 图 5.1   B 份额的分类

5.1.1 指数型 B 份额

指数型 B 份额的母基金，是以股票指数为投资标的，是分级基金市场中的主流。每当证券市场出现一波明显的上涨行情或一波反弹上涨行情，指数型 B 份额就会成为市场中的亮点，无论是净值还是市场交易价格，指数型 B 份额都会涨幅较大，赚钱效应明显。主要原因是，指数型分级基金能有效减少基金经理主观因素的影响、降低管理成本、并且提高基金净值的透明度和可预期度。因此，相对来说，指数型 B 份额更适合博取杠杆收益的投资者。

> 提醒：当证券市场出现下跌时，指数型 B 份额波动也会远超股指的下跌。所以，指数型 B 份额更适合有市场较强承受能力和较强判断能力的投资者参与。

对于指数型 B 份额来说，其收益的表现在较大程度上决定了母基金的表现。当前，市场上的指数型分级基金跟踪的指数主要是：深证 100、中证

100、沪深 300、深成指和中证 500。

简单来说，深证 100 指数成分股偏小盘，房地产、医药股权重较高；中证 100 指数完全以大盘股为主，尤以金融股占多；沪深 300 指数以中大盘为主，主要侧重金融服务、能源、工业；深成指也是中大盘，权重高的行业是食品饮料、金融服务和房地产；而中证 500 指数主要以中小盘为主，前五大权重行业依次是化工、房地产、医药生物、机械设备和商业贸易。

根据对市场的判断，我们应该选择相应的指数型 B 份额，来博取最大收益。我们以 2011 年 6 月中旬到 7 月中旬，这波反弹涨幅最高的信诚 500B 为例来讲，该 B 份额跟踪的是中证 500 指数。在 2011 年 6 月 20 日至 7 月 15 日短短 20 个交易日，信诚 500B 大涨 25.98%，领涨杠杆基金；同期中证 500 指数涨近 14%，也是几大指数中涨幅最高的。

根据分级基金机制的不同，指数型 B 份额可以再分为 3 类，如图 5.2 所示。

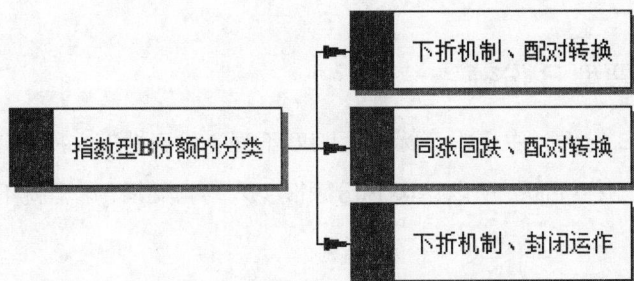

• 图 5.2　指数型 B 份额的分类

（1）下折机制、配对转换：这是指数型 B 份额的主流。

（2）同涨同跌、配对转换：市场上数量不多，如深成指 B（150023）、恒生 B（150170）。

（3）下折机制、封闭运作：市场上数量非常少。虽然这种 B 份额很少，但它仍有不错的投资价值。

5.1.2　债券型 B 份额

债券型 B 份额的母基金，是以债券为投资标的。这类 B 份额成交量不大，即成交不活跃，但其投资机会还是比较多的。

例如，最近几年，不少债券型 B 份额的投资收益高达 50% 以上。需要注意的是，由于债券型 B 份额的成交量不大，所以不适合大资金来参与，只适合小散户资金来参与。

根据分级基金机制的不同，债券型 B 份额可以再分 4 类，具体如下：

（1）分级基金母基金封闭运作时，A 份额和 B 份额都可以上市交易，并且 A 份额和 B 份额的封闭期相同。这类 B 份额数量较少，但投资价格较好。

（2）分级基金母基金封闭运作时，A 份额定期开放申购和赎回，B 份额不上市交易。这种类型的 B 份额，最近几年才兴起。但需要注意的是，由于 B 份额不上市交易，就限制了投机资金的流动性。

（3）分级基金母基金封闭运作时，A 份额定期开放申购和赎回，B 份额上市交易。这是债券型 B 份额的主流种类，数量相当的多。

（4）分级基金母基金开放式运作，并配对转换，A 份额和 B 份额都可以上市交易。

5.1.3 股票型 B 份额

股票型 B 份额，由于投资标的透明度不强、代表性差，所以这类 B 份额成交量很小，也不活跃，所以这类 B 份额很少人参与交易，这里就不再赘述了。

5.2 B 份额的融资成本

融资成本可以理解为 B 份额投资者为获得杠杆而向 A 份额支付的利息。此外，基金管理费也由 B 份额完全承担。市场上普遍使用单位净值成本和单位价格成本两种指标来度量 B 的融资成本，具体公式如下：

单位净值成本 =（α×A 约定收益率 + 管理费 + 托管费）÷（B 净值 ×（1−α））

单位价格成本 =（α×A 约定收益率 + 管理费 + 托管费）÷（B 价格 ×（1−α））

其中，α 为 A 份额占比，A 为 A 份额，B 为 B 份额。

由于 B 份额的真实交易价格存在折溢价，因此单位价格成本更具有参考性。单位价格成本表示每购买一单位价格的 B 份额，实际需要承担的费用。

价格成本越高，获得杠杆而付出的成本越高，反之则越低。对于价格杠杆高的 B 份额，这个成本是非常高的。在"股票分级基金（集思录）"网站上可以看到 B 份额的融资成本，下面来具体操作。

在浏览器的地址栏中输入"https://www.jisilu.cn"，然后按"Enter"键，进入股票分级基金（集思录）的首页，如图 5.3 所示。

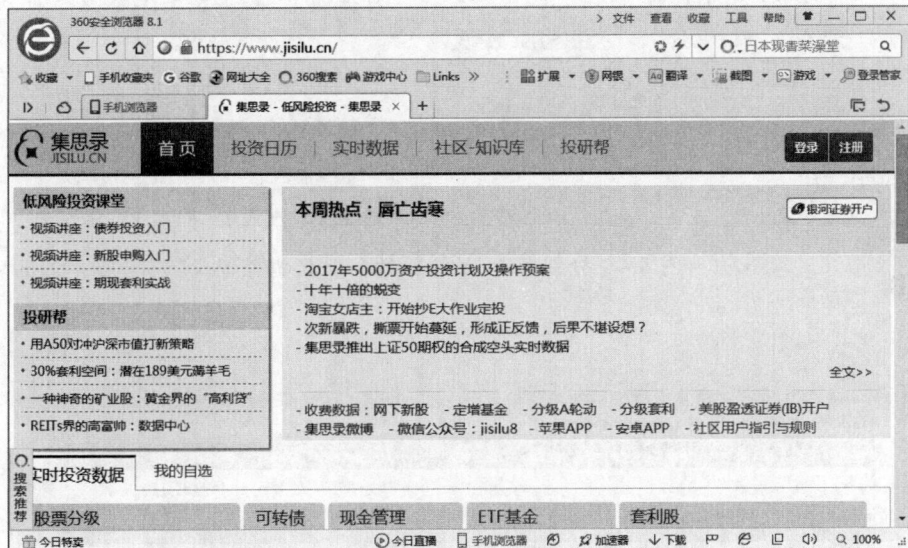

• 图 5.3　入股票分级基金（集思录）的首页

在股票分级基金（集思录）的首页中，选择导航栏中的"实时数据"选项，就可以看到分级基金 A 份额的实时数据信息，如图 5.4 所示。

然后单击"B 类"按钮，就可以看到分级基金 B 份额的实时数据信息，在这里可以看到 B 份额的融资成本，如图 5.5 所示。

从当前的数据来看，分级 B 的平均融资成本在 7% 左右，从历史平均数据来看，分级 B 的融资成本在 9% 左右。与之对应的，两融账户融资利率一般在 6%，分级 B 的融资成本通常较高。不过两融账户门槛是 50 万元，而分级基金门槛近乎没有。普通投资者容易为追求杠杆而忽视较高的融资成本。较高的融资成本压制了分级 B 的收益，短期看或许不明显，长期看无疑是一把利剑。

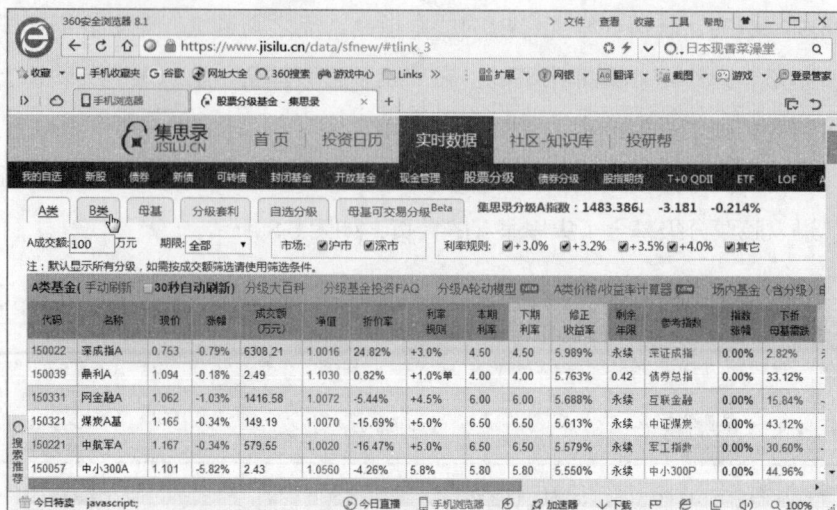

•图 5.4　分级基金 A 份额的实时数据信息

•图 5.5　B 份额的融资成本

5.3　B 份额的常用指标

B 份额的常用指标有 4 个，分别是初始杠杆、净值杠杆、价格杠杆、整体溢价率，如图 5.6 所示。

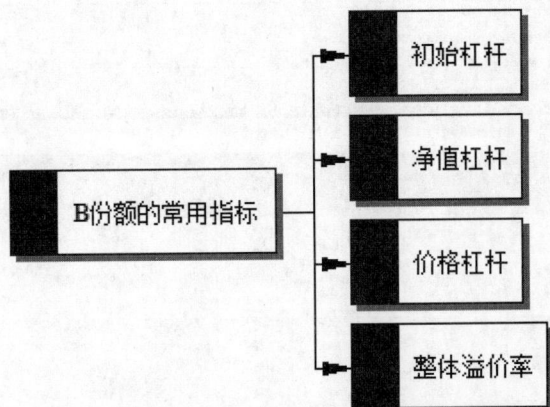

● 图 5.6 B 份额的常用指标

5.3.1 初始杠杆

初始杠杆为分级基金发行时的杠杆比例，即 A 份额份数与 B 份额份数之和与 B 份额之间的比例，具体公式为：

初始杠杆 =（A 份额份数 +B 份额份数）÷B 份额份数

例如，银华深 100 分级 A 份额与 B 份额的比例为 1：1，则该分级基金 B 份额银华锐进的初始杠杆为 2。目前市场主流的产品均为 1：1 或 4：6 的比例，初始杠杆为 2 或 1.67。

在浏览器的地址栏中输入"https://www.jisilu.cn"，然后按"Enter"键，就进入股票分级基金（集思录）的首页。选择导航栏中的"实时数据"选项，再单击"B 类"按钮，可以看到分级基金 B 份额的实时数据信息，还可以看到 A 份额与 B 份额的比例，这样即可计算出分级基金的初始杠杆，如图 5.7 所示。

初始杠杆在分级基金发行时确定，一般来说，配对转换型的股票分级基金初始杠杆比例是恒定的，在存续期间始终保持恒定。该杠杆值作为两份额总和与 B 份额的比值，不仅在一开始可以告知投资者两份额的比例情况，在后续阶段通过母基金净值和 B 份额净值的比例计算，还可以获得净值杠杆的大小。

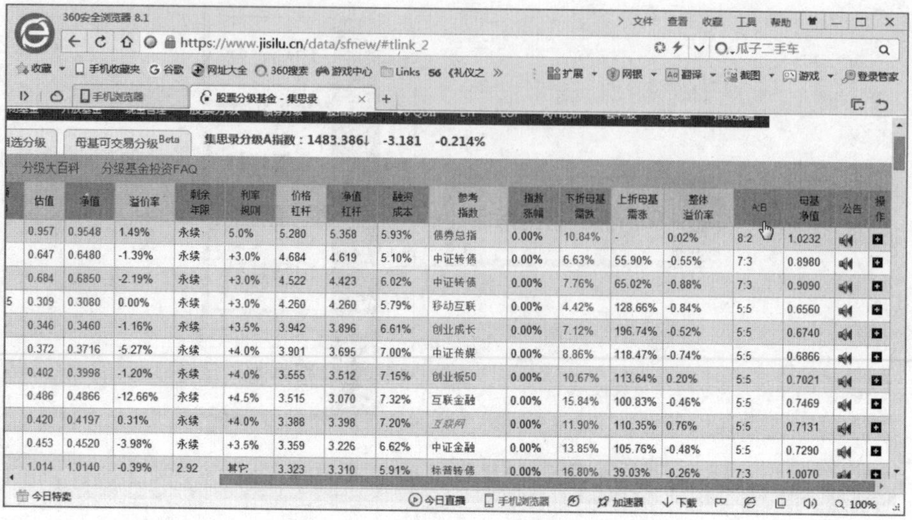

• 图 5.7　A 份额与 B 份额的比例

5.3.2　净值杠杆

净值杠杆是研究分级基金时经常用到的杠杆指标，定义为分级基金 B 份额的净值涨幅和母基金净值涨幅的比值。在具体计算时采用母基金总净值除以 B 份额总净值，忽略了每天 A 份额从母基金获取的收益，主要是因为 A 份额每天的收益相对总体净值而言较小，不会影响杠杆的计算，净值杠杆的公式为：

$$净值杠杆 = 母基金总净值 \div B 份额总净值$$
$$= （母基金份数 \times 母基金净值） \div （B 份额份数 \times B 份额净值）$$
$$= （母基金净值 \div B 份额净值） \times 初始杠杆$$

在浏览器的地址栏中输入"https://www.jisilu.cn"，然后按"Enter"键，就进入股票分级基金（集思录）的首页。选择导航栏中的"实时数据"选项，再单击"B 类"按钮，就可以看到分级基金 B 份额的实时数据信息，还可以看到分级基金 B 份额的净值杠杆，如图 5.8 所示。

净值杠杆反映了 B 份额净值涨跌幅增长的倍数，例如，一个两倍净值杠杆的基金，当日 B 份额的净值涨跌幅是母基金净值的两倍。

代码	名称	现价	涨幅	成交额(万元)	估值	净值	溢价率	剩余年限	利率规则	价格杠杆	净值杠杆	融资成本	参考指数	指数涨幅	下折母基需跌
150033	多利进取	0.969	-0.10%	13.26	0.957	0.9548	1.49%	永续	5.0%	5.280	5.358	5.93%	债券总指	0.00%	10.84%
150165	可转债B！	0.639	-2.59%	38.34	0.647	0.6480	-1.39%	永续	+3.0%	4.684	4.619	5.10%	中证转债	0.00%	6.63%
150144	转债B级！	0.670	-3.32%	101.19	0.684	0.6850	-2.19%	永续	+3.0%	4.522	4.423	6.02%	中证转债	0.00%	7.76%
150195	互联网B！	0.308	-8.61%	24940.35	0.309	0.3080	0.00%	永续	+3.0%	4.260	4.260	5.79%	移动互联	0.00%	4.42%
150214	成长B级！	0.342	-5.52%	2789.75	0.346	0.3460	-1.16%	永续	+3.5%	3.942	3.896	6.61%	创业成长	0.00%	7.12%
150248	传媒B级！	0.352	-5.12%	1598.54	0.372	0.3716	-5.27%	永续	+4.0%	3.901	3.695	7.00%	中证传媒	0.00%	8.86%
150304	创业B	0.395	-4.59%	4459.50	0.402	0.3998	-1.20%	永续	+4.0%	3.555	3.512	7.15%	创业板50	0.00%	10.67%
150332	网金融B	0.425	-4.49%	1669.85	0.486	0.4866	-12.66%	永续	+4.5%	3.515	3.070	7.32%	互联金融	0.00%	15.84%

• 图 5.8　分级基金 B 份额的净值杠杆

然而，净值杠杆影响的仅仅是 B 份额净值变化的波动情况，但是投资者实际买卖 B 份额时受到二级市场价格波动的影响，由于折溢价率的因素，净值杠杆往往无法真实反映到价格表现上，为此我们引入价格杠杆的概念。

5.3.3　价格杠杆

价格杠杆，即 B 份额价格对于母基金净值表现的变化倍数，在计算时考虑了折溢价率的因素在内，即母基金的总净值除以 B 份额的总市值，具体公式为：

价格杠杆 = 母基金总净值 ÷ B 份额总市值

　　　　 =（母基金份数 × 母基金净值）÷（B 份额份数 × B 份额价格）

　　　　 =（母基金净值 ÷ B 份额价格）× 初始杠杆

　　　　 = 净值杠杆 ÷（1+ 溢价率）

在浏览器的地址栏中输入"https://www.jisilu.cn"，然后按"Enter"键，就进入股票分级基金（集思录）的首页。选择导航栏中的"实时数据"选项，再单击"B 类"按钮，就可以看到分级基金 B 份额的实时数据信息，还可以看到分级基金 B 份额的价格杠杆，如图 5.9 所示。

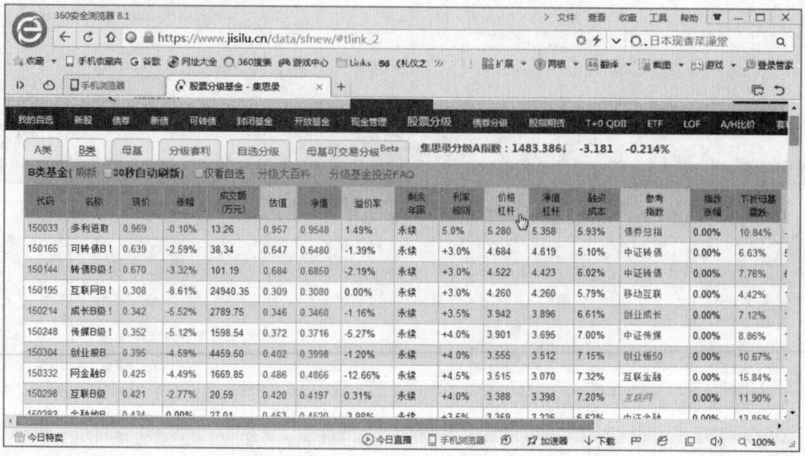

●图 5.9 分级基金 B 份额的价格杠杆

下面来看一下净值杠杆和价格杠杆的实战应用。

根据净值杠杆的公式可知，当母基金净值下跌，B 份额的净值下跌速度更快，而初始杠杆比例恒定，因此净值杠杆会变大，而且是一个加速变大的过程，反之则净值杠杆会变小。

以深成指 B（150023）为例，自上市以来净值整体上呈现下跌走势，净值杠杆随之不断走高，并且在 2011 年年末时呈现出非常明显的加速走势，其他分级基金也有类似走势。深成指 B（150023）的净值杠杆在上市之后波幅巨大，初始值为 2，最大值为 9.85，最小值为 1.99。最近深成指 B（150023）的净值杠杆走势如图 5.10 所示。

●图 5.10 最近深成指 B（150023）的净值杠杆走势

　　然而，净值杠杆对应的净值变化并不能很好的反映到价格上，这一点可以用深成指 B（150023）净值与价格涨跌幅差额来衡量。从深成指 B（150023）上市以来的表现可以看出，每天净值和价格的变化均有一定的差距，涨跌幅差值在一个百分点以上的天数占比高达 54.95%，涨跌幅差值在 5 个百分点以上的天数占比也有 6.32%。从涨跌幅均值差来衡量，绝对值为 1.75%，即深成指 B（150023）上市后净值和价格的涨跌幅平均每天差 1.75%，是一个非常大的差距，证明单纯从净值杠杆分析无法准确判断二级市场价格的涨跌幅。

　　如果采用价格杠杆则稳定的多，如深成指 B（150023）上市后虽然净值跌幅较大，但价格杠杆的大小基本稳定，均值为 2.85，最大值为 3.25，最小值为 1.85。最近深成指 B（150023）的价格杠杆走势如图 5.11 所示。

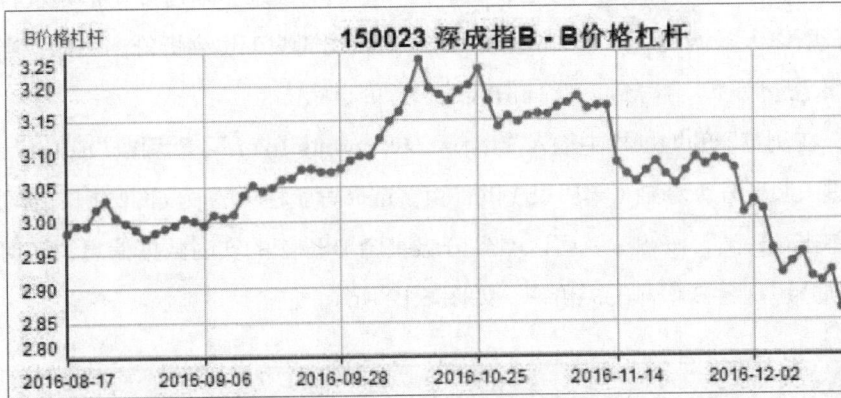

● 图 5.11　最近深成指 B（150023）的价格杠杆走势

　　如果用前一日收盘后的价格杠杆乘以当日母基金的净值涨跌幅，可以模拟出当日 B 份额的价格涨跌幅，该值与实际价格涨跌幅非常接近，以深成指 B（150023）为例，两者差额大于 1% 的天数占比只有 25.82%，比采用净值杠杆时下降了一半，大于 5% 的天数占比更是下降至 2.20%。申万进取价格杠杆模拟涨跌幅与实际价格涨跌幅差额均值绝对值为 0.90%，比净值与价格涨跌幅差额均值绝对值的 1.75% 有大幅下降。

　　一般来说，在大盘上涨时，价格杠杆大的基金涨幅也大，因此价格杠杆可以更好地作为选择分级基金 B 份额的指标。

　　总之，价格杠杆可以更好地用来分析分级基金 B 份额的价格涨跌幅与母基金净值涨跌幅的关系，在具体投资选择时，价格杠杆大的基金弹性更好，在市场上涨时涨幅更高，对于波段操作的投资者可以按照价格杠杆选择投资标的。

5.3.4　整体溢价率

分级基金大多都是关于主题行业类的基金，选择分级基金主要是对于主题行业要有一个趋势的判断，然后结合B份额的杠杆特性，避开一些市场风险，最后获得杠杆收益。而整体溢价率就是我们权衡风险高低的一个数据。

在认识整体溢价率之前，先来看一下 B 份额的溢价率，其公式如下：

$$B 份额的溢价率 ＝（B 的价格 －B 的净值）÷B 的净值$$

B 份额的溢价率反应的是 B 的价格和净值的关系。因为 B 份额是杠杆基金，所以大多情况下 B 份额是溢价的，但极端情况下也会折价。例如，当大家情绪恐慌时，会导致不少 B 份额处于折价。

在浏览器的地址栏中输入"https://www.jisilu.cn"，然后按"Enter"键，就进入股票分级基金（集思录）的首页。选择导航栏中的"实时数据"选项，再单击"B 类"按钮，就可以看到分级基金 B 份额的实时数据信息，还可以看到分级基金 B 份额的溢价率，如图 5.12 所示。

● 图 5.12　分级基金 B 份额的溢价率

整体溢价率的公式具体如下：

$$整体折溢价率 =（合并价格 - 母基净值）÷ 母基净值$$

其中，合并价格 =A 份额价格 ×A 份额占比 +B 份额价格 ×B 份额占比，可以理解为场内买入母基金的价格。因为 A 份额、B 份额可以合并成母基金。

整体溢价率对 B 份额影响比较大。因为一般情况下，整体溢价率在 2% 以上后，存在套利空间。会有人申购母基金然后分拆成 A 份额、B 份额，并在场内卖出，买的人多了，B 份额的价格就被打下去了，甚至跌停，这种情况是很常见的。所以整体溢价率太高的 B 份额不要去买，即使它的跟踪指数再涨，B 份额也有大概率跌的可能。套利大军很凶猛的，不容小觑。

在浏览器的地址栏中输入"https://www.jisilu.cn"，然后按"Enter"键，就进入股票分级基金（集思录）的首页。选择导航栏中的"实时数据"选项，再单击"B 类"按钮，就可以看到分级基金 B 份额的实时数据信息，还可以看到分级基金 B 份额的整体溢价率，如图 5.13 所示。

●图 5.13　分级基金 B 份额的整体溢价率

5.4　B 份额的优势

下面讲解 B 份额的优势，即 B 份额与股票相比的优势、B 份额与股指期货相比的优势、B 份额与权证相比的优势、B 份额与配资融资相比的优势。

5.4.1　B 份额与股票相比的优势

B 份额与股票相比的优势主要表现在 4 个方面，分别是挑选简单、不易踩雷、不易控盘、易出逃，如图 5.14 所示。

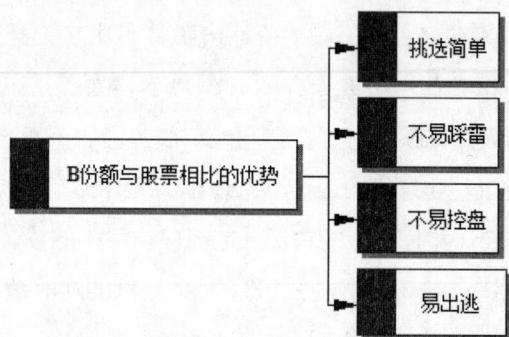

```
                              ┌──────────┐
                          ┌──►│  挑选简单  │
                          │   └──────────┘
                          │   ┌──────────┐
                          ├──►│  不易踩雷  │
 ┌────────────────────┐   │   └──────────┘
 │ B份额与股票相比的优势 │──┤   ┌──────────┐
 └────────────────────┘   ├──►│  不易控盘  │
                          │   └──────────┘
                          │   ┌──────────┐
                          └──►│   易出逃   │
                              └──────────┘
```

●图 5.14　B 份额与股票相比的优势

（1）挑选简单

股票投资者都知道，选股是最难的。这是因为现在沪深两市已有近 4 000 只股票，从这么多股票中挑选适合自己操作的股票是比较难的。选股虽然有一定流程，如先判断大势是否处在牛市中，如果是，就适合操作股票；然后选择行业，即选择板块；接着从板块中选择自己适合的股票。很多时候，投资者眼看着大盘在不断上涨，而自己选的股票就是不涨，急死了。

B 份额的投资，就简单了很多。只要大势适合投资，即处在震荡上涨周期内，就可以选择行业指数了，从 30 多个行业中，选择分级 B，是不是能简单很多呢？

其实，只要行业中的大多数股票上涨，从而导致行业指数上涨，那么 B 份额就会跟着上涨，并且上涨的幅度远远超过行业指数上涨的幅度，这主要是 B 份额有杠杆的原因。

（2）不易踩雷

股票投资，最怕自己买的股票，明明处在上涨趋势中，突破该股出现一个利空消息，价格就开始连续大幅下跌，甚至连续跌停，让投资者损失惨重。

例如，2016 年 11 月 9 日，美国总统大选，大家都预测希拉里能获胜，从而当选美国总统。结果是特朗普反而获胜，在这种不确定影响下，黄金价格出现了大涨，同时黄金类股票也出现了大涨，如山东黄金（600547）出现了涨停，即大家都认为，特朗普当选，会造成黄金大涨，从而造成黄金股票大涨。可结果是，11 月 10 日，黄金价格不但没有涨，反而下跌了，从而造成黄金股票不断下跌，这样在 11 月 9 日，追高买进山东黄金（600547）的投资者，都亏损惨重，如图 5.15 所示。

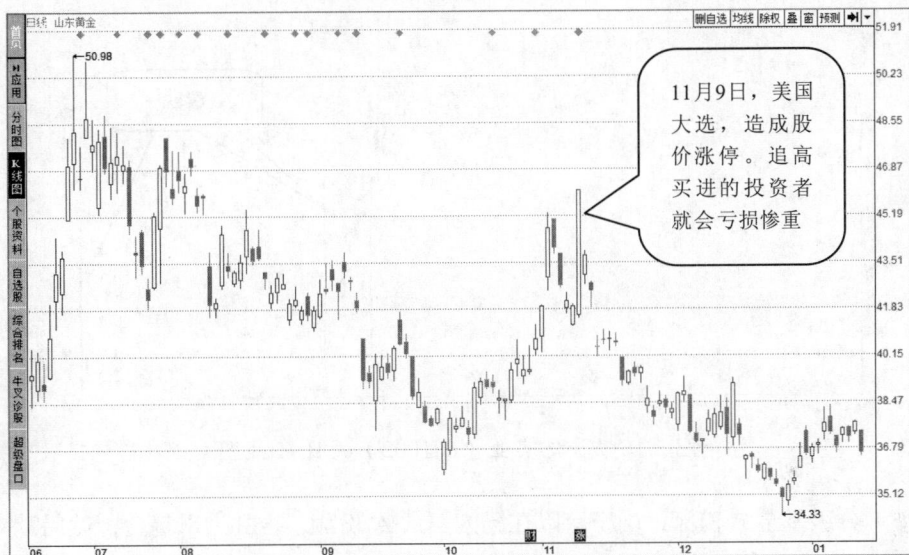

• 图 5.15　山东黄金（600547）的日 K 线图

分级基金 B 份额，则不会出现这种情况，因为某一只股票出现利空，对于整个指数的影响是很小的。

（3）不易控盘

大家都知道，股票最容易被操纵，特别是中小盘股票。主力往往先控盘个股，然后制造一个一个利好消息，让股价不断地上涨，散户往往不知所以然，然后在高位买进股票，结果主力出货，从而把散户套在高高的山岗上。

分级基金 B 份额则不会出现这种情况，因为几乎没有人有能力操纵行业指数。另外，B 份额有大量套利者，这样会创造出无限的 B 份额，只要发生大幅的溢价或折价，肯定会吸引大量套利者，直到套利空间消除。

（4）易出逃

想起 2015 年下半年的股灾，投资者是不是会心生恐惧。在这次股灾中，很多股票连续跌停，如晋亿实业（601002）前期震荡下跌，最后连续 6 个跌停，在这种走势中，你想卖出自己手中的股票都很难，只能眼睁睁地看着，心中流泪，如图 5.16 所示。

• 图 5.16　晋亿实业（601002）的日 K 线图

分级基金 B 份额，由于可以在场内买入 A 份额，合并为母基金，然后赎回，这样就可以轻轻松松出局了。

5.4.2　B 份额与股指期货相比的优势

股指期货具有 10 倍杠杆，但想炒股指期货，门槛太高了。开户条件有三个，具体如下：

第一，是资金门槛要求，申请开户时保证金账户可用资金余额不低于人民币 50 万元；

第二，是具备股指期货基础知识，要通过相关测试；

第三，是具备股指期货仿真交易经历或者商品期货交易经历要求，并且须具备至少有 10 个交易日、20 笔以上的股指期货仿真交易成交记录或者最近 3 年内具有至少 10 笔以上的商品期货成交记录。

分级基金 B 份额的投资门槛就很低，只要你想参与投资，不管你的学历，也不管你是男女老少，都可以参与。

另外，炒股指期货是非常专业的，常常会有爆仓的危险，不适合一般投资者。而分级基金 B 份额，有涨跌幅限制，并且杠杆不高，风险不算大。即使在市场连续下跌时，还有下折机制保证，不至于风险无限大。

5.4.3 B 份额与权证相比的优势

权证是一种有价证券，投资者付出权利金购买后，有权利（而非义务）在某一特定期间（或特定时点）按约定价格向发行人购买或者出售标的证券。权证在二级市场中，交易的是一种权利凭证。B 份额是分级基金的杠杆高收益端，在二级市场中，交易的是母基金净值的预期。

如果你炒过权证，就会知道，大多数情况下权证的价值实际上是零。因为权证到期一旦行权，权证就马上变成废线一张。B 份额大多是永续的，投资者可以一直持有，并且大多数有下折条件保护，价值不会变成零。

在浏览器的地址栏中输入“https://www.jisilu.cn”，然后按“Enter”键，就进入股票分级基金（集思录）的首页。选择导航栏中的“实时数据”选项，再单击“B 类”按钮，就可以看到分级基金 B 份额的实时数据信息。

在这里可以查看 B 份额是否是永续，是否有下折条件保护，如图 5.17 所示。

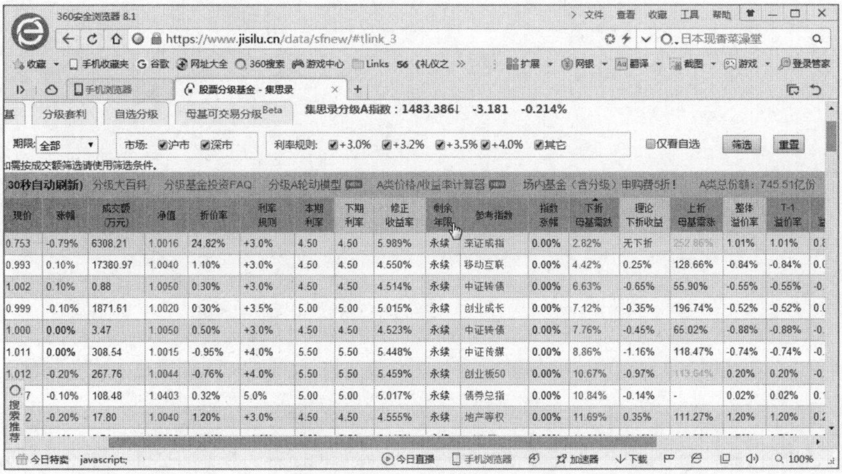

现价	涨幅	成交额(万元)	净值	折价率	利率规则	本期利率	下期利率	修正收益率	剩余年限	参考指数	指数涨幅	下折母基需跌	理论下折收益	上折母基需涨	整体溢价率	T-1溢价率	溢
0.753	-0.79%	6308.21	1.0016	24.82%	+3.0%	4.50	4.50	5.989%	永续	深证成指	0.00%	2.82%	无下折	252.86%	1.01%	1.01%	0.8
0.993	0.10%	17380.97	1.0040	1.10%	+3.0%	4.50	4.50	4.550%	永续	移动互联	0.00%	4.42%	0.25%	128.66%	-0.84%	-0.84%	0.0
1.002	0.10%	0.88	1.0050	0.30%	+3.0%	4.50	4.50	4.514%	永续	中证转债	0.00%	6.63%	-0.65%	55.90%	-0.55%	-0.55%	-0.
0.999	-0.10%	1871.61	1.0020	0.30%	+3.5%	5.00	5.00	5.015%	永续	创业成长	0.00%	7.12%	-0.35%	196.74%	-0.52%	-0.52%	0.0
1.000	0.00%	3.47	1.0050	0.50%	+3.0%	4.50	4.50	4.523%	永续	中证转债	0.00%	7.76%	-0.45%	65.02%	-0.88%	-0.88%	-0.
1.011	0.00%	308.54	1.0015	-0.95%	+4.0%	5.50	5.50	5.448%	永续	中证传媒	0.00%	8.86%	-1.16%	118.47%	-0.74%	-0.74%	-0.
1.012	-0.20%	267.76	1.0044	-0.76%	+4.0%	5.50	5.50	5.459%	永续	创业板50	0.00%	10.67%	-0.97%	113.64%	0.20%	0.20%	-0.
7	-0.10%	108.48	1.0403	0.32%	5.0%	5.00	5.00	5.017%	永续	债券总指	0.00%	10.84%	-0.14%	-	0.02%	0.02%	0.1
2	-0.20%	17.80	1.0040	1.20%	+3.0%	4.50	4.50	4.555%	永续	地产等权	0.00%	11.69%	0.35%	111.27%	1.20%	1.20%	0.2

• 图 5.17 B 份额是否是永续，是否有下折条件保护

5.4.4　B 份额与配资融资相比的优势

配资融资属于借钱操作股票，理论上与 B 份额是相似的，不同的是大多数 B 份额的融资成本相对比较低。一般情况下，多数 B 份额的融资成本，算上基金的认购费、申购费、赎回费、转换费、管理费、托管费，也不超过 7%，要低于场外配资和场内融资。

分级基金跟踪的是行业指数，不是个别股票；配资融资买的标的是个股，并且会有较多限制，所以风险是不同的，因为行业指数的风险远远小于单只股票的风险。

另外，配资融资有非常严格的保证金制度，一旦达到平仓标准，就会自动强平，这样投资者很有可能出现重大亏损，甚至把本金亏损为零，极端情况下，甚至本金为零后，还要还一部分钱给券商。分级基金 B 份额的下折条件，也与强平类似，但投资者可以逃过下折，即使 B 份额参与下折，也不会把本金亏损完，更不会本金亏完还要还一部分钱给券商。

第6章

分级基金 B 份额的
交易技巧

　　证券市场变幻莫测，常常让人摸不到头脑，所以其投资风险较大。而分级基金B份额，由于具有杠杆，所以风险会进一步加大。这就要求投资者在进行分级基金B份额交易时，掌握其交易技巧。本章来详细讲解分级基金B份额的交易技巧。

本章主要内容包括：

➤　挑选 B 份额的技巧

➤　利用 B 份额抄底的技巧

➤　开放式 B 份额是如何赚钱的

➤　开放式 B 份额为何亏损

➤　全封闭、半封闭式 B 份额是如何赚钱的

➤　全封闭、半封闭式 B 份额为何亏损

➤　B 份额的三不买策略

➤　B 份额的选择策略

➤　B 份额的买入策略

6.1 挑选 B 份额的技巧

挑选分级基金B份额时，要看杠杆、流动性、离下折距离、溢价率，如图6.1
所示。

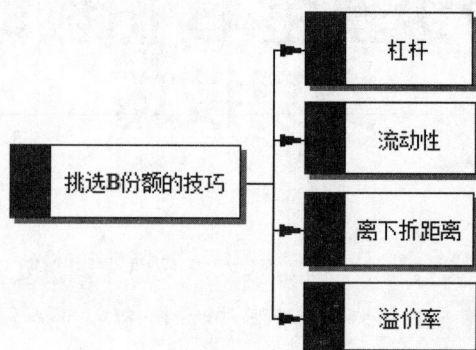

• 图 6.1 挑选 B 份额的技巧

6.1.1 杠杆

分级基金 B 份额越跌杠杆越大，抢反弹的投资者不在乎之前跌得有多惨，
只在乎这个 B 份额的杠杆大不大，抢反弹时力度强不强。所以抢反弹的投资
者特别喜欢买没下折成功，反过来往上涨的 B 份额。这就涉及 B 份额的杠杆，
B 份额的杠杆有价格杠杆和净值杠杆，哪个更实用呢，价格杠杆。

在浏览器的地址栏中输入"https://www.jisilu.cn"，然后按"Enter"键，
就进入股票分级基金（集思录）的首页。选择导航栏中的"实时数据"选项，
再单击"B 类"按钮，就可以看到分级基金 B 份额的实时数据信息，还可以
看到分级基金 B 份额的价格杠杆，如图 6.2 所示。

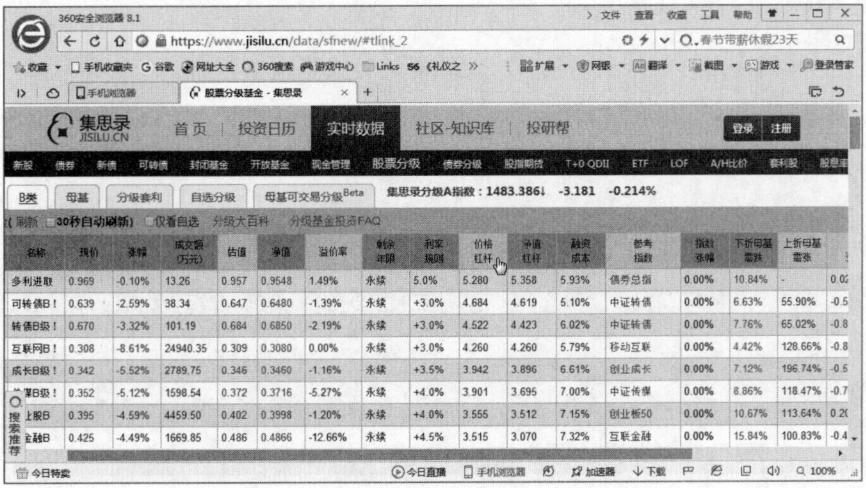

名称	现价	涨幅	成交额(万元)	估值	净值	溢价率	剩余年限	利率规则	价格杠杆	净值杠杆	融资成本	参考指数	指数涨幅	下折母基需跌	上折母基需涨
多利进取	0.969	-0.10%	13.26	0.957	0.9548	1.49%	永续	5.0%	5.280	5.358	5.93%	债券总指	0.00%	10.84%	0.02
可转债B!	0.639	-2.59%	38.34	0.647	0.6480	-1.39%	永续	+3.0%	4.684	4.619	5.10%	中证转债	0.00%	6.63%	55.90% -0.5
转债B级!	0.670	-3.32%	101.19	0.684	0.6850	-2.19%	永续	+3.0%	4.522	4.423	6.02%	中证转债	0.00%	7.76%	65.02% -0.8
互联网B!	0.308	-8.61%	24940.35	0.309	0.3080	0.00%	永续	+3.0%	4.260	4.260	5.79%	移动互联	0.00%	4.42%	128.66% -0.8
成长B级!	0.342	-5.52%	2789.75	0.346	0.3460	-1.16%	永续	+3.5%	3.942	3.896	6.61%	创业成长	0.00%	7.12%	196.74% -0.5
深B级!	0.352	-5.12%	1598.54	0.372	0.3716	-5.27%	永续	+4.0%	3.901	3.695	7.00%	中证传媒	0.00%	8.86%	118.47% -0.1
上股B	0.395	-4.59%	4459.50	0.402	0.3998	-1.20%	永续	+4.0%	3.555	3.512	7.15%	创业板50	0.00%	10.67%	113.64% 0.20
融B	0.425	-4.49%	1669.85	0.486	0.4866	-12.66%	永续	+4.5%	3.515	3.070	7.32%	互联金融	0.00%	15.84%	100.83% -0.4

●图 6.2　分级基金 B 份额的价格杠杆

下面利用"价格杠杆"排序，选择"价格杠杆"选项，就可以利用价格杠杆进行升序排列，即按价格杠杆从低到高排序分级基金 B 份额，如图 6.3 所示。

> 提醒：这时细心的投资者会发现，"价格杠杆"上面多了一个向上的小三角。

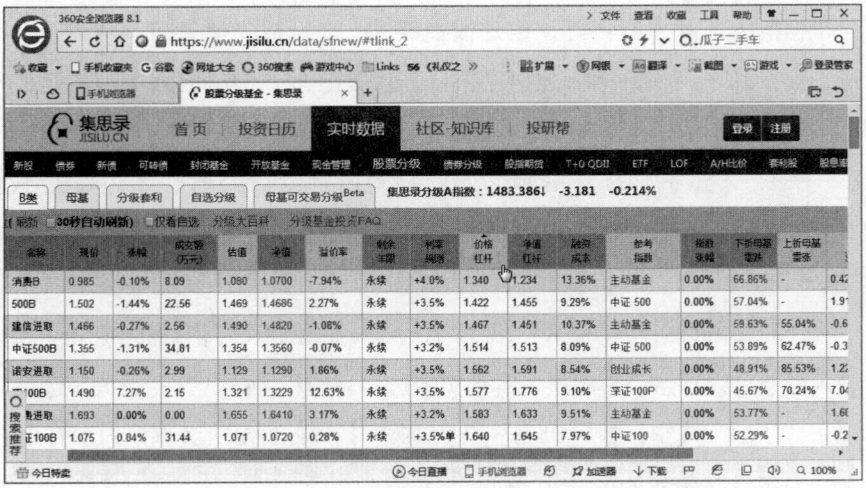

名称	现价	涨幅	成交额(万元)	估值	净值	溢价率	剩余年限	利率规则	价格杠杆	净值杠杆	融资成本	参考指数	指数涨幅	下折母基需跌	上折母基需涨
消费B	0.985	-0.10%	8.09	1.080	1.0700	-7.94%	永续	+4.0%	1.340	1.234	13.36%	主动基金	0.00%	66.86%	- 0.42
500B	1.502	-1.44%	22.56	1.469	1.4686	2.27%	永续	+3.5%	1.422	1.455	9.29%	中证500	0.00%	57.04%	- 1.9
建信进取	1.466	-0.27%	2.56	1.490	1.4820	-1.08%	永续	+3.5%	1.467	1.451	10.37%	中证500	0.00%	59.63%	55.04% -0.3
中证500B	1.355	-1.31%	34.81	1.354	1.3560	-0.07%	永续	+3.2%	1.514	1.513	8.09%	中证500	0.00%	53.89%	62.47% -0.3
诺安进取	1.150	-0.26%	2.99	1.129	1.1290	1.86%	永续	+3.5%	1.562	1.591	8.54%	创业成长	0.00%	48.91%	85.53% 1.22
100B	1.490	7.27%	2.15	1.321	1.3229	12.63%	永续	+3.5%	1.577	1.776	9.10%	证芯100P	0.00%	45.67%	70.24% 7.04
暴涨取	1.693	0.00%	0.00	1.655	1.6410	3.17%	永续	+3.2%	1.583	1.633	9.51%	主动基金	0.00%	53.77%	- 1.66
证100B	1.075	0.84%	31.44	1.071	1.0720	0.28%	永续	+3.5%单	1.640	1.645	7.97%	中证100	0.00%	52.29%	- -0.2

●图 6.3　按价格杠杆从低到高排序分级基金 B 份额

在升序排列的状态下，再次选择"价格杠杆"选项，就可以利用价格杠杆进行降序排列，即按价格杠杆从高到低排序分级基金 B 份额，如图 6.4 所示。

这时"价格杠杆"上面多了一个向下的小三角。

这样就可以轻松找到价格杠杆比较高的分级基金 B 份额。

• 图 6.4　按价格杠杆从高到低排序分级基金 B 份额

6.1.2　流动性

B 份额的流动性好不好，也是很重要的。一天成交量只有一两百万的 B 份额，买个几十万，价格就被买上去了，想卖出时 B 份额因为接盘不足，不得不压低价格出售。

一天成交量千万的 B 份额，遇到套利盘砸盘，容易跌停，被关小黑屋。所以资金量稍大的个人和资金量比较大的个人还是要重视流动性的问题。

在浏览器的地址栏中输入"https://www.jisilu.cn"，然后按"Enter"键，就进入股票分级基金（集思录）的首页。选择导航栏中的"实时数据"选项，再单击"B 类"按钮，就可以看到分级基金 B 份额的实时数据信息，还可以看到分级基金 B 份额的成交额，如图 6.5 所示。

单击两次"成交额（万元）"，就可以利用成交额进行降序排列，即按成交额从高到低排序分级基金 B 份额，如图 6.6 所示。这时"成交额（万元）"上面多了一个向下的小三角。

• 图 6.5　分级基金 B 份额的成交额

• 图 6.6　按成交额从高到低排序分级基金 B 份额

这样就可以轻松找到成交额比较大的分级基金 B 份额。

6.1.3　离下折距离

虽然抢杠杆的时候喜欢杠杆越大越好，也就是越接近下折的 B 份额，但是证券市场常有反复，翻脸无情，刚抢了一个欲下折未折的 B 份额，万一转天就下折了怎么办？所以一定要看清楚 B 份额的母基金离下折的距离。

具体到底离多少下折可以按风险偏好来设置，比如，胆子小的投资者，可以选下折母基金需跌 15% 左右的 B 份额；稍微谨慎点的投资者，可以选下折母基金需跌 10% 左右的 B 份额；胆子再大一点的投资者，可以选下折母基金需跌 5% 左右的 B 份额。

在浏览器的地址栏中输入"https://www.jisilu.cn"，然后按"Enter"键，就进入股票分级基金（集思录）的首页。选择导航栏中的"实时数据"选项，再单击"B 类"按钮，就可以看到分级基金 B 份额的实时数据信息，还可以看到分级基金 B 份额的下折母基需跌信息，如图 6.7 所示。

• 图 6.7　分级基金 B 份额的下折母基需跌信息

下面利用"下折母基需跌"排序，选择"下折母基需跌"选项卡，就可以利用下折母基需跌进行升序排列，即按下折母基需跌从低到高排序分级基金 B 份额，如图 6.8 所示。这时"下折母基需跌"上面多了一个向上的小三角。

这样就可以轻松找到下折母基需跌比较小的分级基金 B 份额，投资者根据自己的性格，选择适合自己的 B 份额。

> 提醒：有两只 B 份额没有下折保护机制，分别是深成指 B（150023）和 H 股 B（150176）。

集思录分级A指数：1483.3861　-3.181　-0.214%

代码	名称	现价	涨幅	成交额(万元)	估值	净值	溢价率	剩余年限	利率规则	价格杠杆	净值杠杆	融资成本	参考指数	指数涨幅	下折母基需跌	上折母基需涨
150023	深成指B	0.392	-1.26%	5751.75	0.132	0.1320	196.97%	永续	+3.0%	2.892	8.588	7.93%	深证成指	0.00%	无下折	
150176	H股B	0.853	0.83%	4361.59	0.826	0.8223	3.73%	永续	+3.5%	2.143	2.223	7.00%	恒生国企	0.00%	无下折	64.10%
150195	互联网B！	0.308	-8.61%	24940.35	0.309	0.3080	0.00%	永续	+3.0%	4.260	4.260	5.79%	移动互联	0.00%	4.42%	128.66%
150165	可转债B！	0.639	-2.59%	38.34	0.647	0.6480	-1.39%	永续	+3.0%	4.684	4.619	5.10%	中证转债	0.00%	6.63%	55.90%
150214	成长B级！	0.342	-5.52%	2789.75	0.346	0.3460	-1.16%	永续	+3.5%	3.942	3.896	6.61%	创业成长	0.00%	7.12%	196.74%
150144	转债B级！	0.670	-3.32%	101.19	0.684	0.6850	-2.19%	永续	+3.0%	4.522	4.423	6.02%	中证转债	0.00%	7.76%	65.02%
150248	传媒B级！	0.362	-5.12%	1598.54	0.372	0.3716	-5.27%	永续	+4.0%	3.901	3.901	7.00%	中证传媒	0.00%	8.86%	118.47%
150304	创业股B	0.395	-4.59%	4459.50	0.402	0.3998	-1.20%	永续	+4.0%	3.555	3.512	7.15%	创业板50	0.00%	10.67%	113.64%
150033	券利讯动	0.969	-0.10%	13.26	0.957	0.9548	1.49%	永续	5.0%	5.280	5.358	5.93%	债券总福	0.00%	10.84%	-

● 图 6.8　按下折母基需跌从低到高排序分级基金 B 份额

6.1.4　溢价率

一般情况下，我们在选 B 份额时，并不仅看 B 份额的溢价率，因为虽然很多时候 A 份额的溢价率变化会带动 B 份额的溢价率变化，A 份额的变化大多数情况下是同向的，但是这种变化是时间轴上的变化。

例如，月初 A 份额普遍折价率为 10%，月中 A 份额折价率收窄到 5% 的话，B 份额的平均溢价率就应该从溢价 10% 收窄到溢价 5%。但这是在月初到月中的时间轴上发生的，可能在多只 B 份额上都有这个倾向出现。

不能仅看 B 的溢价率，那么要看什么呢？要看母基金整体溢价率，尽量选择母基金折价或者平价的。所以如果要在一个时间点上同一个行业里的两只 B 份额中做个选择，一只母基金折价，一只母基金溢价，选哪只呢？选母基金折价的。

还需要注意的是，如果母基金是溢价的，尤其是大幅溢价的，是比较危险的，很有可能因为套利盘的光临，带来的 A 份额和 B 份额的不断增加，压低 B 份额价格，甚至可能跌停。热门的 B 份额想短线追入买进的话，母基金平价或者小幅溢价是勉强可以接受的，再高就不好了，因为一大波套利盘可能已经在路上了。

在浏览器的地址栏中输入"https://www.jisilu.cn"，然后按"Enter"键，就进入股票分级基金（集思录）的首页。选择导航栏中的"实时数据"选项，再单击"B 类"按钮，就可以看到分级基金 B 份额的实时数据信息，还可以看到 B 份额的母基金整体溢价率，如图 6.9 所示。

成交额(万元)	估值	净值	溢价率	剩余年限	利率规则	价格杠杆	净值杠杆	融资成本	参考指数	指数涨幅	下折母基需跌	上折母基需涨	整体溢价率	A:B	母基净值	公告	操作
5751.75	0.132	0.1320	196.97%	永续	+3.0%	2.892	8.588	7.93%	深证成指	0.00%	无下折	252.86%	1.01%	5:5	0.5668		
24940.35	0.309	0.3080	0.00%	永续	+3.0%	4.260	4.260	5.79%	移动互联	0.00%	4.42%	128.66%	-0.84%	5:5	0.6560		
2789.75	0.346	0.3460	-1.16%	永续	+3.5%	3.942	3.896	6.61%	创业成长	0.00%	7.12%	196.74%	-0.52%	5:5	0.6740		
1598.54	0.372	0.3716	-5.27%	永续	+4.0%	3.901	3.695	7.00%	创业传媒	0.00%	8.86%	118.47%	-0.74%	5:5	0.6866		
4459.50	0.402	0.3998	-1.20%	永续	+3.0%	3.555	3.512	7.15%	创业板50	0.00%	10.67%	113.64%	0.20%	5:5	0.7021		
238.21	0.418	0.4160	6.97%	永续	+3.0%	3.191	3.413	6.36%	地产等权	0.00%	11.69%	111.27%	1.20%	5:5	0.7100		
○.9	0.420	0.4197	0.31%	永续	+4.0%	3.388	3.398	7.20%	互联网V	0.00%	11.90%	110.35%	0.76%	5:5	0.7131		
.1	0.453	0.4520	-3.98%	永续	+3.5%	3.359	3.226	6.62%	中证金融	0.00%	13.85%	105.76%	-0.48%	5:5	0.7290		
38.57	0.456	0.4590	3.70%	永续	+3.0%	3.076	3.190	6.36%	中证传媒	0.00%	14.26%	104.92%	0.27%	5:5	0.7320		

• 图 6.9　B 份额的母基金整体溢价率

下面利用"母基金整体溢价率"排序，选择"母基金整体溢价率"选项卡，就可以利用母基金整体溢价率进行升序排列，即按母基金整体溢价率从低到高排序分级基金 B 份额，如图 6.10 所示。这时"母基金整体溢价率"上面多了一个向上的小三角。

成交额(万元)	估值	净值	溢价率	剩余年限	利率规则	价格杠杆	净值杠杆	融资成本	参考指数	指数涨幅	下折母基需跌	上折母基需涨	整体溢价率	A:B	母基净值	公告	操作
28.66	0.981	0.9790	-4.70%	永续	+3.0%	2.131	2.031	6.56%	移动互联	0.00%	36.67%	50.91%	-1.56%	5:5	0.9940		
62.56	1.171	1.1720	-6.14%	永续	+4.0%	1.978	1.857	7.58%	证券公司	0.00%	42.37%	37.87%	-1.24%	5:5	1.0880		
152.51	1.349	1.3480	-4.30%	永续	+4.0%	1.823	1.745	7.88%	一带一路	0.00%	46.68%	27.55%	-0.94%	5:5	1.1760		
1738.24	0.556	0.5560	-0.54%	永续	+3.0%	2.821	2.806	6.33%	一带一路	0.00%	19.62%	92.31%	-0.90%	5:5	0.7800		
329.02	1.327	1.3260	-0.53%	永续	+3.0%	1.765	1.756	5.61%	800证佳	0.00%	46.22%	28.87%	-0.90%	5:5	1.1640		
101.19	0.684	0.6850	-2.19%	永续	+3.0%	4.522	4.423	6.02%	中证转债	0.00%	7.76%	65.02%	-0.88%	7:3	0.9090		
○40.35	0.309	0.3080	0.00%	永续	+3.0%	4.260	4.260	5.79%	移动互联	0.00%	4.42%	128.66%	-0.84%	5:5	0.6560		
47	1.013	1.0110	-1.48%	永续	+3.0%	2.024	1.971	6.82%	中证传媒	0.00%	37.75%	48.81%	-0.79%	5:5	1.0080		
	0.589	0.5820	-2.40%		3.20	+3.5%	2.789	2.722	6.59%	中证100	0.00%	20.96%	152.53%	-0.76%	5:5	0.7920	

• 图 6.10　按母基金整体溢价率从低到高排序分级基金 B 份额

这样就可以轻松找到母基金整体溢价率比较低的分级基金 B 份额。

6.2　利用 B 份额抄底的技巧

投资者都知道，股神巴菲特的投资策略是：股市大涨时最怕贪婪，应及早退出；股市大跌时最怕恐惧，应趁机抄底捞便宜；在看好中长期的情况下，大跌大买，越跌越买，而不是割肉离场。

作为分级基金的 B 份额，则成为许多投资者抄底抢反弹利器的首选。下面以 2011 年 6 月 20 日至 7 月 15 日一波反弹为例进行讲解。

2011 年 6 月 20 日至 7 月 15 日，上证指数从最低的 2 610 点上涨到 2 820 点，涨幅 8.04%，而有一半杠杆基金涨幅超过 15%，其中涨幅最大的中证 500B（150029）达 25.98%，如图 6.11 所示。

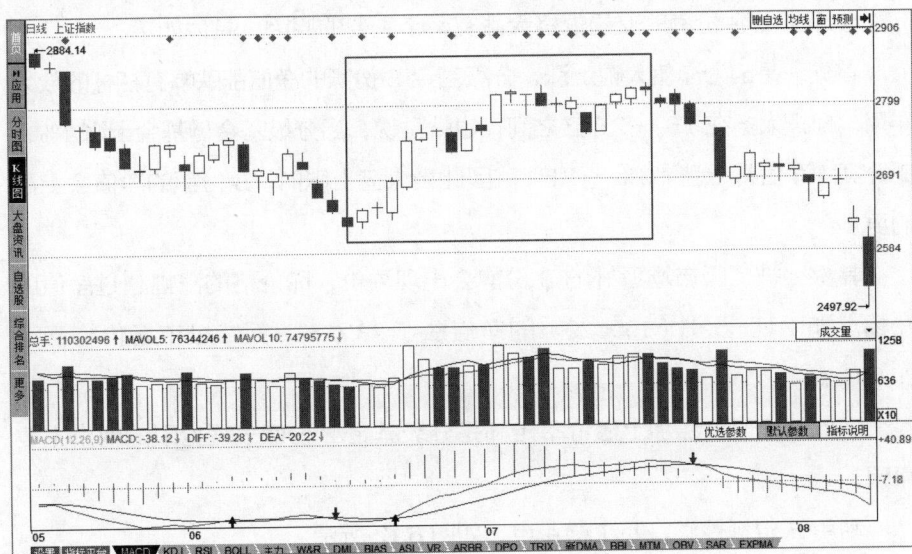

（A）上证指数的一波反弹上涨

● 图 6.11　上证指数与 B 份额的对比

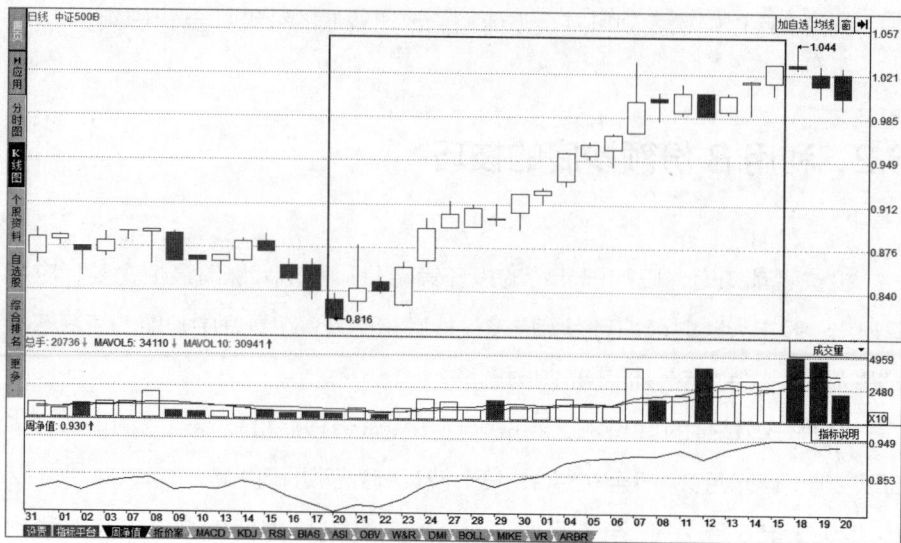

（B）中证 500B（150029）的一波反弹上涨

● 图 6.11　上证指数与 B 份额的对比（续）

分级基金 B 份额的交易价格大涨有两个主要的原因，具体如下：

首先，是因为净值大幅上涨，分级基金 B 份额的净值涨跌幅有杠杆的放大作用，杠杆大多在 1.6 ～ 2.5 倍之间。也就是说，当分级基金母基金上涨 1%，B 份额的净值将上涨 1.6% ～ 2.5%。因此当大盘上涨时，B 份额的净值会上涨的更多。

其次，被二级市场看好的 B 份额会出现溢价，即价格的涨幅超过净值的涨幅。如中证 500B（150029）的净值涨了 23.71%，而二级市场价格涨了 25.98%。

因此，净值上涨加上溢价率走高是分级基金 B 份额表现抢眼的两个主要原因。

利用 B 份额抄底，要注意 4 点，如图 6.12 所示。

（1）杠杆的大小

投资者在投资 B 份额时，首先要弄清楚其杠杆的大小，明确风险和收益放大的比例。

（2）是否可以配对转换

配对转换机制是分级基金独有的一种交易方式，通过分级基金母基金、

A 份额和 B 份额的配对转换，可以保证分级基金整体折溢价保持稳定。

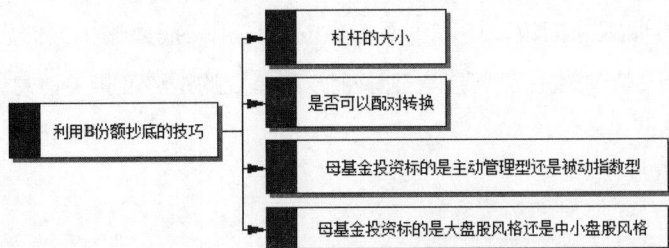

• 图 6.12　利用 B 份额抄底的技巧

（3）母基金投资标的是主动管理型还是被动指数型

通常来说，波段操作的投资者应该选择指数型分级基金，因为指数型所包含的行业分布和个股比较明确，更有利于做出判断和操作。

在浏览器的地址栏中输入"https://www.jisilu.cn"，然后按"Enter"键，进入股票分级基金（集思录）的首页。选择导航栏中的"实时数据"选项，再单击"母基"按钮，就可以看到分级基金母基金的实时数据信息，还可以看到分级基金母基金的投资标的，即母基金的跟踪指标，如图 6.13 所示。

• 图 6.13　母基金的跟踪指标

在这里可以看到，大多数分级基金母基金投资的都是被动指数型，只有很少一部分母基金投资的是主动管理型。

注意，跟踪指数是主动基金的，就是主动管理型，其他都是被动指数型。

单击具体跟踪指数，还可查看指数的走势和该指数的相关信息。在这里单击"国企改革"按钮，就可以看到国企改革指数的走势及相关信息，如图 6.14所示。

• 图 6.14　国企改革指数的走势及相关信息

（4）母基金投资标的是大盘股风格还是中小盘股风格

一般情况下，一波反弹行情，往往小盘股表现较好，而大盘股表现差一些。

需要注意的是，由于杠杆的作用，在行情不好时，分级基金 B 份额一般也会跌的比较多。因此，分级基金 B 份额是一种高风险高收益的投资品种，投资者在介入之前应该充分考虑自己的风险承受能力。

6.3　开放式 B 份额的交易技巧

开放式 B 份额，是指具有配对转换机制的分级基金 B 份额，包括大多数指数型 B 份额、部分债券型 B 份额。

6.3.1　开放式 B 份额是如何赚钱的

开放式 B 份额的收益来自 4 个方面，具体如下：

（1）分级基金母基金的净值涨跌幅；

（2）B 份额的杠杆效应；

（3）母基金整体溢价率的调整；

（4）A 份额的涨跌。

在 A 份额价格稳定、母基金整体溢价率不变的情况下，B 份额的价格涨跌幅 = 母基金的净值涨跌幅 × 价格杠杆。

所以，只要标的指数上涨了，B 份额才会赚钱；在标的指数上涨的情况下，杠杆越高，B 份额的收益越高。下面举例来说一下。

最近几年，房地产行业常常受到政策的驱动，如 2014 年房地产政策限购政策放松、房地产贷款政策的放松，都会带动房地产板块走势。2014 年 1 月 22 日，房地产板块指数上涨 4.72%，房地产 B（150118）冲击涨停。2014 年 3 月 6 日，房地产板块指数上涨 3.31%，房地产 B（150118）涨幅高达 9.15%。

6.3.2　开放式 B 份额为何亏损

开放式 B 份额亏损的原因有很多，主要包括以下 4 个方面：

（1）标的板块的下跌；

（2）母基金整体溢价率过高；

（3）B 份额触发向下不定期折算；

（4）A 份额大幅上涨。

下面进行具体讲解。

1. 标的板块的下跌

如果标的板块下跌，开放式 B 份额也会下跌，并且下跌的幅度大于标的板块，即开放式 B 份额会放大损失。

例如，2013 年 5 月 30 日到 6 月 25 日，上证指数下跌 18.06%，同期不少分级基金 B 份额下跌幅度都高达 30% 左右。其中，资源 B（150101）和资源 B 级（150060）的跌幅都在 35% 左右。

2. 母基金整体溢价率过高

如果母基金整体溢价率过高，就会有大量的套利资金入场套利，这样母基金整体溢价率就会不断缩小，最终缩小到0%。在这个过程中，又因为开放式B份额存在杠杆，而会损失惨重。

例如，2014年8月5日到8月20日，医药B（150131）、商品B（150097）等跌幅都在10%以上，但同期，B份额对应的母基金的净值，几乎处于震荡整理状态，甚至医药B（150131）对应的母基金国泰医药（160219）的净值还上涨了1.31%。

是什么原因造成B份额跌幅这么大呢？主要原因是母基金整体溢价率回落带来的损失，如医药B（150131）的母基金整体溢价率由初期的6.22%降低到期末的−0.56%。在母基金整体溢价率回落的过程中，开放式B份额的杠杆倍数越高，这种损失越大。

3. B份额触发向下不定期折算

当牛市遇到杠杆，分级基金B份额以惊人的涨幅，得到了广大投资者前所未有的关注；当"牛"变"熊"，上证指数接连重挫或大幅度剧震时，分级B则又集中面临了"下折"厄运，不少投资者由于疏忽或未设置止损线，遭遇巨大损失。

更令人扼腕痛惜的是，很多投资者在不甚了解"下折"相关规定的情况下就贸然买入B份额，为自己的盲目和无知付出了昂贵的代价。最惊人的例子是2015年7月9日当天，已经下折的分级B竟然还有45亿元的成交额，这种买入行为简直就可视为"飞蛾扑火"，买入者对下折原理显然一无所知，但随之而来的巨额财富蒸发则不会因"不懂行"而有丝毫改变。因此，不少市场人士都心塞地将当天的这45亿元的成交，称为"史上最贵的分级基金学费"。

下面以2015年7月9日为下折基准日的军工B（150187）为例进行讲解。

7月9日，军工B（150187）的收盘数据如下：

时间	名称	代码	B收盘价格	A收盘价格	A净值	折算比例
7月9日	军工B级	150187	0.549元	0.877元	1.0577元	0.26375

如果单持有 B 份额，每一万份 B 份额损失 2852.5 元：

一万份的 B 份额的成本为 0.549 0×10 000 份 =5 490 元，下折后按照折算比例折算成 2 637.5 份 B 份额（净值为 1 元），所以收到 2 637.5 元，亏损 5 490−2 637.5=2 852.5 元；亏损比例 2 852.5÷5 490=51.96%。

买入一万份 A 份额，加上之前持有 B 份额的成本（5 490 元），总成本是 5 490+8 770（0.877×10 000 份）=14 260 元；折算后得到 2 637.5 份 A 份额和 7 939.5 份（10 577−2 637.5）母基金；加上 2 637.5 份的 B 份额，相当于是 2 637.5×2+7 939.5=13 214.5 份的母基金（净值为 1）；损失 14 260−13 214.5=1 045.5 元，减亏（2 852.5−1 045.5）÷2 852.5=63.3%。

折算日以 0.877 元的价格买入与持有军工 B 级同份额的军工 A 级，在折算比例为 0.263 75 的情况下，可以减亏 63.3%。

4．A 份额大幅上涨

在母基金净值不变的情况下，A 份额价格的大幅上涨，必然对应着 B 份额的下跌，否则就有套利机会。下面举例说明一下。

2014 年 1 月 20 日，创业板 A（150152）被高度低估。从 2014 年 1 月 20 日至 3 月 3 日，创业板 A（150152）上涨了 13.7%。虽然期间创业板指数表现也不错，创业板 A 对应的母基金富国创业（161022）的净值上涨了 5.6%。但是，创业板 B（150153）的交易价格却上跌了 4.24%。投资者不但没有享受到杠杆收益，还出现了亏损，这主要是由于 A 份额上涨吞噬了整只分级基金的收益。

因此，对于交易价值被过度低估的 A 份额，投资者要小心对待其对应的 B 份额，谨防 A 份额的上涨导致 B 份额的下跌。

6.4　全封闭、半封闭式 B 份额的交易技巧

前面讲解了开放式 B 份额的交易技巧，下面讲解半封闭、全封闭式 B 份额的交易技巧。

6.4.1 初识全封闭、半封闭式 B 份额

全封闭、半封闭式 B 份额，本身都是封闭式运作。不同的是，全封闭式 A 份额和 B 份额的封闭期一样长，它们到期或转为 LOF，或重新进入下一轮分级运作期；半封闭式 A 份额，存在定期开放申赎，它的封闭期和对应的 B 份额不同。

目前，市场上全封闭 B 份额相对较少，当前只有 1 只，即汇利 B（150021）。

半封闭式 B 份额的数量相对较多，它是分级债券基金的主流。这些半封闭式 B 份额到期后，都转为 LOF 债基，或进入下一轮分级运作期。

6.4.2 全封闭、半封闭式 B 份额是如何赚钱的

全封闭、半封闭式 B 份额的收益，由 3 部分组成，具体如下：

（1）折价率收窄收益；

（2）母基金收益；

（3）杠杆收益。

下面具体讲解。

1. 折价率收窄收益

由于债券型 B 份额，缺少赎回机制，它们普遍折价交易。例如，2014 年 9 月 30 日，通福 B（150160）等债券型 B 份额的折价率在 8% 之上。

由于封闭式债券型 B 份额在封闭期满时，投资者可以按照它们的净值赎回。也就是说，在到期日时，封闭式债券型 B 份额的折价率肯定收窄为 0%。所以封闭式债券型 B 份额的折价率收窄，为投资者提供了确定性回报。

2. 母基金收益

债券型 B 份额的净值收益满足：

A 份额的净值涨幅度 ×A 份额占比（%）+B 份额的净值涨幅度 ×B 份额占比（%）= 母基金的净值涨幅度

只有母基金的收益覆盖了 A 份额的净值收益，债券型 B 份额才能获得较好的收益。由于 A 份额的约定收益相对有限，那么母基金的净值涨幅越高，债券型 B 份额的收益越高。可以说，母基金能否获得较高的收益，是债券型

B 份额能否获利高收益的关键。

3. 杠杆收益

杠杆收益，是投资者投资债券型 B 份额的主要原因之一。如果投资者能正确判断市场，债券型 B 份额的杠杆倍数即可大幅放大其投资收益。

在浏览器的地址栏中输入“https://www.jisilu.cn”，然后按“Enter”键，进入股票分级基金（集思录）的首页。选择导航栏中的“实时数据”选项，再选择“债券分级”选项，就可以看到债券型分级基金 B 份额的实时数据信息，还可以看到债券型分级基金 B 份额的价格杠杆，如图 6.15 所示。

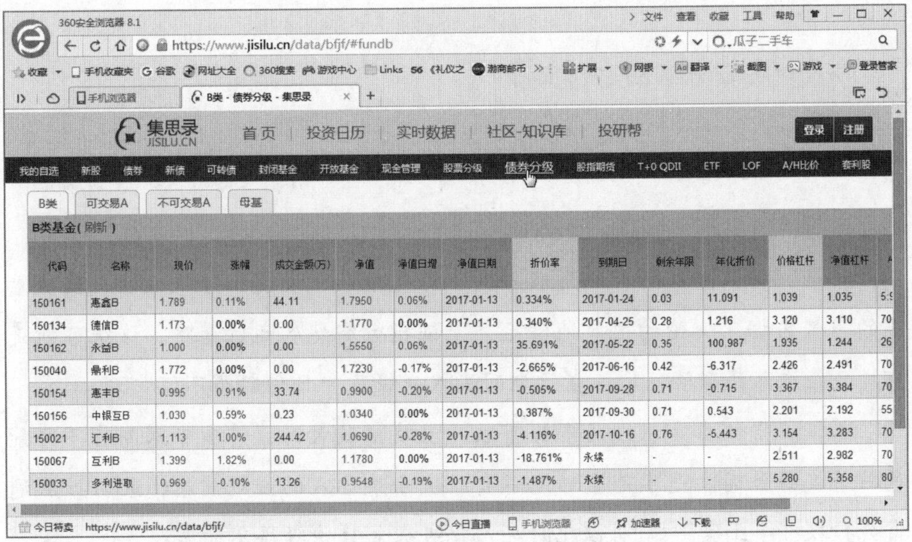

代码	名称	现价	涨幅	成交金额(万)	净值	净值日增	净值日期	折价率	到期日	剩余年限	年化折价	价格杠杆	净值杠杆
150161	惠鑫B	1.789	0.11%	44.11	1.7950	0.06%	2017-01-13	0.334%	2017-01-24	0.03	11.091	1.039	1.035
150134	德信B	1.173	0.00%	0.00	1.1770	0.00%	2017-01-13	0.340%	2017-04-25	0.28	1.216	3.120	3.110
150162	永益B	1.000	0.00%	0.00	1.5550	0.06%	2017-01-13	35.691%	2017-05-22	0.35	100.987	1.935	1.244
150040	鼎利B	1.772	0.00%	0.00	1.7230	-0.17%	2017-01-13	-2.665%	2017-06-16	0.42	-6.317	2.426	2.491
150154	惠丰B	0.995	0.91%	33.74	0.9900	-0.20%	2017-01-13	-0.505%	2017-09-28	0.71	-0.715	3.367	3.384
150156	中银互B	1.030	0.59%	0.23	1.0340	0.00%	2017-01-13	0.387%	2017-09-30	0.71	0.543	2.201	2.192
150021	汇利B	1.113	1.00%	244.42	1.0690	-0.28%	2017-01-13	-4.116%	2017-10-16	0.76	-5.443	3.154	3.283
150067	互利B	1.399	1.82%	0.00	1.1780	0.00%	2017-01-13	-18.761%	永续	-	-	2.511	2.982
150033	多利进取	0.969	-0.10%	13.26	0.9548	-0.19%	2017-01-13	-1.487%	永续	-	-	5.280	5.358

● 图 6.15　债券型分级基金 B 份额的价格杠杆

在这里可以看到，价格杠杆在 3 倍以上的债券型分级基金 B 份额有 4 只，分别是多利进取（150033）、惠丰 B（150154）、汇利 B（150021）、德信 B（150134）。价格杠杆在 3 倍以上的债券型分级基金 B 份额，具有相当强的攻击性。

6.4.3　全封闭、半封闭式 B 份额为何亏损

债券型 B 份额的杠杆倍数，是把双刃剑，如果投资者判断失误，也会出现较大的损失。

2013 年后半年，受到中央银行收紧流动性的影响，债券利率普遍上行，债券基金净值普遍下跌，债券型 B 份额受损也非常严重，其中回报 B（150078）、工银增 B（150128）的跌幅分别为 19.43%、17.57%。

另外，对于大幅溢价交易的债券型 B 份额，投资者也要小心。溢价交易等于过度透支了未来债券市场的上涨预期。这样一来，债券型 B 份额的母基金净值会上涨，B 份额也会因为之前的溢价过高而亏损。

6.5　B 份额的投资策略

下面讲解 B 份额的投资策略。

6.5.1　B 份额的三不买策略

B 份额的三不买策略，具体如下：

第一，当证券市场在经历了一波上涨行情后，表现出赚钱效应，坚决看多的声音占据了舆论的主导地位后，上证指数突然从高位暴跌。这很可能是市场已经进入高风险区域，在此期间买入分级基金 B 份额得不偿失。

第二，当证券市场经历多日下跌并且跌幅较大时，许多专家断言不可能跌破某支撑位时。是不是底部绝不会取决于某些人的主观意愿，此时抄底通常会抄在"半山腰"。所以此时买入分级基金 B 份额得不偿失。

第三，当证券市场呈现遇重大阻力即回落，遇重要支撑就上涨的盘局特征，尤其是当上证指数上下窄幅波动时。分级基金同上证指数的联动性极强，上证指数波动幅度过窄，很可能让你无利可图，白白损失手续费。

6.5.2　B 份额的选择策略

第一，看见稀土、煤炭、有色普涨，即资源类股上涨时，不知道买什么时，就可以买资源 B（150101）和资源 B 级（150060）；

第二，看见银行、地产类股票普涨，不知道买什么时，就可以买银华锐进（150019）；

第三，只要地产股票猛涨，不知道买什么时，就可以买房地产 B（150118）和地产 B（150193）；

第四，只要中小板股票猛涨，不知道买什么时，就可以买中小板 B（150086）、中小 B（150107）和中小 300B（150058）；

第五，只要创业板股票猛涨，不知道买什么时，就可以买创业板 B（150153）和创业 B（150244）；

第六，只要军工股票普涨，不知道买什么时，就可以买国防 B（150206）和军工 B（150182）。

第七，只要券商股票普涨，不知道买什么时，就可以买证券 B（150172）。

第八，只要信息软件股普涨，不知道买什么时，就可以买信息 B（150180）。

第九，只要看到香港股票大涨，就可以买恒生 B（150170）和 H 股 B（150176）。

第十，只要看到新能源股票大涨，不知道买什么时，就可以买新能 B（150280）和新能源 B（150218）。

第十一，只要看到工业 4.0 股票大涨，不知道买什么时，就可以买工业 4B（150316）。

第十二，只要看到医疗股票大涨时，不知道买什么时，就可以买医疗 B（502058）和医药 B（150131）。

第十三，只要看到一路一带股票大涨时，不知道买什么时，就可以买一带 B（150266）和带路 B（150274）。

6.5.3　B 份额的买入策略

首先需要正确判断市场。在入场的时机上，归纳起来应该具备这样几项特征：市场遇利空不跌，甚至低开高走；市场整体成交量萎缩至地量水平；各个主要板块已经跌得面目全非，无一幸免；媒体上看空声音不绝于耳。这四项只要符合其中三项，就是真到了该进场抄底的时候。

其次应深入了解每个分级基金的产品特性，如杠杆率变化、资产配置状况、份额折算及配对转换等合约约定，选择相应的标的指数和杠杆率的分级基金。

第 7 章

分级基金的
套利技巧

───────○───────────────────○───────

　　虽然市场上投资者对 B 份额比较追捧，而且操作也非常简单：看好市场买 B 份额，获取杠杆放大收益。但是，分级基金的最大优势还是套利。折价、溢价皆可套利，溢价时，可以通过申购母基金同时抛售子基金获利；折价时，可以通过买入子基金同时赎回母基金来获利。

本章主要内容包括：
➤　什么是套利
➤　分级基金的套利及理论基础
➤　溢价套利和折价套利
➤　分级基金的盲拆
➤　分级基金套利的成本
➤　分级基金套利的风险
➤　分级基金套利的风险管理

7.1 初识套利

要利用分级基金进行套利，就会了解什么是套利，什么是分级基金套利，还要了解分级基金套利的理论基础。

7.1.1 什么是套利

套利，在金融学中的定义为：在两个不同的市场中，以有利的价格同时买进并卖出或者卖出并买进同种或本质相同的证券行为。投资组合中的金融工具可以是同种类的也可以是不同种类的。在市场实践中，套利一词有着与定义不同的含义。实际中，套利意味着有风险的头寸，它是一个也许会带来损失，但是有更大的可能性会带来收益的头寸。

套利交易，是指利用相关市场或相关电子合同之间的价差变化，在相关市场或相关电子合同上进行交易方向相反的交易，以期望价差发生变化而获利的交易行为。

7.1.2 分级基金的套利

分级基金母基金是按净值来申购和赎回的。拆成 A 份额和 B 份额时，A 份额和 B 份额的价值是由母基金的净值来决定的。

但是，A 份额和 B 份额每天都在二级市场中进行交易，所以它们的价格又是由供求来决定的，想买的人多了，价格就给推上去了，想卖的人多了呢，价格就会跌下去。所以，A 份额、B 份额一旦出现价格远远偏离价值时，就可以利用这种双重的价格体系来套利。

例如，当分级基金 B 份额连续大涨好几天，出现溢价时，我们可以把两份母基金分拆成1份 A 份额 +1份 B 份额，然后把 B 份额卖出。当 B 份额大跌，出现折价时，我们也可以反过来，把 1 份 A 份额 +1 份 B 份额合并成两份母基金赎回。

当然，这么做是有风险的。因为整个过程不是即时的，需要几个交易日才能完成。在这个过程中，A 份额、B 份额的价格，母基金的净值都是在变化着的，有亏损的风险。

当然，在进行套利时，还要交申购费、赎回费、交易佣金这些费用，这些成本都要考虑进去的。

所以，套利要会做算术题，把上述这些数据都算好，确定无风险了才能放心套利。如果把握好的时机，套利就是无风险的获利方式。所以，当套利投资者的收益到手时，他们就会毫不客气地卖出砸盘。所以，当分级基金母基金指数上涨时，投资者手上的 B 份额却突然莫名其妙的大跌时，不要怀疑，就是套利投资者卖出砸盘的结果。

7.1.3 分级基金套利的理论基础

分级基金套利的理论基础，就是配对转换机制，下面来具体讲解。

配对转换是指分级基金的母基金份额与两类子份额之间按基金合同约定的转换规则进行转换的行为，包括份额分拆和份额合并。

（1）份额分拆

份额分拆，是指申购分级基金的母份额，并在场内发起分拆指令，将母份额按规定比例分拆成子份额，之后可以在交易所以市价卖出，如图 7.1 所示。

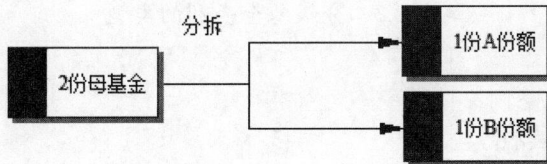

• 图 7.1 份额分拆

（2）份额合并

份额合并，是指在场内按规定比例买入子份额，并发起合并指令，将子份额合并为母份额，之后可以以净值赎回，如图 7.2 所示。

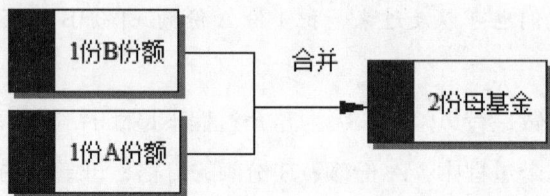

●图 7.2　份额合并

目前市场中很多分级基金设置了"配对转换"条款，即投资者可在一级市场申购，二级市场按份额比例分拆后卖出。只要一级市场净值与二级市场现值的价差，大于"申购分拆卖出"或"买入合并赎回"的交易成本，投资者即可通过套利获得收益。

在获得监管部门许可资格的券商营业部可办理配对转换业务。

7.2　分级基金套利的类型

分级基金套利有 2 种，分别是溢价套利和折价套利，如图 7.3 所示。

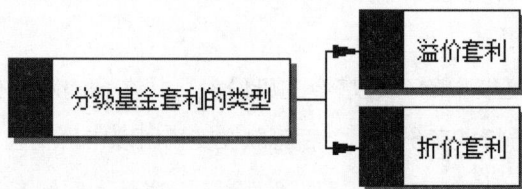

●图 7.3　分级基金套利的类型

7.2.1　溢价套利

当分级基金母基金的价格比其净值高很多，超出套利过程中产生的成本时，就可以考虑进行溢价套利。溢价套利可分为两种情况，具体如下：

第一种情况是标的指数大幅上升，此时由于分级基金 B 份额带杠杆，大量投资者买入 B 份额，带来较高的溢价。这种情况很适合机构和散户同时参与套利；

第二种情况是标的指数在下跌，但B份额的跌幅较小，会带来母基金的溢价。但这种情况不建议散户参与。因为散户在投资过程中通常不做对冲，会面临较大风险。

溢价套利分4步完成，具体如下：

第一步，T日，场外或场内申购（买入）分级基金母基金份额；

第二步，T+1日，基金公司确认申购成功；

第三步，T+2日，投资者将母基金，分拆成A份额和B份额；

第四步，T+3日，通过场内交易，将A份额、B份额卖出。

需要注意的是，申购时最好通过场内申购，因为场外转托管到场内通常需要两个工作日。场内申购通常最低5万元起。另外，通过银行等机构申购通常需要T+6个工作日，周期太长，不确定性较大，资金效率低，因此不建议通过这种方式参与套利。

下面利用股票交易软件来具体操作：

打开同花顺软件，单击"委托"按钮，显示下拉菜单选项，如图7.4所示。

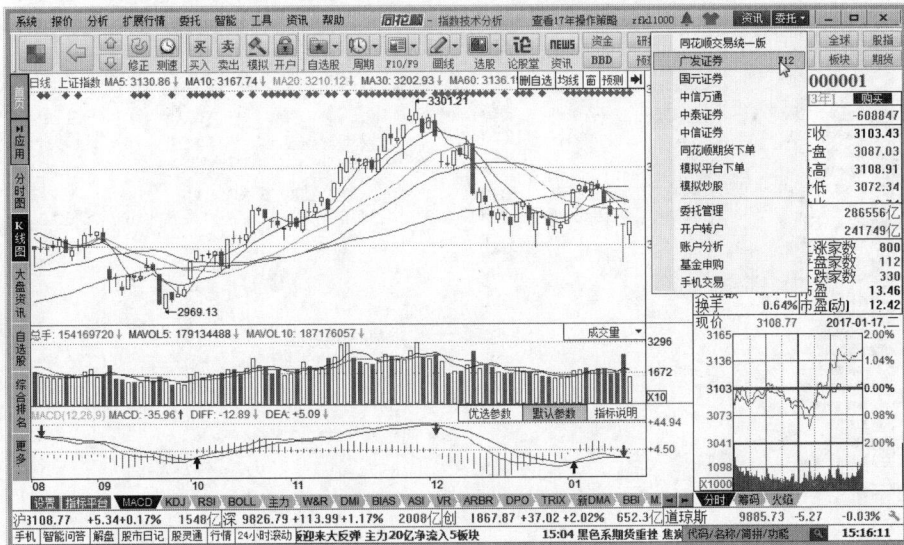

•图7.4 下拉菜单选项

这里以"广发证券"为例进行讲解。选择"广发证券"选项，弹出"用户登录"对话框，如图7.5所示。

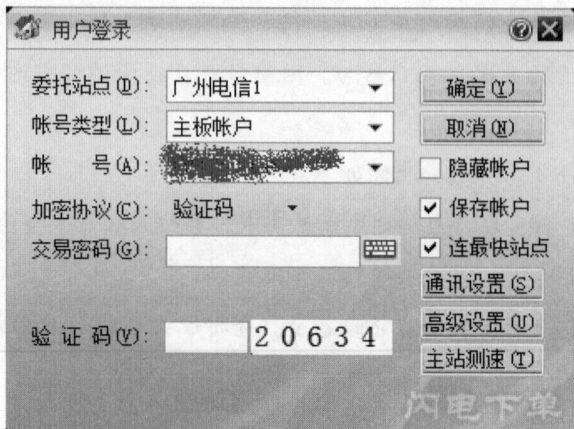

●图7.5 "用户登录"对话框

正确输入账号、交易密码、验证码后，单击"确定"按钮，即可成功登录交易软件，如图7.6所示。

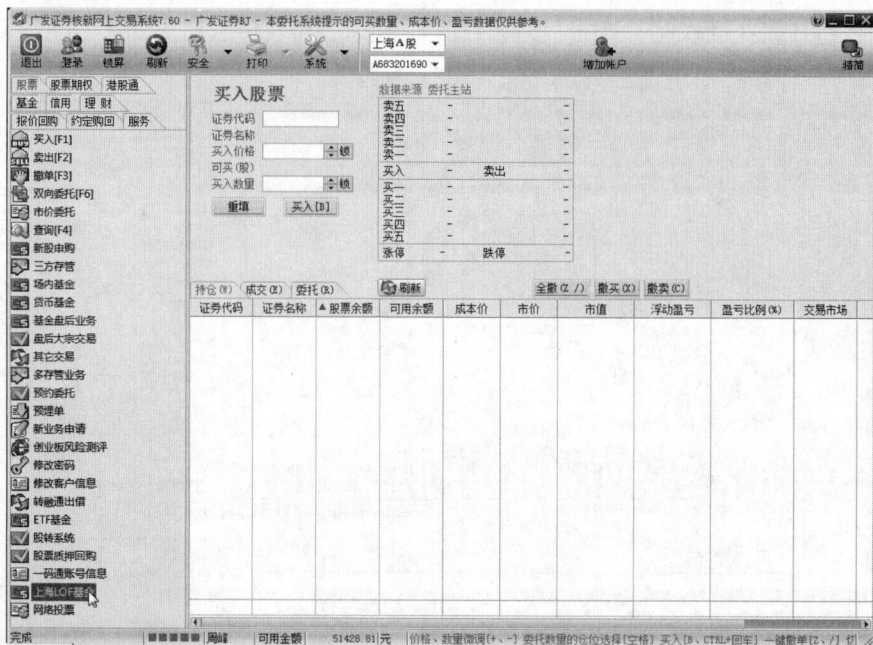

●图7.6 成功登录交易软件

先来讲解上交所的分级基金操作。选择左侧导航栏中的"上海 LOF 基金"选项，就可以看到其子命令。先选择"LOF 申购"选项，就可以看到可以申购基金的名称、状态、净值、累计净值、净值日期、代码、合并分拆状态等，如图 7.7 所示。

• 图 7.7　LOF 申购

如果进行套利交易，一定要选择可以分拆合并的基金。向右拖动下方的横滚动条，还可以看到 LOF 申购基金的合并分拆数量、最低合并数量、最低分拆数量、转换状态信息，如图 7.8 所示。

双击要申购的基金，或直接输入基金对应的代码，就可以看到 LOF 申购信息，即看到可用资金、可申购金额，如图 7.9 所示。

然后输入申购金额，再单击"确定"按钮即可。

选择"LOF"赎回选项，可以赎回申购的基金。还可以利用"LOF 合并"和"LOF 拆分"进行合并、分拆分级基金母基金。

> 提醒：场内买入上交所的分级基金母基金，（无须 T+1 日，基金公司确认申购成功，T+2 日，再拆分）可以实时分拆成 A 份额和 B 份额，并且当时可以卖出 A 份额和 B 份额，变相实现 T+0 交易。但当日买入母基金，不可以直接卖出，当日买入 A 份额和 B 份额，也不可以当时单独卖出。但当日买入 A 份额和 B 份额，可以马上合并成母基金，然后当天直接卖出或赎回。

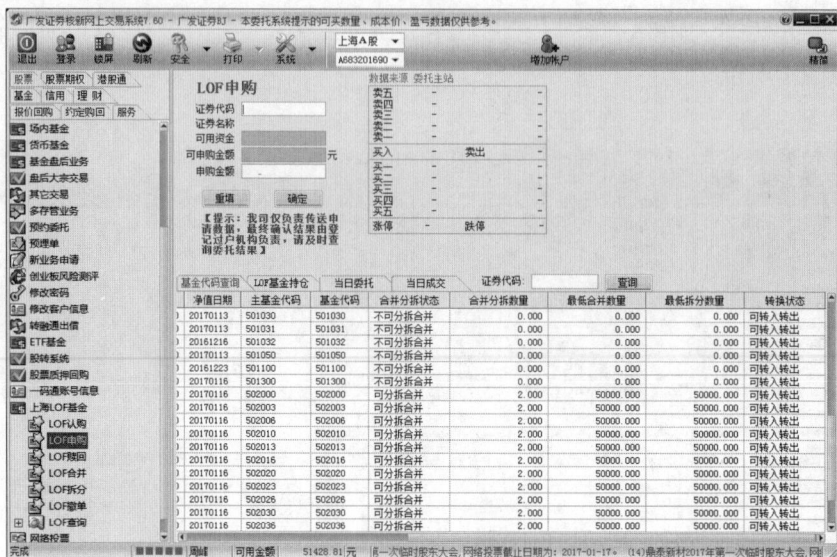

• 图 7.8 LOF 申购基金的合并分拆数量、最低合并数量、最低分拆数量、转
换状态信息

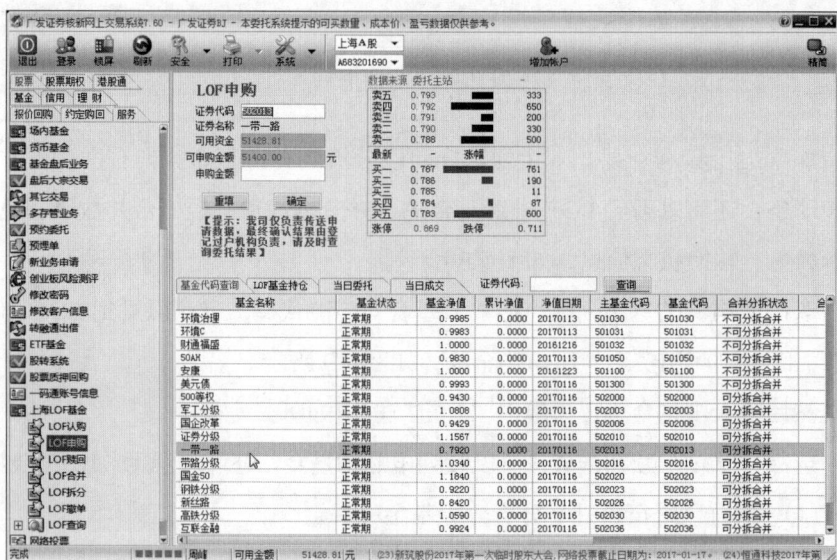

• 图 7.9 LOF 申购信息

下面再来看一下深交所的分级基金操作。选择左侧导航栏中的"场内基金"
选项，就可以看到子命令，然后选择"深圳 LOF 基金申购"选项，如图 7.10
所示。

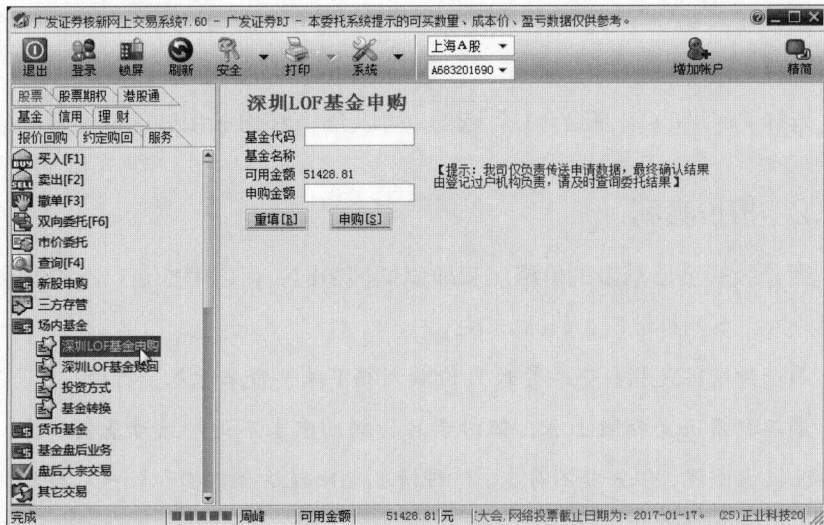

• 图 7.10　深圳 LOF 基金申购

输入基金代码，然后再输入申购金额，正确输入后，单击"申购"按钮，即可成功申购。

单击"深圳 LOF 基金赎回"，就可以赎回分级基金母基金。

选择左侧导航栏中的"基金盘后业务"选项，就可以看到子命令，然后选择"深圳 LOF 基金分拆"选项，如图 7.11 所示。

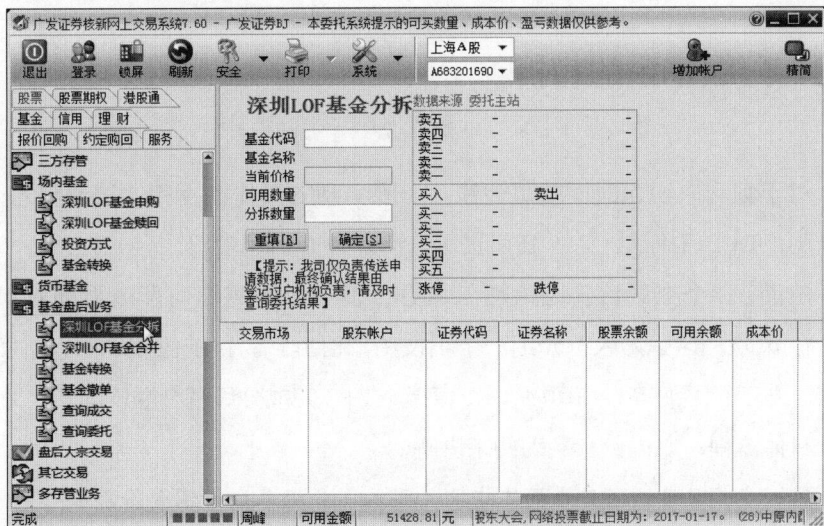

• 图 7.11　深圳 LOF 基金分拆

正确输入要分拆的基金代码，再输入分拆数量，正确输入后，单击"确定"按钮即可。

选择"深圳 LOF 基金合并"选项，可以合并 A 份额和 B 份额为母基金。

7.2.2　折价套利

当分级基金母基金的价格比其净值低很多时，可以考虑进行折价套利，可以分为以下两种情况，具体如下：

第一种情况是指数下跌导致 B 份额大幅下跌，带来母基金折价；

第二种情况是指数上涨，但由于 B 份额的需求不足导致母基金折价。这种情况较少出现，但并非不存在。这种情况也比较适合机构和散户参与套利。

折价套利分 3 步完成，具体如下：

第一步，T 日，场内按配对比例买入 A 份额和 B 份额；

第二步，T+1 日，确认合并成母基金；

第三步，T+2 日，场外将母基金按净值赎回。

与溢价套利相比，折价套利承担的波动较小一点。但折价套利赎回后资金要 T+3 日才能到账，资金利用率不是很高。合并赎回的起点不同的券商略有差异，通常在 1 000 份左右。

7.3　分级基金的盲拆

对于套利来说，时间就是金钱，一般套利的具体流程和做法通常为：T 日申购，T+1 日确认，T+2 日可进行分拆，T+3 日可卖出。

然而，3 个交易日还是太慢怎么办，多一个交易日可能就要面对最大 10% 的风险。这里为大家介绍一个小技巧"盲拆"。目前已知华泰、广发、中信、方正、国海等券商可以 T+1 盲拆，T+2 完成分级基金溢价套利。

具体流程：以溢价套利为例来讲解。

第一步，T 日，场外或场内申购（买入）分级基金母基金份额；

第二步，T+1 日，投资者将母基金，分拆成 A 份额和 B 份额（第 2 步就是与一般套利做法不同之处，在未看到确认份额的情况下，直接拆分）；

需要注意是，T+1 日收盘后，才能确认成交份额，因此，这里的份额需要自己计算，母基份额 = 申购金额 ÷ 申购当日净值 ÷(1+ 申购费率)。

例如，申购 5 万元信诚医药 (165519)，净值 1.125，申购费 1.2%，可得份额为：50 000 ÷ 1.125 ÷ 1.012=43 917 份，分拆时要填的是 43 900(记得填偶数，因为 2 份母基才能分拆成 A, B 份额)。另外，数量稍微填少些以确保分拆成功。

第三步，T+2 日，通过场内交易，将 A 份额、B 份额卖出。另外，还要赎回母基金零头。

7.4 分级基金套利的成本

在判断是否进行套利交易时，成本是需要重点考虑的因素之一，因为套利成本将会显著削弱整体的利润表现。

一般来说，分级基金套利相关的成本费用主要包括场内外申购赎回费用，二级市场交易费用、衍生品交易费用及基金托管费用、管理费用等。其中，因性质不同，基金管理费和托管费将在基金资产中扣除，故暂不纳入套利成本之中。衍生品交易费用主要指利用股指期货进行套利风险对冲时所产生的成本费用，若只是进行溢价套利、折价套利，则不会涉及这部分成本。

还需要指出的是，溢价套利涉及申购环节，最低参与门槛为 5 万元（分级基金指引中的要求），合并赎回没有具体的份额数量限制。分级基金套利各项费用如表 7.1 所示。

表 7.1 分级基金套利各项费用

项目	费用	项目	费用
二级市场交易费	0.1%	申购费	1.2%
股指期货交易费	0.006%	赎回费	0.5%

通过查阅相关报告资料及从券商了解到的情况，目前市场上对于套利成本中占比较高的申购费或多或少存在一定的优惠。

例如，若母基金是指数型基金，则对于 1.2% 的申购费率部分券商可进行优惠处理，最低可以打到 4 折的折扣。而当母基金是债券型基金时，申购费率将达到 0.8% 的水平或者更低。

针对大额资金，不同分级基金也给出了不同的优惠方案。例如，国泰基金旗下的品种，设定了大额申购金额下的固定申购费，即当申购金额达到 100 万元以上时，按 1 000 元每笔固定收取申购费。招商旗下的某些分级基金，同样以 100 万元作为大额申购费用判定的"标准价位"，超过此标准，每笔申购费用仅为 300 元。鹏华旗下的分级基金则是当申购金额达到 50 万元以上时，每笔按 100 元的申购费标准收取，优惠幅度更为显著。

7.5　分级基金套利的风险

在进行分级基金套利操作中，同样存在一定的风险。这些风险主要包括 3 个方面，如图 7.12 所示。

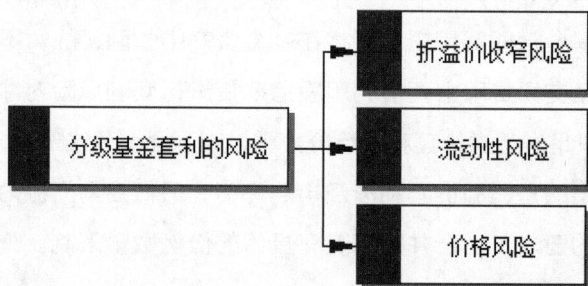

• 图 7.12　分级基金套利的风险

7.5.1　折溢价收窄风险

一般进行套利操作都要经过两到三个交易日，在等待分级基金合并或者分拆期间，市场行情的变化都会使折溢价出现收窄的可能。即在溢价套利时，若 A、B 份额的二级市场价格下跌，套利的空间将有所收窄；在折价套利时，若 A、B 份额的二级市场价格上涨，则套利利润也将出现一定程度的萎缩。

7.5.2　流动性风险

在利用一些新上市的分级产品交易时，比较容易出现流动性风险。也就是说，在二级市场上，某些分级基金成交量较小或交易不够活跃，价格更容易出现涨跌停的情况，使得套利的成本无端增加甚至引发操作风险。因此，在选择套利品种时应尽快选择成交量较大的，并格外注意对新基金进行流动性风险的防范。

7.5.3　价格风险

价格风险主要指的是母基金单位净值的变动所引发的风险。虽然我们知道母基金实时单位净值的估算方法，但倘若某只分级基金有较为明显的溢价出现，投资者纷纷申购进场，母基金仓位出现较大程度上的变动时，进行简单估算也容易产生较大的误差，从而影响对整体折溢价率的计算。

7.6　分级基金套利的风险管理

为了降低套利风险，特别是因交易时滞而产生的折溢价收窄的风险，投资者可以选择通过卖空股指期货和融券 ETF 来进行风险对冲。

7.6.1　卖空股指期货

在溢价套利中，在 T 日进行场内申购母基金份额的同时，在期货市场上进行卖空股指期货的操作。T+3 日在二级市场分别卖出 A、B 份额，在期货市场平掉股指期货的仓位。

在折价套利中，T 日在二级市场分别买入 A、B 份额的同时，在期货市场上进行卖空股指期货的操作。T+2 日在一级市场赎回母基金份额，在期货市场平掉股指期货的仓位。

套利策略中加入股指期货交易后，实际操作中将会出现两方面的问题。

其一是涉及股指期货主力合约交割的相关事宜。股指期货将分别在 T+3 日和 T+2 日平仓，故在进行溢价套利时，要在主力合约交割日前 3 天更换到下月合约下单。在进行折价套利时，则需要在主力合约交割日前两天更换到下月合约进行下单操作。

其二是存在对投资者账户资金进行分配的问题。根据对相关研究报告的总结，机构大多采用计算最优套期保值比率，引入最小二乘法进行此比率的计算。

例如，2015年1月16日，通过对分级基金进行筛选，结合套利成本的估算，选择溢价率较高，成交量较大的信诚金融（165521）进行申购。假设现有资金为200万元，通过最小二乘法确定母基金与股指期货的资金分配比例是1：0.17，即用1 709 402元申购母基金，290 598元投资于股指期货。针对此例中的大额申购资金，申购费按笔计算为1 000元，则最终有1 708 402元可申购信诚金融。1月15日母基金净值为1.157，大约能申购1 476 578份。IF1506按3 790点价格做空，分配的资金量可购买两手空单。

7.6.2　融券 ETF

融券卖出 ETF 与卖空股指期货具有相似的作用，都是为了对冲套利操作中可能出现的折溢价收窄风险。

在溢价套利中，T 日在一级市场申购母基金份额的同时，融券卖出对应价值对应标的指数的 ETF。T+3 日二级市场分别卖出 A、B 份额，买券还券对应标的指数的 ETF。

在折价套利中，T 日在二级市场分别买入 A、B 份额的同时，融券卖出对应价值对应标的指数的 ETF。T+2 日一级市场赎回母基金份额，进行买券还券对应标的指数 ETF 的操作。

其中，市场上可供融券的 ETF 涵盖了包括沪深300、沪深300金融地产、上证50、上证180、深证100、中小板等标的指数，数量达到15只。加入融券交易后，涉及的成本费率如下表7.2所示。

表7.2　加入融券交易后涉及的成本

项目	费用	项目	费用
交易佣金	0.03%	利息	年息10%，按天收取
印花税	0.1%		

7.6.3　利用股指期货对冲实例

投资者 A 拥有初始资金 100 万元，准备进行分级基金的套利操作，并希望通过股指期货对冲套利风险。

（1）实例 1

2015 年 1 月 20 日观察申万菱信中小板分级基金（163111）整体溢价率临近收盘为 3.43%，粗略扣除溢价套利成本后仍有利润空间，故选择在收盘前申购基础份额。根据对此分级基金与股指期货资金配比的计算，两者比例为 1 ∶ 1.03，因此分别在股票账户和期货账户中存入资金 50 万元。

1 月 20 日收盘前，申购申万菱信中小板分级基金，当时基金净值为 1.1114，扣除申购费用 6 000 元，共计资金 494 000 元，最终申购到 444 484 份。与此同时，期货市场上卖出 IF1506，其当时点位为 3 499。为避免期指大幅回升而头寸被强平的风险，在账户中预留部分资金抵御风险。扣除交易手续费，实际买入 2 手 IF1506 空单，成本共计 273 047.96 元。剩余资金能够承受期指上涨 756 点的风险。

1 月 22 日，申购基金能够查到份额，当日申请拆分，拆成 1 份申万菱信中小板 A（150085）和 1 份申万菱信中小板 B（150086）。

1 月 23 日，将 A、B 份额卖出。当时申万菱信中小板 A 价格为 1.018 元，申万菱信中小板 B 价格为 1.317 元。扣除二级市场交易费用 444.5 元，最终资金为 518 490.6 元，获利 18 490.57 元。与此同时，对 IF1506 进行平仓，平仓点位为 3 703，资金回流 288 700.69 元，亏损 15 652.73 元。套利过程完成后，最终获利 2 837.84 元。

（2）实例 2

2015 年 2 月 5 日跟踪富国中证军工分级基金（161024），盘中始终处于折价状态，临近收盘折价率达到 1.79%，粗略扣除折价套利成本后仍有利润空间，故伺机在收盘前进行操作。根据对此分级基金与股指期货资金配比的计算，两者比例为 1 ∶ 0.58，因此分别在股票账户中存入资金 63.3 万元，在期货账户存入资金 36.7 万元。

2 月 5 日收盘前，分别买入富国中证军工 A（150181）和富国中证军工 B（150182）。扣除二级市场交易费用，可用资金为 631 734 元。富国中证军工

A 及富国中证军工 B 的价格分别为 0.871 元和 1.264 元，故最终 A、B 份额各 591 788 份。与此同时，期货市场上卖出 IF1506，其当时点位为 3 452。为避免期指大幅回升而头寸被强平的风险，在账户中预留部分资金抵御风险。扣除交易手续费，实际买入 2 手 IF1506 空单，成本共计 269 380.27 元。剩余资金能够承受期指上涨 325 点的风险。

2 月 6 日，申请将 A、B 份额合并成富国中证军工分级基金。

2 月 9 日开盘后，以 1.042 元 / 份的净值赎回母基金，扣除赎回费用，资金回笼 613 559.88 元，亏损 18 174.12 元。与此同时，对 IF1506 进行平仓，平仓点位为 3405，资金回流 293 667.42 元，获利 28 077.42 元。套利过程完成后，最终获利 9 903.3 元。

在实例 2 中，若单纯进行分级基金的套利操作将面临一定的亏损，而利用股指期货做空交易，有效地进行了风险对冲，并从中获得超额的收益。

第 8 章

分级基金母基金的
挑选技巧

近年来分级基金快速发展，投资者在选择分级基金母基金投资时，有了更多品种的选择，有了更多操作的空间。然而，品种过多并不是什么好事，俗话说："乱花渐欲迷人眼"，基金的发放涉及多个公司，基金需要了解的信息过多，以至于出现了难以抉择的局面。到底该如何挑选分级基金母基金呢？本章将详细讲解。

本章主要内容包括：
➤ 利用基金公司挑选母基金的技巧
➤ 利用基金经理挑选母基金的技巧
➤ 利用基金招募说明书挑选母基金的技巧
➤ 利用基金年报挑选母基金的技巧
➤ 利用基金公告挑选母基金的技巧
➤ 利用绩效指标挑选母基金的技巧

8.1 利用基金公司挑选母基金的技巧

投资者都深有体会的一点是，现在分级基金营销手段可谓五花八门，令人眼花缭乱。拆分、大比例分红、手续费打折等。如果这样对基金业绩有利，当然我们都举双手赞成，但这仅仅是一种促销手段，不仅对基金业绩没有帮助，反而可能会有害，所以投资者在选择基金公司时一定要多留个心眼。下面来查看一下分级基金母基金所属的基金公司。

在浏览器的地址栏中输入"https://www.jisilu.cn"，然后按"Enter"键，进入股票分级基金（集思录）的首页。选择导航栏中的"实时数据"选项卡，再单击"母基金"按钮，就可以看到分级基金母基金的实时数据信息，还可以看到分级基金母基金的基金管理人，即母基金所属的基金公司，如图 8.1 所示。

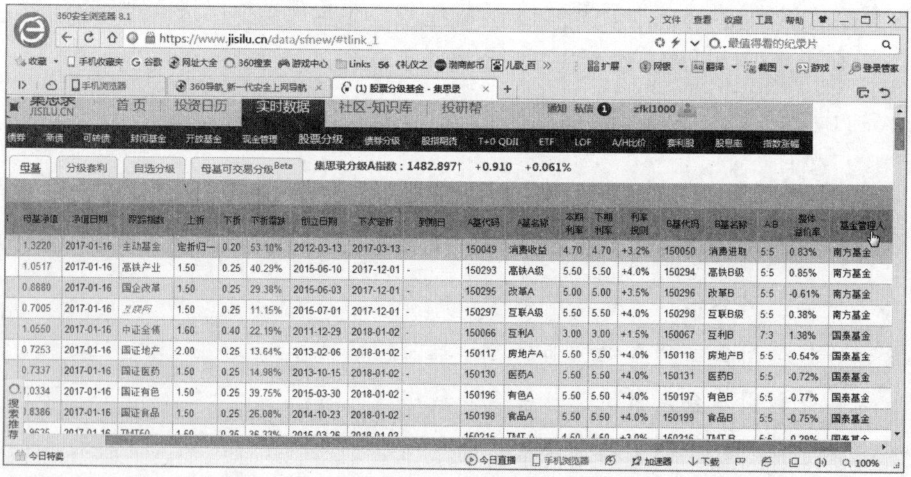

• 图 8.1 分级基金母基金的基金管理人

在选择基金公司时，首先要明白，基金公司是整个基金运作的管理者，向投资者发行基金、寻找托管银行、雇佣基金经理及研发团队等任务，都是由基金公司完成。所以说，一个基金公司的运作能力的高低和管理水平会直接影响到基金的业绩表现，当然也关系到投资者的投资收益。

现在基金公司有 113 家，有老牌的基金公司，也有新成立的基金公司；有资金雄厚的大型基金公司，也有操作灵活的中小基金公司；有中资基金公司，也有外资参股的合资基金公司。面对各种各样的基金公司，我们到底该如何选择呢？

8.1.1　多角度考察基金公司的资质

在牛市行情中，每个基金公司都会有几只业绩不错的分级基金产品，基民能够愉快轻松地挣到钱，实现不错的投资收益。但到了熊市行情，不少基金公司因无法提前判断风险或操作失误，导致基金资产出现亏损，甚至出现严重亏损。

因此，投资者在选择基金公司时，首先要对基金公司的资质进行考察，看该公司是否有能力管好一只分级基金。一般来说，优秀的基金公司具有以下 3 个特征，如图 8.2 所示。

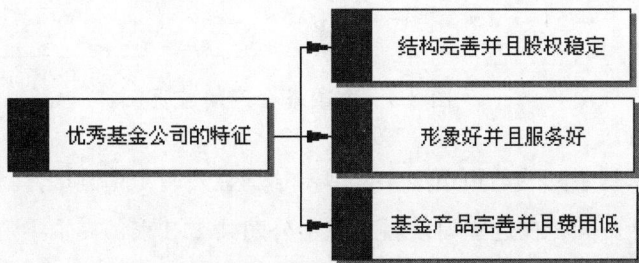

●图 8.2　优秀基金公司的特征

（1）结构完善并且股权稳定

一家优秀的基金公司，应该具有合理的股权结构和规范的治理结构，保证各股东之间相互制约，不能出现一股独大的现象。另外，基金公司还应该有完善的独立董事制度，保证独产董事在公司决策时有一定发言权。

基金公司股东的实力及大股东对公司管理的重视程度，是基金公司不断发展的重要基础。由于我国基金业刚刚起步，基金公司成立时间一般不长，所以各基金公司在发展阶段都离不开公司股东的大力支持和帮助。

一般来说，证券公司参股的基金公司能获得更多证券人才和资讯方面的支持；银行参股的基金则可以获得银行网点的营销支持。

另外，投资者还可以登录基金公司的网站查看其资质，重点查看公司的背景、股东组成，历史作为。

在浏览器的地址栏中输入"http://www.chinafund.cn"，然后按"Enter"键，进入中国基金网的首页，如图 8.3 所示。

● 图 8.3　中国基金网的首页

在中国基金网的首页页面中，单击"基金公司"超链接，就可以进入基金公司统计页面，在这里可以看到基金公司共 113 家，其中中资基金公司有 71 家，合资基金公司 42 家，如图 8.4 所示。

想了解哪家基金公司的情况，只需单击其基金公司超链接即可。在这里单击"宝盈基金管理有限公司"按钮，进入该基金公司页面，还可以看到该基金公司的性质、法人代表、董事长、总经理、注册地址、注册资金、公司股东、公司历史、管理基金等信息，如图 8.5 所示。

当然，投资者还可以到一些专业网站上查看一下对该基金公司的评价，从而较为全面地了解该基金公司，做到胸中有数。

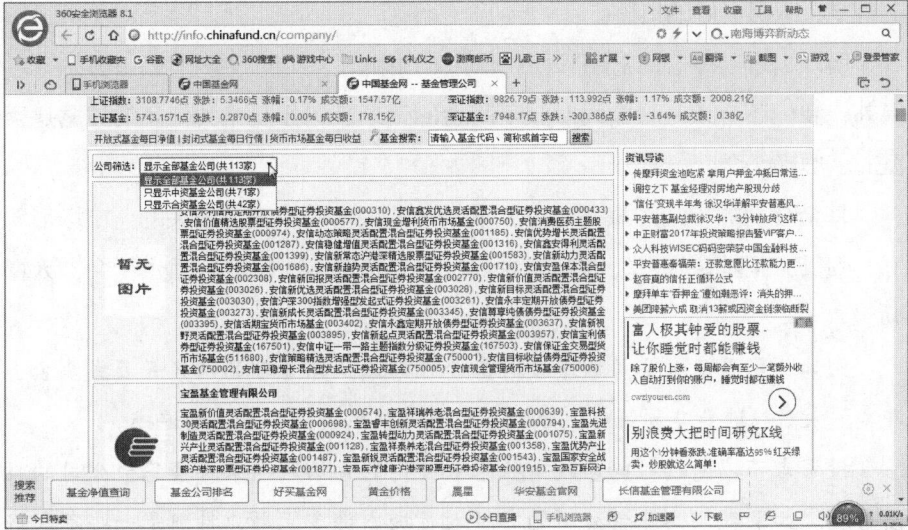

● 图 8.4　基金公司统计页面

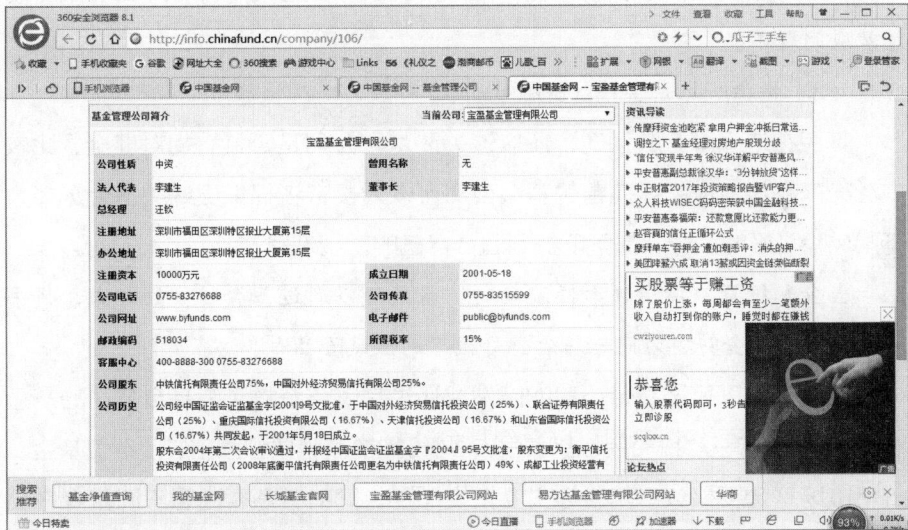

● 图 8.5　宝盈基金管理有限公司的信息

（2）形象好并且服务好

基金公司是为基民管理财产、追求资产保值增值的机构，所以诚信经营、按规则办事，不损害投资者的利益是它们经营的最基本原则。并且在此基础上，基金公司只有为投资者提供好的服务，赚到较高的投资收益，才能获得基民的肯定，取得良好的口碑。

所以，我们在选择基金公司时，应重点关注该公司的服务质量和市场形象。另外，我们还应该基金公司对旗下基金的管理、运作及相关信息的披露是否及时、准确、全面。

基金公司的市场形象是通过旗下基金的销售情况表现出来的。市场形象好，则其旗下基金在发行时就会受到投资者的欢迎，发行之后也不会被大量抛售。

例如，华夏基金公司旗下金牌基金经理王亚伟管理的两只开放式基金，即华夏大盘精选和华夏策略混合，在销售过程中获得了基民的追捧。

投资者可以通过打电话或前往基金公司的营销网点来考察基金公司的服务态度。如果我们向基金公司的客服人员提出许多问题，特别是一些不太好回答的问题，客服人员能够耐心地、认真地一一回答，那么就说明他们服务态度不错。相反，如果客服人员一问三不知，并且态度不好，那么其服务质量就成问题了。

（3）基金产品完善并且费用低

基民在选择基金公司时，还应该关注基金公司是否具有相对健全、比较广泛的产品线。产品线完善的基金公司可以为投资者提供更好的基金选择，不同风险喜好的投资者都可以找到适合自己的基金理财产品。

当金融投资市场出现大幅波动时，基民可以通过基金转换的方式，将手中的高风险基金转换为同一基金公司旗下的低风险品种。

投资者可以登录基金公司的网站或通过其宣传资料了解基金公司的产品线，从而查看其基金产品线是否齐全，是否能覆盖股票型基金、债券型基金、货币市场基金及指数型基金等主要投资品种。同时，还要注意不同基金产品之间是否能方便转换，转换费用是多少等。

8.1.2　基金公司的规模

在考察基金公司的状况时，最主要的一个指标是基金公司的资金规模，它决定了基金实力的强弱。此外，基金的管理费用取决于基金的规模，丰厚的管理费用才是留住优秀的投资团队的保证。《基金法》规定基金管理人的报酬以基金净资产的 1.5% 年费率计提，这就意味着基金规模越大，提取的管理费用就越多。一些管理规模较小的公司，我们很难相信它能留住势力不俗的投资团队。

例如，一家管理 3 亿元资金的公司每年能够收到的管理费用只有 450 万元，扣除公司的各种经营成本留下来的费用很难支持基金经理团队的百万元年薪。

所以仅从这一方面考虑，基金公司的规模决定了公司的发展前景和经营业绩。

但投资者还要注意，并不是说基金的资金规模越大越好，规模过大的基金反而有弊端。俗话说"船大掉头难"，大规模基金的建仓和出货都很难，而小规模基金具有调整持仓灵活的优势，所以取得好的成绩也比大规模基金容易一些。

8.1.3　基金公司的投资风格

一家优秀的基金公司，在旗下多数基金产品均走势良好的前提下，又会有自己鲜明的投资风格。有的基金公司擅长运作股票型基金，有的基金公司在运作债券型基金方面的独到之处，还有一些基金公司擅长运作指数型基金。所以基金要先了解基金公司的强项产品，然后再根据自己的实际情况，选择不同的基金公司。

另外，即使是同一类型的基金，不同基金公司的投资风格也不相同。同样是运作股票型基金，有的基金公司特别喜欢大盘蓝筹股的价值投资，有的基金公司却喜欢小盘题材股的波段操作。

总之，我们在选择基金公司时，要了解各家基金公司的投资专长和投资风格，选择一家真正符合自己的基金公司。

8.1.4　基金公司的研发能力

投资者首先要明白，基金公司的研发能力是基金持续盈利的基础，但如何判断一家基金公司的研发能力呢？

如果你是一名具有专业知识并且有足够时间的基民，可以跟踪关注基金公司公布的研究报告、策略报告等，根据这些报告的内容分析基金公司的研发能力。

如果没有足够的时间，也没有专业的金融知识，那么可以选择以下两种方法。

第一，我们可以查看基金公司旗下所有基金产品业绩的整齐程度，也就是每个基金产品在同类产品中的业绩排名是否相似。如果基金公司旗下的所有基金产品业绩都位列前茅，说明这些基金产品受个别基金经济能力的影响较小，基金公司整体研发能力较强。相反，如果基金公司旗下同类基金产品之间业绩差别大，说明基金在运作过程中没有得到基金公司的太多帮助，即使有少量基金业绩出众，也是受到基金经济个人能力的影响。

第二，基金持股的稳定性，这也是判断基金公司整体研发能力的重要指标。基金公司常常在定期报告中向投资者公示基金的持仓结构。如果一定基金公司旗下基金频繁买卖股票，说明这家基金公司并没有明确的投资方向，其研发能力值得怀疑。这种基金的业绩虽然可能在短时期内走强，但从长期来看很难走好。

8.1.5 国外成熟市场选择基本公司的"4P"标准

在国外成熟市场中，选择基金和基金公司有个通行而有效的"4P"标准，这标准同样适用于我国投资市场。"4P"标准如图8.6所示。

（1）投资理念

第一个P，Philosophy，是指投资理念。投资者首先要看基金所属公司的投资理念是

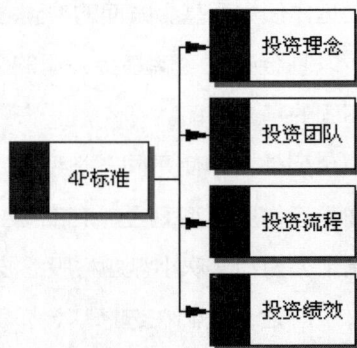

• 图 8.6 4P 标准

否成熟而有效，其次看自己是否认可这一理念进而认可该基金公司的投资管理模式。

例如，股神巴菲特所管理的投资基金把"价值投资"作为其核心理念，它注重于股票的内在价值，不在意股价的日常波动。

金融大鳄索罗斯所管理的量子基子的投资理念则相反，它更注重价格的波动趋势，认为买卖供求关系确定的股票价格就是最合理的价格。

两种不同的投资理念，都取得了投资的成功，基金最终收益才是硬道理，能够稳定长期获利的投资理念都是优秀的。也许我们不好分辨某个投资理念是对还是错，但只要它能给我们带来稳定的收益，那它就是好的投资理念。

（2）投资团队

第二个 P，People，是指团队。基金公司投资研究团队专业能力的强弱，是决定基金业绩表现的一个极其重要的因素。

考察基金公司投资研究团队的实力，可以通过查看该团队的组建时间和团队稳定性来实现。一个团队组建时间比较长，人事关系稳定，则这个团队一般是一个成功的团队，他们更容易做出出色的投资业绩。反之，一只比较新的、人员变动较大的团队，他们的投资计划和决策变化也大，这将影响到公司业绩的稳定性。

（3）投资流程

第三个 P，Process，是指流程。严密科学的投资流程可以规范基金管理人的投资行为，使基金管理人具备复制优秀基金的能力，其业绩具备长期可持续性。

（4）投资绩效

第四个 P，Performance，是指绩效。评估基金所属公司旗下基金的历史投资绩效，对基金未来业绩做一个大致合理的预期，无疑是最简单、最直观的评价指标。但新基金本身也存在许多不确定性，这只能作为一个辅助性因素来参考。

8.2　利用基金经理挑选母基金的技巧

我们选择好可靠并且适合自己的基金公司后，我们还需要为自己选择一位优秀的基金经理。我们在投资某只基金之前，应该清楚谁是这只基金的基金经理，这位基金经理具有什么样的资历。一位好的基金经理，可以让我们投资基金的业绩更上一层楼，从而让我们获得更高的收益。

8.2.1 基金管理的方式

根据基金经理的个数及分工的不同，基金管理的方式可分为三种，分别是单个基金经理型、多个基金经理型和决策小组型。管理方式不同，基金经理对基金业绩的影响程度也不相同。

（1）单个基金经理型

在单个基金经理型方式下，基金的投资决策是由基金经济独自决定的。该团队的其他成员分别为基金经理提供调研、交易、决策等支持，总之，基金经理是团队绝对的核心。在这种方式下，基金经理的影响力相当的强，如图 8.7 所示。

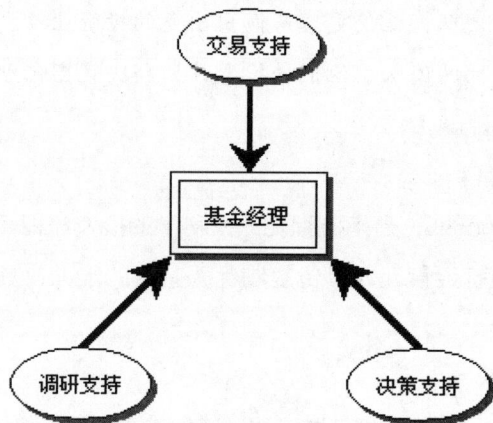

● 图 8.7 单个基金经理型

（2）多个基金经理型

每个基金经理单独管理基金的一部分资产，混合型基金多数采用这种管理方式。由于不同基金经理负责不同的投资品种的投资决策，所以每个基金经理都有一定的影响力，如图 8.8 所示。

（3）决策小组型

决策小组型是指由两个以上的基金经理共同进行投资决策。在这种方式下，决策小组成员之间的权责没有明确的划分，但有时也会由一个组长来做最终的决定。在这种管理方式中，单个基金经理难以影响整个决策小组的决定，如图 8.9 所示。

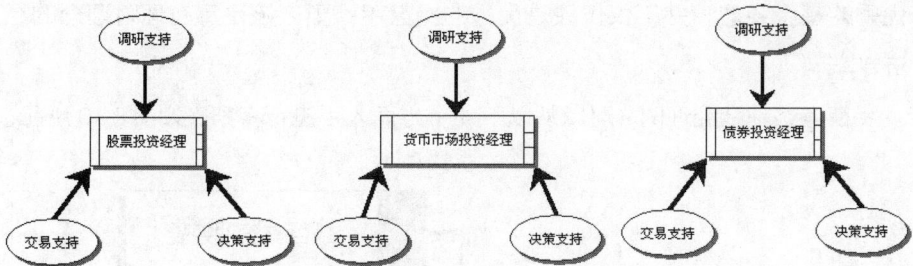

• 图 8.8 多个基金经理型

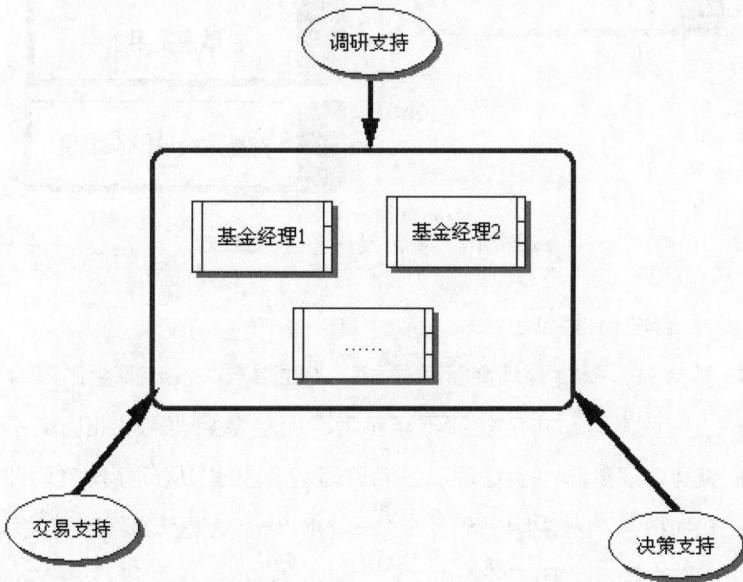

• 图 8.9 决策小组型

无论一只基金有几个基金经理，这些基金经理的权限都会受到基金投资决策委员会的限制，这称为决策委员会领导下的基金经理负责制。例如，在一些基金的管理制度中规定，基金经理可以自行决定 5 000 万元以下的投资，但超过这个权限的投资必须得到投资决策委员会的批准。

8.2.2　多角度考察基金经理

最优秀的基金经理被称为"金牌基金经理"。历史投资收益率是评价一个基金经理是否是优秀基金经理最基础的因素，也是最重要的因素。但真正优秀的基金经理，并不仅仅只是优秀的操盘手，更应该是富有理财理念的经济专家。

在考察基金经理时，可以从以下 4 个方面入手进行考察，如图 8.10 所示。

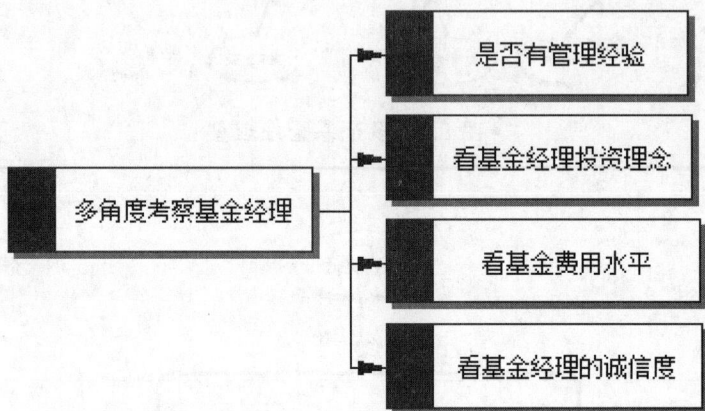

•图 8.10　多角度考察基金经理

（1）是否有管理经验

选择基金时，既要看基金管理公司，还要重点关注该基金的基金经理。新基金成立时间短，过去的业绩不可参考，但基金经理的从业历史不会短，这样我们就可以了解该基金经理以往的管理基金业绩，从而了解其管理水平。投资者一般可以从招募说明书和基金公司的网站上获得基金经理有关信息。

（2）看基金经理投资理念

有好的投资理念是投资成功的一半，这对投资经理来说也不例外。投资者要了解基金经理的投资理念与公司的理念是否相符，投资风格与基金资金投向是否一致。了解基金经理的投资理念后，就可以大致判断出新基金的投资方向，从而对其未来的风险和收益有一定了解。

（3）看基金费用水平

新基金的管理费用通常要比老基金高些，小规模的基金管理费用通常要比大规模基金的管理费用高些。在这里要注意，不是基金公司的管理费用越低越好，因为较高的管理费用是留住强实力基金经理的重要保证。能够为投资者带来超额收益的基金经理，其高额的薪酬也是应该的。

（4）看基金经理的诚信度

基金管理公司需要德才兼备，选择基金经理更应如此。我们要看基金经理是否以广大投资者的利益为重，是否有违规操作的记录。投资者将资金交给了基金经理来运作，基金经理就应该为投资者的保值和增值负责。曾经有过建"老鼠仓"等违规操作记录的基金经理，即使水平再高，我们也应该坚决抵制。

> 提醒：老鼠仓是指基金经理或其他投资决策人员在用募集来的公共资金拉升股价之前，先让自己人（机构负责人、操盘手及其亲属、关系户）在低位建仓，待用公共资金拉升到高位后，先让自己人卖出获利，这样，最后亏损的是公家资金，损害的是广大投资者的利益。

8.2.3　选择基金经理的一般原则

一个好的基金经理会带来良好的经营业绩，从而为投资者带来更多的利润回报。下面来看一下选择基金经理的 3 项原则，如图 8.11 所示。

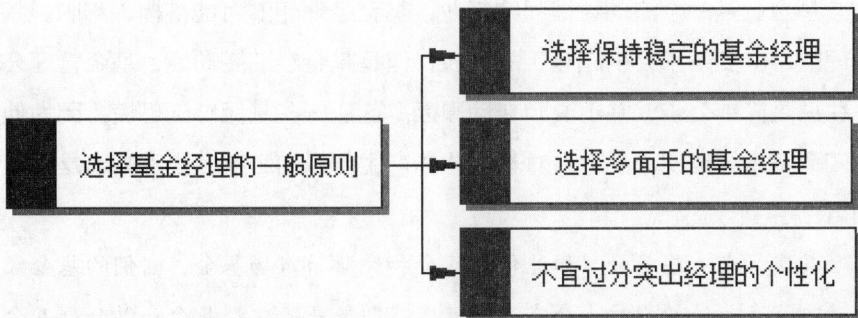

●图 8.11　选择基金经理的一般原则

（1）选择保持稳定的基金经理

只有稳定才能更好地发展。市场发展有一定的阶段性，股价变化有一定的周期性，国民经济更有一定的运行规律，不考虑周期性因素、阶段性变化对资产配置品种的影响，基金经理的运作业绩是很难保持稳定。所以选择长期在一家公司任职并保持业绩稳定增长的基金经理，是一个非常重要的原则之一。

（2）选择多面手的基金经理

通过经理的履历可以发现，研究型的基金经理相对较多，研究在产品的运作中起着十分重要的作用，便实践证明，具有丰富实战经验的基金经理，在运作中胜算更大。所以好基金经理即应该是一位优秀的投资研究员，也应该是一名出色的投资操盘手。

（3）不宜过分突出经理的个性化

基金的个性化运作规律应是产品的运作规律，是资产配置组合的运作规律，而不是完全以基金经理的风格来决定，更不是策略的简单复制。注重基金经理的个性和风格非常重要，但是不能完全依赖。一只基金运作的好坏，应是经理背后团队的力量，作为基金经理应只是指挥和引导团队运作的带头人，因此，崇拜基金经理个人不如转变为崇拜运作的团队，过分宣扬基金经理的个人人格魅力是不足取的。

8.2.4　基金经理变动不一定会影响基金业绩

基金业是一个流动性很强的行业，基金经理随时可能跳槽、辞职。基金经理的每次变动都会引起基民的关注。但是基金经理变动后，基金管理公司往往只是简单公告，并不说明变动原因。这让一些基民感到恐慌，因为他们不知道基金经理变动后，会对基金业绩产生怎样的影响，也不知道是否该赎回自己手中的基金。

其实，有一些基金，如纯债券基金和纯货币市场基金，它们的基金经理变动对基金业绩的影响十分有限。其实，即使是股票型基金和混合型基金，它们中也有一部分不会受到基金经理变动的太大影响。因此对于基金经理的更换，基民不要太恐慌，可以放心继续持有，并不需要急忙赎回。

下面三种基金受基金经理影响不大。

•指数型基金：该类型基金的收益与指数变动息息相关，基金经理人在操作过程中，只需根据指数的组成结构按比例投资成分股，不用主动分析和选择股票。

•一流基金公司旗下的基金：在这种类型的基金公司中，有相当多的优秀基金经理，一个基金经理离开后立即会有其他的基金经理填补空缺。

● 决策小组型基金：在这种管理方式下，一般会采取民主的方式进行决策。所以在这种情况下，基金经理只是小组带头人，其变动对基金业绩的影响有限。

如果基民手中持有的基金不属于上述三种，那么基民就应该注意观察在基金经理变动后，基金的投资组合和业绩是否也发生了相应的变化。尽管很多基金公司在变更基金经理时，还声明"基金仍会遵循以往的投资策略"，但基民还是应该通过认真观光来证实这种说法，避免不必要的投资风险。

基金经理变动后，可能会出现以下三种情况，分别是持股情况变化、基金规模变化、管理方式变化。

（1）持股情况变化

基金的持股情况出现大幅变动时，表示基金的投资策略发生了改变。对于基金持股情况的变动，基民可以从基金公司的公告中了解，也可以利用同花顺软件来查看。具体方法是：双击基金名称，然后按下"F10"键，接着再选择"资产配置 / 十大重仓股"选项，就可以看到该基金的持股情况变化，如图 8.12 所示。

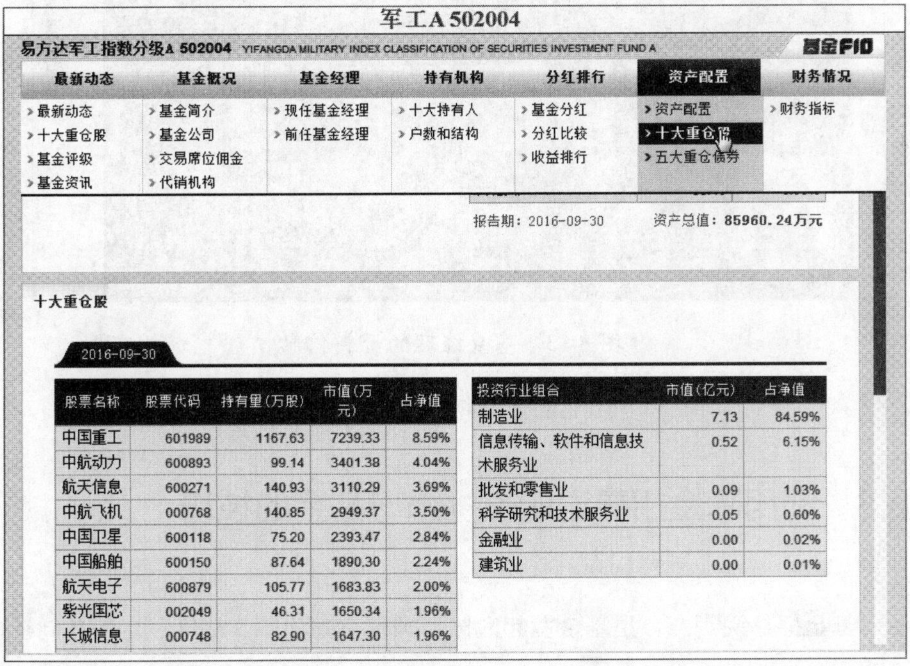

● 图 8.12　军工 A（502001）的十大重仓股情况

（2）基金规模变化

基金规模的大小会直接影响到基金经理的操作思路。如果在基金经理变动时，基金规模大幅改变，基金的投资策略肯定也会改变。

（3）管理方式变化

如果在基金经理变动的同时基金的管理方式也出现了重大变化，例如，由多个经理共同管理变成单个经理独自管理，那基金的投资策略也可能相应地调整。选择基本资料中的"基金经理"选项卡，就可以看到基金经理的资料信息，如图 8.13 所示。

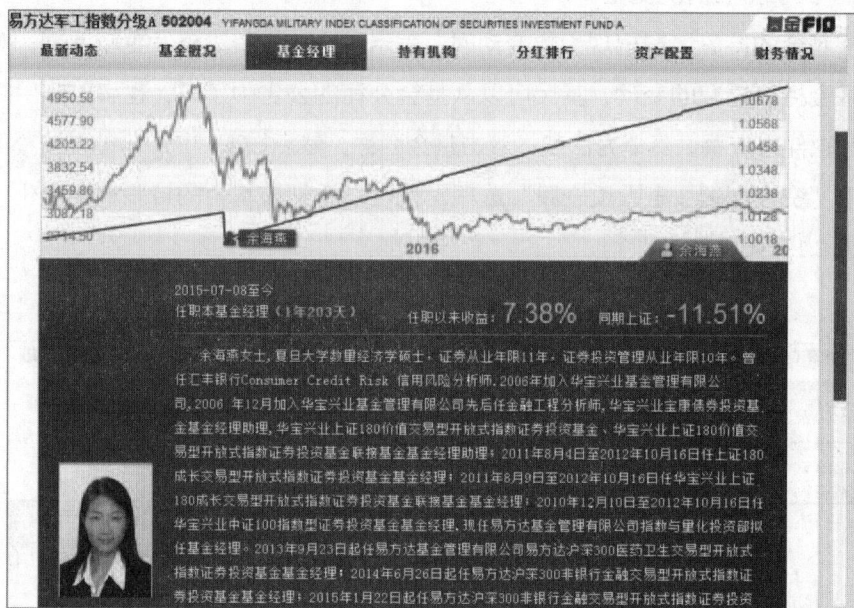

• 图 8.13　基金经理的资料信息

8.3　利用基金招募说明书挑选母基金的技巧

基金招募说明书，是基金发起人按照国家有关法律、法规制定的并向社会公众公开发售基金时，为基金投资者提供的、对基金情况进行说明的一种法律性文件。

招募说明书在初次发行后，称为公开说明书。该说明书旨在充分披露可能对投资人做出投资判断产生重大影响的一切信息。

包括管理人情况、托管人情况、基金销售渠道、申购和赎回的方式及价格、费用种类及比率、基金的投资目标、基金的会计核算原则，收益分配方式等。

基金招募说明书是投资人了解基金的最基本也是最重要的文件之一，是投资前的必读文件。由于开放式基金的申购是一个持续的过程，其间有关基金的诸多因素均有可能发生变化，为此，招募说明书（公开说明书）必须定期更新。

通常，自基金合同生效之日起，每 6 个月更新一次、并于 6 个月结束之日后的 45 日内公告，更新内容截至 6 个月的最后一日。

基金招募说明书一般要看以下 5 项信息，如图 8.14 所示。

（1）基金管理人

要细看说明书中对基金公司和公司高管的情况介绍，以及拟任基金经理的专业背景和从业经验的介绍。优质专业的基金管理公司和投资研究团队是基金投资得以良好运作的保障。

（2）过往业绩

以往业绩可以在一定程度上反映出基金业绩的持续性和稳定性。开放式基金每 6 个月会更新招募说明书，其中投资业绩部分值得投资者好好分析。

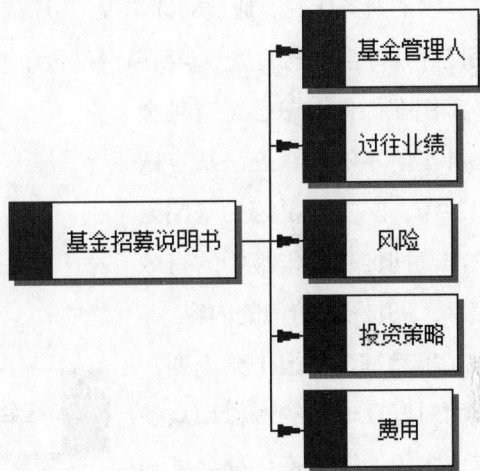

●图 8.14　基金招募说明书

（3）风险

这对投资者来说是最为关键的部分之一。招募说明书中会详细说明基金投资的潜在风险，一般会从市场风险、信用风险、流动性风险、管理风险等方面来说明。只有明了风险，投资才能更加理性。

（4）投资策略

投资策略是基金实现投资目标的具体计划，描述基金将如何选择及在股票、债券和其他金融工具与产品之间进行配置。目前大多数基金均对投资组合中各类资产的配置比例做出了明确限定，这和基金投资风险是直接相关的。

（5）费用

基金涉及的费用主要有认购／申购费、赎回费、管理费和托管费等。这些在招募说明书中都会详细列明，投资者可据此比较各只基金的费率水平。

8.4　利用基金年报挑选母基金的技巧

基金年报回顾了基金过往一年的浮沉跌宕、展现了基金的投资组合、核算了基金的财务状况。通过阅读年报，投资者可以分析基金的盈利情况，找到业绩良好并符合自己的基金。所以说基金年报对投资者来说是相当重要的，但很多基民在操作时总感觉对基金品种了解不够多，无法从容做出决策。这主要是因为基民无法准确捕捉基金年报中的有效信息，获取最具价值的内容。

虽然基金年报十分重要，但面对好几十页的资料和众多专业术语，很多基金都会感到无从下手。其实，对于时间、精力和专业知识缺乏的投资者来说，只要能掌握 6 种技巧，就可以轻松阅读年报，找出业绩优秀并适合自己的基金来，如图 8.15 所示。

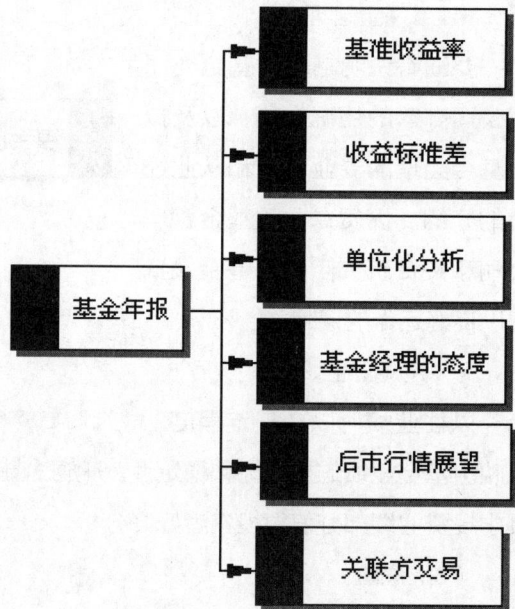

● 图 8.15　基金年报

8.4.1　基准收益率

我们在衡量基金净值增长率的高低时，需要将实际增长率与业绩比较基准进行比较。这个"业绩比较基准"可以在基金的基本资料中查找。

许多基金公司在年报中喜欢将基金净值增长率与一些没有可比性的指数相比较，这种现象在 2008 年大盘大幅下跌的行情中特别突出。例如，某只混合型基金在 2008 年的亏损幅度达到 55%，基金公司却一直强调自己的表现好于大盘指数的 66% 的跌幅。

我们知道，混合型基金的资产只有一部分投资股票市场，另外，还有大量资产投资无风险的债券和货币市场工具。因此，在 2008 年股市全面下跌的行情中，混合型基金的跌幅小于大盘指数是十分正常的事。而且在大盘上涨过程中，这类基金的上涨幅度也会弱于大盘。因此，在熊市行情中，混合型基金强调自己的业绩优于大盘有一定误导基民的嫌疑。

基民在衡量基金净值增长率时，应该参考的指标是"业绩比较基准"。每只基金都有自己的"业绩比较基准"，这可以认为是基金公司给自己设定的投资目标。

假设上述那只基金的业绩比较基准由 70% 的沪深 300 指数、25% 的上证国债指数和 5% 存款利率组成。按此计算出来的这只基金 2008 年基准收益率为亏损 45% 左右。实际上基金的亏损幅度已经远远超过了基准收益率。所以这样的基金公司不仅管理能力差，还掩饰自己的失误，所以我们在投资时要谨慎。

例如，另一只基金同样在 2008 年亏损了 55%，但这是一只纯股票型基金。业绩比较基准为 95% 的沪深 300 指数和 5% 的存款利率。按这样计算下来的业绩比较基准为亏损 65% 左右，基金收益率略微跑赢了自己的业绩比较基准。基金虽然在熊市中大幅亏损，可是一旦回到牛市中，基金公司就很有可能为基民挽回这部分损失。

通过上述例子的对比，我们可以看出，阅读基金年报时一定不能被基金公司误导，把基金业绩与大盘指数比较。业绩比较基准才是考察基金真正盈利能力的指标。

8.4.2　收益标准差

一只基金每月基金净值增长率的标准差，可以作为基民衡量基金净值波动幅度的指标。净值增长率反映的是基金盈利能力，而收益标准差反映这种盈利能力的稳定性。很多基金年报中并不会直接给出标准差数据，基民需要根据基金每月的净值增长率自己计算。

通过相似基金之间的标准差对比，基民能够很容易地比较各基金的稳定性。标准差越低，代表基金净值的波动越小，基金表现越稳定。相反，标准差越大，说明基金净值的波动越大。如果一只基金净值的波动幅度明显高于其他基金品种，基民就应该认真分析造成这种波动的原因，究竟是由于基金经理个人能力的差异、基金投资策略的差异、还是其他方面的原因。

基金的高收益率和低标准差代表两个不同的投资方向。追求高收益的基金需要偏重于高收益、高风险的投资品种；追求低标准差的基金则需要寻找收益稳定的品种。在金融投资市场中，很难有基金可以做到两全其美。基民到底是该追求高收益率，还是低标准差，需要根据自己的投资目的来定。

8.4.3 单位化分析

因为基金的资产规模十分庞大，基民很难对巨大的数字产生具体的认识，看不清楚基金公司的实际经营状况。基民在分析基金业绩时，可以将各种财务资料或会计项目的数字换算成单位数字。利用单位数字，基民可以更直观地看出公司的营运情况。

例如，某基金共有 2 亿基金单位，在年报中显示上年度总投资收益是 16 800 万元。基民对 2 亿和 168 000 万元这样的天文数字很难有具体的概念，但如果换算成每基金单位投资收益 0.84 元，基民看起来就十分直观了。

把基金收益换算为每基金单位收益，除了能方便地判断基金的盈利情况变化，还可以在不同的基金品种间做横向比较。例如，某基金上年度盈利为 9 680 万元，看起来不如上边例子的 16 800 万元，但如果这只基金只有 1 亿基金单位，那每单位就有 0.968 元的收益。如果这两只基金每单位净值大致相同，则二者盈利能力高低马上就能分辨出来了。

8.4.4 基金经理的态度

利用基金经理对过去一段时间内的投资策略和业绩表现的说明，一般投资者可以看出基金经理是否真的对投资者负责。

基金是投资者委托基金经理进行投资的理财品种，所以基金经理的操作直接决定了投资者的收益。如果基金经理的态度有问题，基民就应该认真考虑是不是可以放心地把资金交给他管理。

例如，在 2015 年后半年大盘暴跌行情中，所有股票型基金和偏股型的混合型基金均出现了大幅亏损，这是不可避免的。但是同样面对亏损，不同的基金经理的表现也不相同。一些负责的基金经理能够抱着对投资者负责的态度，在年报中认真总结过去一年的运作失误，从中吸取教训，这样的基金经理可以原谅。但也有少数基金经理总是拿金融危机说事，赔钱了还强调自己的决策是正确的，这样的基金经理就不可原谅了。

8.4.5 后市行情展望

基金经理在基金年报中会对宏观经济、证券市场和各行业走势做出展望。基民可以从中看到基金经理对于经济和股市的判断，了解基金经理在未来一年的投资思路。

在相同的投资环境下，不同的基金经理从不同的角度出发，对行情做出判断，虽然他们看问题的方法都有道理，但对后市的判断可能出现分歧。有的基金经理看涨，有的基金经理看跌；有的基金经理看好大盘蓝筹股；有的基金经理看好小盘成长股。投资者可以在众多基金经理中找到适合自己的基金经理，然后把资金交给他，让他帮你去打理。

有的基民可能对宏观经济理解得不多，自己没有明确的看法。这样的基民可以翻阅基金过去几年的报告，看看基金经理在过去几年里有几次推算对了行情，看准了强势板块。用这样的方法，没有什么专业知识的基民也能轻易判断出基金经理的能力，最后决定把自己的钱交给哪位基金经理。

8.4.6 关联方交易

关联方主要包括基金公司股东、股东关联企业和基金公司员工等。这些关联方买卖基金的情况，都会被基金公司以公告形式发布。

与一般投资者相比，关联方可以获得更多的内幕消息，从而有针对性地选择基金公司内的龙头基金品种投资。在出现风险时，关联方还能先知先觉，提前赎回基金。一般投资者如果关注基金公司关联方的交易信息，捕捉到关联方的操作思路，就可以跟随它们操作，弥补自己在消息方面的不足。

例如，基金公司为了培养自己的金牌产品，会将最好的基金经理、最优秀的调研团队重点配置在少数基金上。这些被"优待"的基金就是基金公司的龙头品种，一般投资者无法知道，但基金公司的关联方却了解这些信息。关联方选择买入的基金品种都有出众的实力。只要关注基金关联方交易情况，就可以知道哪只基金是真正的龙头基金，从而更有针对性地买入。

8.5 利用基金公告挑选母基金的技巧

基金公告是基金管理公司在特定时间向所有投资者揭示的各种重要信息。对于基金来说，基金公告是获得基金相关信息最重要的途径。基中公告包括上市公告书、定期公告、临时公告、澄清公告，如图8.16所示。

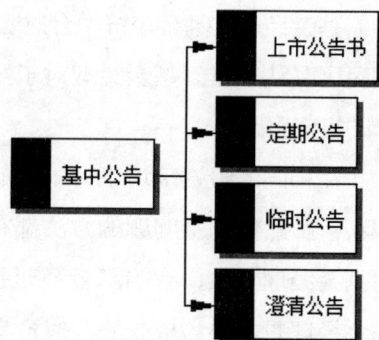

● 图 8.16　基中公告

8.5.1　上市公告书

封闭式基金一旦获准在证券交易所上市交易，基金管理公司和托管银行就会一同编制一份上市公告书，并且在基金上市前的两个工作日内将这份上市公告刊登在证券会指定的全国性报纸上。

基金公司发布上市公告书的目的，是为了投资者在二级市场上买卖基金时能及时了解更多信息，更好地做出投资决策。

上市公告书包括各种能对二级市场投资者产生重大影响的信息，其中包括基金简称、交易代码、基金份额总额、基金份额净值、上市交易的基金份额、

上市交易的证券交易所、开始上市交易的日期、基金管理人、基金托管人、
上市推荐人等。

8.5.2　定期公告

基金定期公告是基金公司在每年的固定时间段内向投资者披露的基金过
去一段时间的经营成果。基金的定期公告包括两大类，一类是披露综合信息
的年报、年中报、季报；另一类是披露特定信息的投资组合公告和资产净值
公告。

（1）年报

根据规定，基金管理人要在每年结束后的 90 个工作日内发布上年年报。
因此每年 3 ～ 4 月都是基金年报的集中发布期。

基金年度报告是基金公司对过去一年基金运作的回顾和总结，从整体上
反映基金一年中的操作策略及经营业绩情况。投资者通过年报可以了解基金
在过去一年中的运作情况，并对基金未来的操作策略做出判断。

（2）年中报

根据规定，基金管理人要在每年上半年结束后的 60 个工作日内发布年中
报。因此每年 8 月都是基金年中报的集中发布期。

年中报是基金公司对上半年基金运作的回顾和总结，其内容、用途与基
金年报类似。

（3）季报

基金公司会在每个季度结束后的 15 个工作日内发布季报，公告时间都集
中在每年 1 月、4 月、7 月、10 月的中上旬。

在季度报告中，基金公司公告的内容少于年报和半年报，只是对基金在
3 个月内的运作状况进行简要汇报。

（4）投资组合公告

多数基金的投资组合公告会每隔 3 个月与基金季报一起发布。注意 ETF
基金会每天公布投资组合。

基金公司定期公布的投资组合可以使投资者清楚地了解基金资产投向，
方便分析基金的投资风格的变化。

（5）资产净值公告

基金总资产净值每月至少公告一次，单位基金资产净值会定期公告。

封闭式基金会在每周六公布前一日单位基金资产净值；开放式基金的基金资产净值会每日公告；ETF 和 LOF 基金会有交易时间内实时公布单位基金资产净值。

基金资产净值公告是基金管理公司对基金总资产净值和每单位基金资产净值做出的披露，投资者可以通过基金资产净值了解基金的含金量。

开放式基金以单位基金资产净值作为场外交易申购、赎回价格；封闭式基金、ETF、LOF 在二级市场交易时的交易价格都于单位基金资产净值有很大关系。

8.5.3　临时公告

基金公司应当在重大事件发生的 2 日内编制并披露临时报告。

当基金公司出现重大事件时，为了使投资者能够及时调整投资策略，基金公司应该及时发布临时报告，对重大事件的相关信息进行披露。

国内的基金信息披露法规对事件的"重大性"采取比较灵活的界定标准。所以"影响投资者决策"或者"影响证券市场价格"的事件均是基金公司应该披露的重大事件。

如果某条消息可能对基金份额持有人权益或者基金份额的价格产生重大影响，那么这条消息就是重大消息，消息中描述的事件也就是重大事件。这些重大事件具体如下：

（1）基金管理公司召开基金持有人大会；

（2）基金管理公司提前终止基金合同；

（3）基金管理公司延长基金合同期限；

（4）基金管理公司转换基金运作方式；

（5）基金管理公司或托管银行出现变动；

（6）基金管理公司的董事长、总经理及其他高级管理人员、基金经理和基金托管人的基金托管部门负责人出现变动；

（7）涉及基金管理人、基金财产、基金托管业务的诉讼；

（8）基金份额净值计价错误达基金份额净值的 0.5%。

8.5.4　澄清公告

基金市场上经常会出现各种谣言、猜测，这类消息有的在基民之间流传，有的还会被公共媒体传播。一旦这些小道消息可能影响到投资者的决策时，基金管理公司就会立即发布澄清公告给予澄清。

澄清公告中应该包括各种谣言、猜测的内容，这些内容是否属实及其可能对市场造成的影响等内容。

8.6　利用绩效指标挑选母基金的技巧

从上百只基金中挑选出适合自己的基金，是一个相当不容易的事，除了前面讲解的方法外，投资者还需要掌握一些基金绩效指标，利用这些指标，投资者可以更清楚地解读基金的年报、年中报、季报等相关信息。常用的绩效指标如图 8.17 所示。

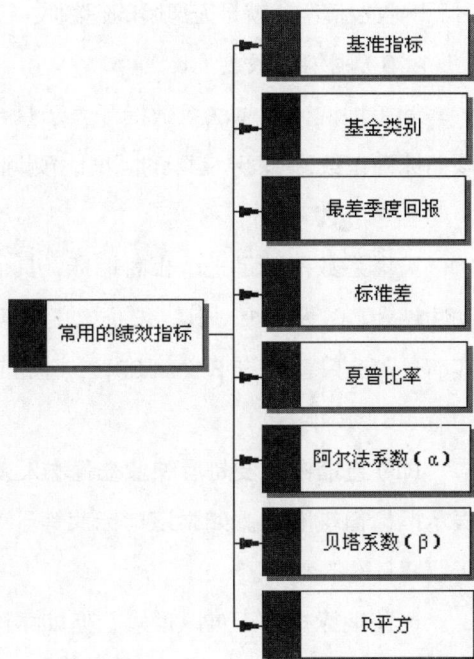

● 图 8.17　常用的绩效指标

（1）基准指标

每只基金都有自己的业绩比较标准。该指标大于零时，表示基金战胜了自己的参照物，其值越大，能力越强。

（2）基金类别

每只基金不能仅与自己的参照物进行比较，还要与同类基金进行横向比较。所以这个数据告诉投资者，基金在某段时间表现高于或低于同类基金的平均回报。

（3）最差季度回报

最差季度回报指标实际上是告诉我们，基金的下行风险有多大，在历史上它表现最差时曾经到过什么地步。

（4）标准差

标准差反映了基金总回报率的波动幅度，数据越大，表示波动越剧烈。例如，"嘉实增长"这只基金的该指标就显示了其平稳的特点，即其净值很少出现"过山车"行情。

（5）夏普比率

如果你打算长期持有基金，自然回报率越高越好，标准差越小越好。夏普比率从某种意义上来说就是把这两项指标揉合在了一起，所以该指标相当重要并且实用。

夏普指标是基金绩效评价中应用最为广泛的一个指标，它代表了调整风险之后的收益情况，就是无风险的超额收益，其数值越大，表明基金的收益越好。

（6）阿尔法系数（α）

简单地说，阿尔法系数指标表示基金绝对回报与预期回报之间的差距。该指标为正数，则表示实际的回报比预期回报高，所以这个指数数值越大越好。

（7）贝塔系数（β）

贝塔系数指标是一个相对指标，其值越大，则基金相对于业绩基准的波动性越大。β大于1，则基金的波动性大于业绩评价基准的波动性。例如，"嘉实增长"这只基金的β为1.20，则基准市场上涨10%，基金就上涨12%。

（8）R平方

R平方指标主要是反映业绩基准的变动对基金表现的影响，其值越大，表示指标值越准确。如果该指标值等于100，那么基金回报的变动完全归功于业绩基准的变动。

这些指标相对于难以理解，但如果深入认识后，这些指标将有助于我们科学地衡量基金投资的收益和风险，从而更加理性地找到适合自己的基金理财品种。

第 9 章

分级基金母基金的
分析技巧

分级基金 A 份额、B 份额的收益，特别是 B 份额的收益，主要是由分级基金母基金来决定的。如何才能提高分级基金母基金的收益呢？除了挑选好的分级基金母基金外，还要重视大盘的走势，因为当大盘走牛时，几乎所有的基金，都会有不错的收益；当大盘走熊时，几乎所有的基金，都会出现亏损。本章讲解分级基金母基金的分析技巧。

本章主要内容包括：

➤ 为什么投资分级基金母基金要看大盘指数

➤ K 线及应用技巧

➤ 均线及应用技巧

➤ 成交量及应用技巧

➤ KDJ 指标及应用技巧

➤ MACD 指标及应用技巧

➤ 看大盘走势做基金的注意事项

➤ 基本面分析包括的因素

➤ 把握经济周期

➤ 财务数据分析的注意事项

9.1 分析大盘走势投资分级基金母基金

投资者选中一个基金经理就等于已经选好了自己要购买的分级基金母基金。这时投资者要做的就是寻找一个合适的时机买入母基金。虽然基金是长期投资品种，短期的市场波动并不会影响长期趋势的变化。但是对于小额投资的基民来说，如果能够选择一个市场低点入场，不仅可以减少很大一部分投资成本，而且还可以让自己免受短线套牢的心理煎熬。

回顾近年来证券市场的行情变化，你会发现，在牛市行情中，无论是持有股票或是基金，大多数人都会盈利；相反，在熊市行情中，无论是持有股票或是基金，大多数人都会亏损。

9.1.1 为什么投资分级基金母基金要看大盘指数

大盘指数是宏观经济的先行指标，即它总是领先于经济趋势的发展。当经济回暖时，投资前景看好，大盘指数早已经先抬头上行；当经济发展速度有所减缓，大盘指数已开始下跌，所以大盘指数是金融市场行情的风向标。

虽然基金投资是将自己的资金交给基金公司代为操作，但是历史经验告诉我们，大多数基金都是在牛市行情中盈利，而在熊市行情中避免不了亏损，即面对系统性风险基金经理也无能为力，所以基金投资和赎回还是在一定程度上是看我们自己的把握。

职业股票操盘手通常观察大盘指数来买卖股票，即大盘是他们操盘的重要依据，这因为大盘是森林，而股票是一棵树。

同样，操作基金也可以将大盘走势作为重要参考。我国境内投资者主要是参与 A 市场交易，所以 A 市场指数对金部金融市场的投资都有重要指导意义。A 股指数主要是"上证指数"和"深证成指"。

查看 A 股指数。打开同花顺软件，选择菜单栏中的"报价 / 上证指数"

命令，就可以看上证指数的报价信息，即代码、名称、现价、涨跌、总手、现手、开盘、最高、最低等信息，如图 9.1 所示。

• 图 9.1　上证指数的报价信息

双击报价信息中的"上证指数"，即可看到其日 K 线图走势，如图 9.2 所示。

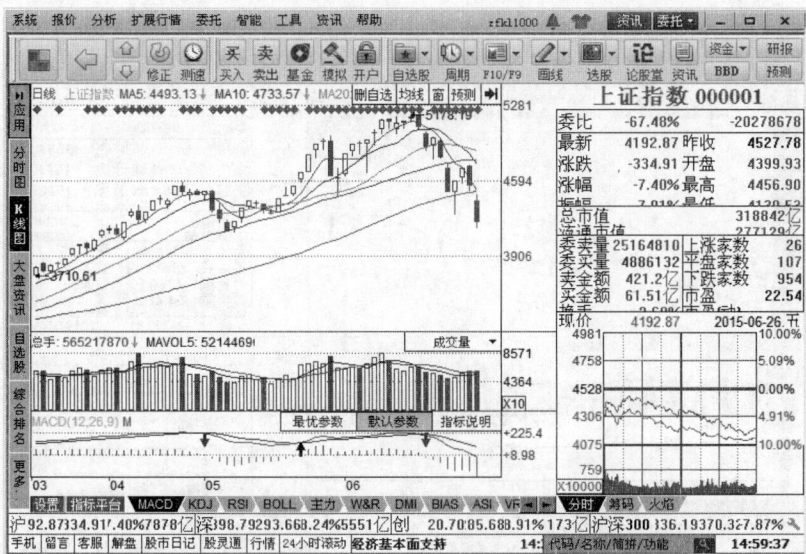

• 图 9.2　上证指数的日 K 线图

打开同花顺软件，选择菜单栏中的"报价 / 深证指数"命令，就可以看深证指数的报价信息，即代码、名称、现价、涨跌、总手、现手、开盘、最高、最低等信息，如图 9.3 所示。

●图 9.3　深证成指的报价信息

双击报价信息中的"深证成指"，即可看到其日 K 线图走势，如图 9.4 所示。

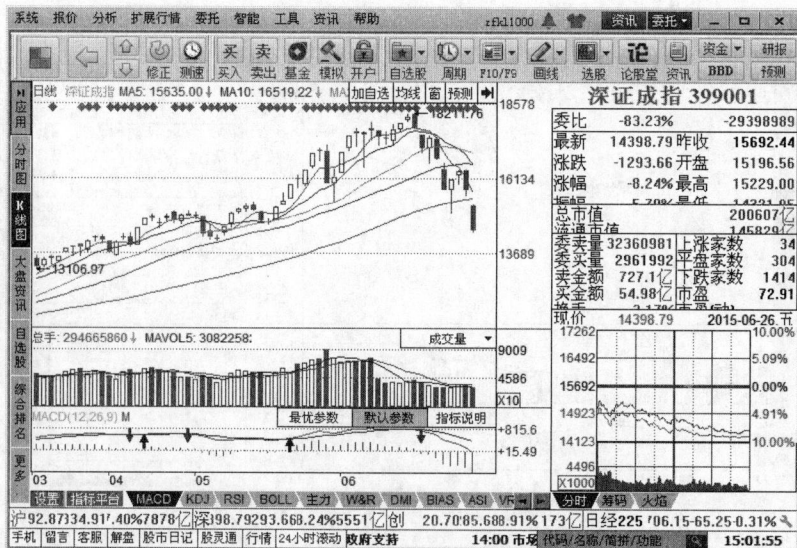

●图 9.4　深证成指的日 K 线图

9.1.2　K 线及应用技巧

　　K 线是用来记录交易市场行情价格的，因其形状如同两端有蕊芯的蜡烛，故在西方称为蜡烛图。蜡烛图源于日本，最早应用于大米市场，后来被引用到股票市场，效果明显，这样就逐渐流行起来。

> 提醒：中国人习惯称 K 线为阴阳线。

1. K 线的组成

　　画 K 线图需要四个数据，分别是开盘价、收盘价、最低价和最高价。K 线图是一条柱状的线条，由实体和影线组成。在实体上方的影线叫上影线；在实体下方的影线叫下影线。实体分阳线和阴线，当收盘价高于开盘价时，实体部分一般是红色或白色，称为阳线；当收盘价低于开盘价时，实体部分一般是绿色或黑色，称为阴线，如图 9.5 所示。

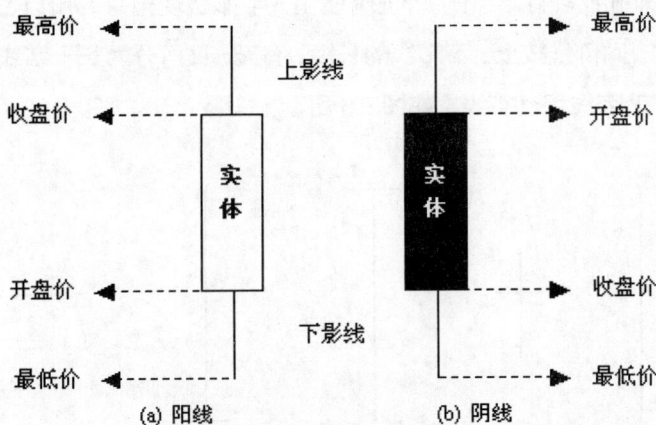

● 图 9.5　K 线图形及意义

　　利用 K 线，投资者可以对变化多端的金融市场行情有一目了然的直接感受。K 线最大的优点是简单易懂，并且运用起来十分灵活；最大的特点在于忽略了价格在变化过程中的各种纷繁复杂的因素，而将其基本特征显示在投资者面前。

2. K 线的分类

　　K 线按形态来分，共有 3 种，分别是阳线、阴线和同价线。

（1）阳线，即收盘价高于开盘价的 K 线，阳线按实体大小可分为大阳线、中阳线和小阳线，如图 9.6 所示。

（2）阴线，即收盘价低于开盘价的 K 线，阴线按实体大小可分为大阴线、中阴线和小阴线，如图 9.7 所示。

●图 9.6　大阳线、中阳线和小阳线　　●图 9.7　大阴线、中阴线和小阴线

（3）同价线是指收盘价等于开盘价，两者处于同一个价位的一种特殊形式的 K 线，同价线常以"十"字形和"T"字形表现出来，所以又称为十字线和 T 字线。同价线按上、下影线的长短、有无，又可分为长十字线、十字线、T 字线、倒 T 字线和一字线，如图 9.8 所示。

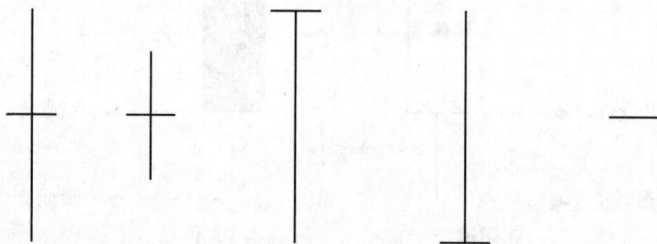

●图 9.8　长十字线、十字线、T 字线、倒 T 字线和一字线

K 线按时间分，可分为日 K 线、周 K 线、月 K 线、年 K 线，以及将一日内交易时间分成若干等分，如 5 分钟 K 线、15 分钟 K 线、30 分钟 K 线、60 分钟 K 线等。

不同的 K 线，有不同的作用，如日 K 线，反映的是价格短期走势；周 K 线、月 K 线、年 K 线反映的是价格中长期走势；5 分钟 K 线、15 分钟 K 线、30 分钟 K 线、60 分钟 K 线反映的是价格超短期走势。

查看上证指数的月 K 线图。在同花顺软件中，单击工具栏中的"周期"按钮，在弹出的菜单中选择"月线"选项，如图 9.9 所示。

• 图 9.9　查看上证指数的月 K 线图

> 提醒：选择分析周期中的不同菜单命令，即可查看不同时间周期的 K 线图。

所有 K 线的绘制方法都相同，即取某一时段的开盘价、收盘价、最高价、最低价进行绘制。如周 K 线，只需找到周一的开盘价、周五的收盘价、一周中的最高价和最低价，就能把经绘制出来。现在电脑软件已相当普及，无须手工绘制各种 K 线图，但投资者最好懂得其原理及绘制方法，这样对研究判断股票走势是很有好处的。

3. K 线的应用

一般来讲，我们可以通过 K 线判断出某一时段内的多（看涨）、空（看跌）情况。无数的 K 线组成了一幅连续的 K 线分析图，但每根 K 线都有其自身的含义，如图 9.10 所示。

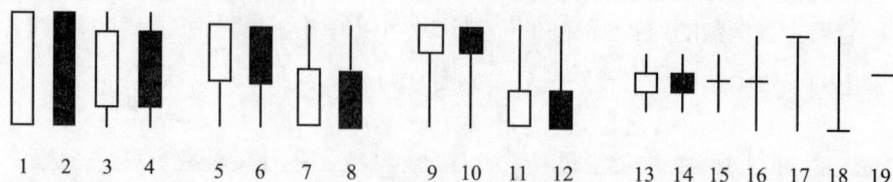

● 图 9.10　K 线

➤ 强势 K 线

强势 K 线，共有 4 种，分别是光头光脚阳线、光头光脚阴线、大阳线和大阴线。注意这些强势 K 线出现在趋势的末端，则很可能盛极而衰。

（1）光头光脚阳线：意味着极端强势上涨，后市看多。

（2）光头光脚阴线：意味着极端强势下跌，后市看空。

（3）大阳线：意味着强势上涨，后市看多。

（4）大阴线：意味着强势下跌，后市看空。

➤ 较强势 K 线

较强势 K 线，共有 4 种，分别是光头阳线、光头阴线、光脚阳线和光脚阴线。注意这些较强势 K 线出现在趋势的末端，则已显示疲软之势。

（5）光头阳线：意味着较强势上涨，影线表示曾一度遭遇空方反击。

（6）光头阴线：意味着较强势下跌，影线表示曾一度遭遇多方反击。

（7）光脚阳线：意味着较强势上涨，影线表示遇到空方反击了。

（8）光脚阴线：意味着较强势下跌，影线表示遇到多方反击了。

> 提醒：这 4 种 K 线都说明对方曾经反击过，尽管尚未成功，但要注意，反击开始了。

➤ 弱强势 K 线

弱强势 K 线从图形上来是 4 种，其实是两种，（9）和（10）是一种，（11）和（12）是一种。如果强强势 K 线出现在趋势的末端，往往有变局的意味。

（9）和（10）如果出现在连续上涨的顶部，则称为上吊线，表示曾遇到剧烈反击，后市有变；如果出现在连续下跌的底部，则称为锤子线，表示曾遇到过剧烈反击，后市有变。

（11）和（12）如果出现在连续上涨的顶部，则称为射击之星或流星线，意味着摸高受阻，后市有变；如果出现在连续下跌的底部，则称为倒锤子线，意味着曾经大涨，后市有变。

➤ 无势 K 线

无势 K 线表示趋势僵持不下，但如果出现在趋势的末端，比前面的大阴阳线，更有变局之意。

（13）、（14）和（15）分别表示小阳线、小阴线、十字星线，当他们出现时，一般不能确定后市运动方向。但在连续上涨后出现，说明涨势停顿，后市有变；在连续下跌后出现，说明跌势停顿，后市有变。

（16）长十字线，又称为长十字星线，其意义与十字星线一样，但疲软的性质和僵持的意义更强烈。

（17）如果出现在连续上涨的顶部，称为风筝钱，这表明曾遇到剧烈反击，后市有变；如果出现在连续下跌的底部，则称为多胜线，这表明曾遇到剧烈反击，后市有变。

（18）如果出现在连续上涨的顶部，称为灵位线，这表明摸高受阻，后市有变；如果出现在连续下跌的底部，则称为空胜线，这表明曾遇到过剧烈反击，后市有变。

（19）一字线，说明开盘价、收盘价、最高价、最低价在同一价位，出现于市场中的涨跌停板处。

总体来说，阳线实体越长，越有利于价格上涨，阴线实体越长，越有利于价格下跌；但连续强势上涨后，谨防盛极而衰；连续强势下跌之后，可能否极泰来。如果影线相对实例来说非常小，则可以忽略不计，即等同于没有；如果影线很长，则说明多、空双方争斗非常剧烈，后市不确定。十字星的出现往往是过渡信号，而不是反转信号，它意味着市场暂时失去了方向感，投资者可以继续观察几个交易日。

9.1.3　均线及应用技巧

在金融投资市场中，对价格趋势进行平滑处理的最有效的办法，就是计算市场价格的移动平均线。移动平均线（MA），又称为均线，是指一定交易时间内的算术平均线。下面以 20 日均线为例来说明一下，将 20 日内的收盘价逐日相加，然后除以 20，就得出 20 日的平均值，再将这些平均值依先后次序连接成一条线，这条线就叫作 20 日移动平均线，其他平均线算法依此类推。

1. 查看和修改均线

默认情况下，上证指数显示的是 5 日、10 日、20 日、30 日、60 日和 120 日均线，如图 9.11 所示。

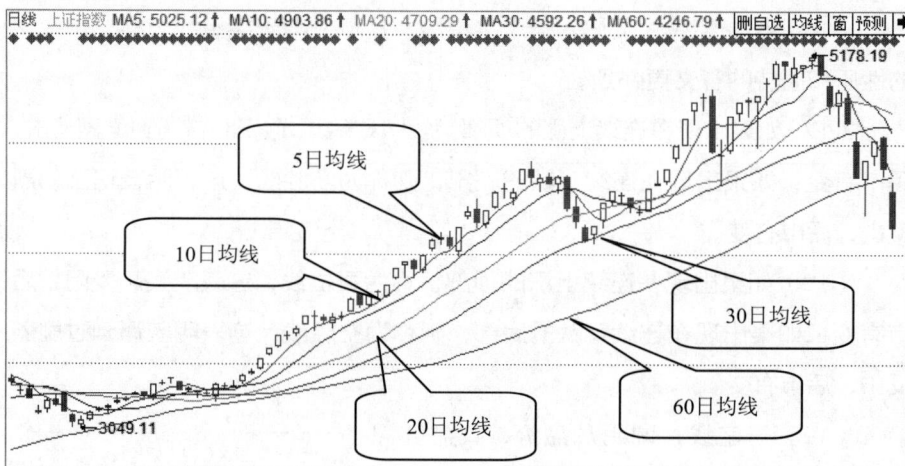

• 图 9.11　查看均线

修改均线。鼠标指向任何一条均线，然后右击，在弹出菜单中选择"修改指标参数"命令，弹出"技术指标参数设置"对话框，如图 9.12 所示。

如果想显示哪条均线，只需直接修改数字就行，修改好后，单击"关闭"按钮即可。

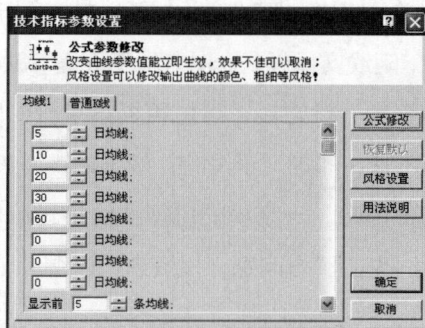

• 图 9.12　指标参数调整对话框

查看均线用法。鼠标指向任何一条均线，然后右击，在弹出菜单中选择"用法说明"命令，弹出"指标使用说明"对话框，如图 9.13 所示。

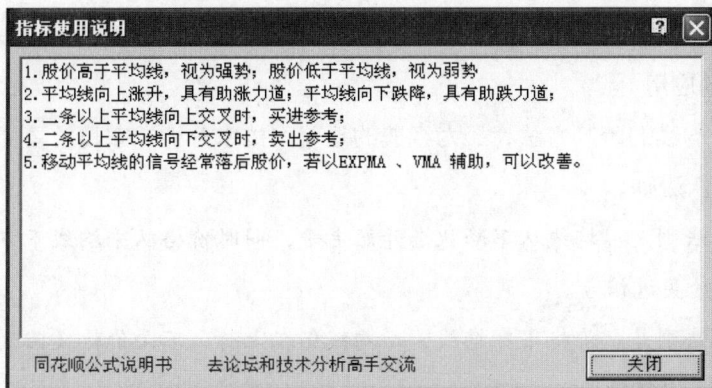

指标使用说明

1. 股价高于平均线，视为强势；股价低于平均线，视为弱势；
2. 平均线向上涨升，具有助涨力道；平均线向下跌降，具有助跌力道；
3. 二条以上平均线向上交叉时，买进参考；
4. 二条以上平均线向下交叉时，卖出参考；
5. 移动平均线的信号经常落后股价，若以 EXPMA 、VMA 辅助，可以改善。

同花顺公式说明书　　去论坛和技术分析高手交流　　　　关闭

• 图 9.13　MA 指标用法对话框

在这里可以看到均线指标的基本用法。

2. 均线的特性

移动平均线可以反映真实的价格变动趋势，即通常所说的上升趋势、下降趋势。借助各种移动平均线的排列关系，可以预测价格的中长期趋势，同时再灵活应用 K 线技术，就可以实现低买高卖，从而获得较高的收益。

在使用移动平均线时，还要注意到平均价格与实际价格在时间上有所超前或滞后，很难利用移动平均线把握价格的最高点和最低点。另外，价格在盘整时期，移动平均线买卖信号过于频繁。

在使用移动平均线分析价格趋势时，要注意以下 5 个特性。

（1）平稳特性：由于移动平均线采用的是"平均"，所以它不会像日 K 线图那样高高低低的震荡，而是起落平稳。

（2）趋势特性：移动平均线反映了价格的变动趋势，所以具有趋势特性。

（3）助涨特性：在多头或空头市场中，移动平均线向一个方向移动，会持续一段时间后才能改变方向，所以在价格的上涨趋势中，移动平均线可以看成多方的防线，具有助涨特性。

（4）助跌特性：与助涨特性相反，在价格的下跌趋势中，移动平均线可以看作空方的防线，具有助跌特性。

（5）安定特性：通常越长期的移动平均线，越能表现安定特性，即价格必须涨势真正明确后，移动平均线才会往上走；价格下落之初，移动平均线还是向上走的，只有价格下落显著时，移动平均线才会向下走。

3. 均线的应用

对于均线的研判方法，最为经典的是美国技术分析专家葛兰碧提出来的均线买卖八法则。

第一法则是：均线从下降状态开始走平，同时价格从平均线下方突破平均线时，为买进信号。

第二法则是：价格下穿均线，而均线仍在上行，不久价格又回到均线之上时，为买进信号。

第三法则是：价格原在均线之上，价格突然下跌，但未跌破均线又上升时，为买进信号。

第四法则是：价格原在均线之下，价格突然暴跌，从而远离均线，物极必反，是买进时机。

第五法则是：均线从上升状态开始走平，同时价格从均线上方向下跌跌均线时，为卖出信号。

第六法则是：价格上穿均线，而均线及在下行，不久价格又回到均线之下时，为卖出信号。

第七法则是：价格原在均线之下，现价格突然上涨，但未涨到均线处又开始下跌时，为卖出信号。

第八法则是：价格原在均线之上，现突然暴涨而远离均线时，物极必反，是卖出信号。

9.1.4 成交量及应用技巧

成交量是市场人气的温度计，显示着市场中有多少人怀着跳动的心在寻找着买家和卖家。所以对于价量关系，投资者一定要高度关注，特别是价格大幅上涨后，出现成交量急剧放大，说明行情快到头了，是一个危险信号。

成交量就是在一定交易时间内买卖双方所成交的量，其计算单位为股和手，1手=100股。成交量指标（VOL）将单位时间内总成交量用条形实体地直观地表示出来，如图9.14所示。

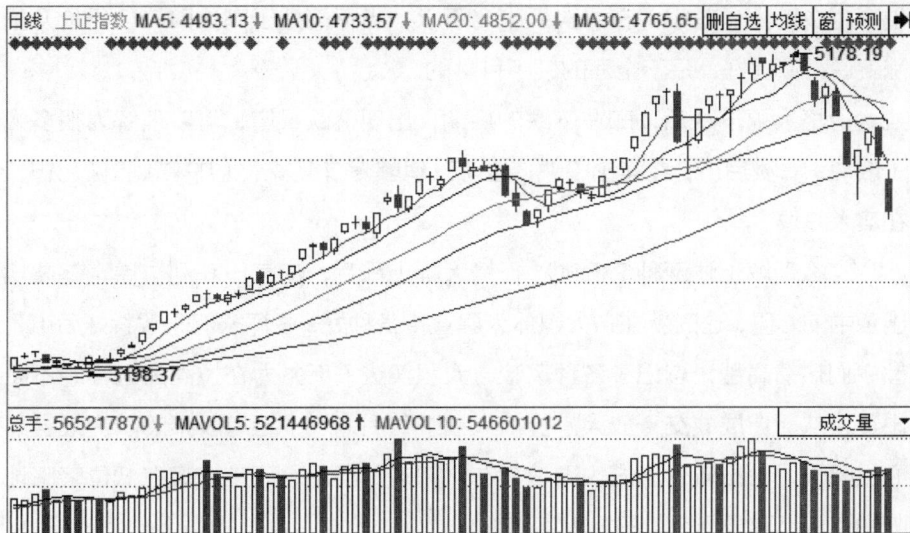

• 图 9.14　成交量

金融市场的涨跌，说到底是市场供求关系变化所造成的。当市场的筹码供大于求时，价格就会以下跌形式来求得多空双方的平衡；反之，当市场的筹码供小于求时，价格就以上涨形式使多空双方力量逐渐趋向一致。

目前最能反映市场供求关系的就是成交量。一般来说，在价格处于低位时，成交量增加，就会供小于求，引起价格上涨；在价格处于高位时，成交量减少，就会供大于求，引起价格下跌。

利用成交量还可以观察多空双方换手是否积极，从而预测行情将向什么方向发展。成交量放大，说明多空双方换手的量在增加，这样行情就会出现较大的起伏，或上涨或下跌。成交量缩小或持平，这样行情波动就会趋缓，甚至处于不上不下的胶着状态。

关于成交量，市场中较为普遍的认知是：当价格上涨时，成交量放大被看作收集的力量；当价格下跌时，成交量被看作派发的力量。所以，很多投资者看到股票放量上攻，就认为是好事，即后续看涨；而看到股票放量杀跌，就认为是坏事，即后续看淡。事实上，上述观点是片面的，下面具体分析一下。

行情大幅上涨后，即在行情的后期，出现价涨量增，可以理解为市场人气旺盛，有很多人（散户）看好后市；也可以理解为市场做空的力量在增强，越来越多的人（庄家）在看淡后市。所以，当行情处于高位时，仅凭价升量涨就说行情向好，是不全面的，不科学的。

价格大幅下跌后，即在下跌的后期，出现价跌量增，可以理解为很多人（散户）看淡后市，在卖出投票；也可以理解为有很多人（庄家）看涨后市，在买入股票。

怎么理解上述两种情况呢？行情大幅上涨后，庄家已获利丰厚，就要卖出手中的筹码，这时就在各大媒体大肆宣传各种好，股评家们一致看好后市，散户们热情高涨，忘记了各种风险，大胆买进，而主力在拉高的过程中不断出货，从而造成成交量放大。价格大幅下跌后，手中还有股票的散户最容易心生恐惧，纷纷斩仓出逃，即散户在"割肉"卖出，而庄家又在低位暗暗地吸纳，从而造成成交量的放大。

总之，投资者要全面、科学地认识成交量。成交量的放大和缩小，在不同的阶段、不同的指数位置、不同的 K 线组合情况下，其实战意义都有着不同的解释，投资者不要死板地按照条条框框去生搬硬套，而应根据量能异动的背景和环境，多站在庄家的立场上去揣摩，去思考，去斗智斗勇。

9.1.5　KDJ 指标及应用技巧

随机指标 KDJ 是由乔治·蓝恩博士（George Lane）最早提出的，是一种相当新颖、实用的技术分析指标，最早应用在期货投资方面，功能颇为显著，后来广泛应用于市场的中短期趋势分析中，是最常用的技术分析指标之一。KDJ 指标如图 9.15 所示。

KDJ 指标由 3 根曲线组成，移动速度最快的是 J 线，其次是 K 线，最慢的是 D 线，它们的变化范围都在 0 ~ 100。其实 J 的取值可以大于 100，也可以小于 0，但为了便于图形的绘制，当 J 大于 100 时，仍按 100 绘制；当 J 值小于 0 时，仍按 0 绘制，所以在 KDJ 指标图形中可以看到 J 值在 0 或 100 处呈"直线"状。

随机指标 KDJ 的使用要领具体如下：

（1）D 值向上趋近 80 或超过 80 时，说明买盘力量大，进入超买区，市场可能下跌。

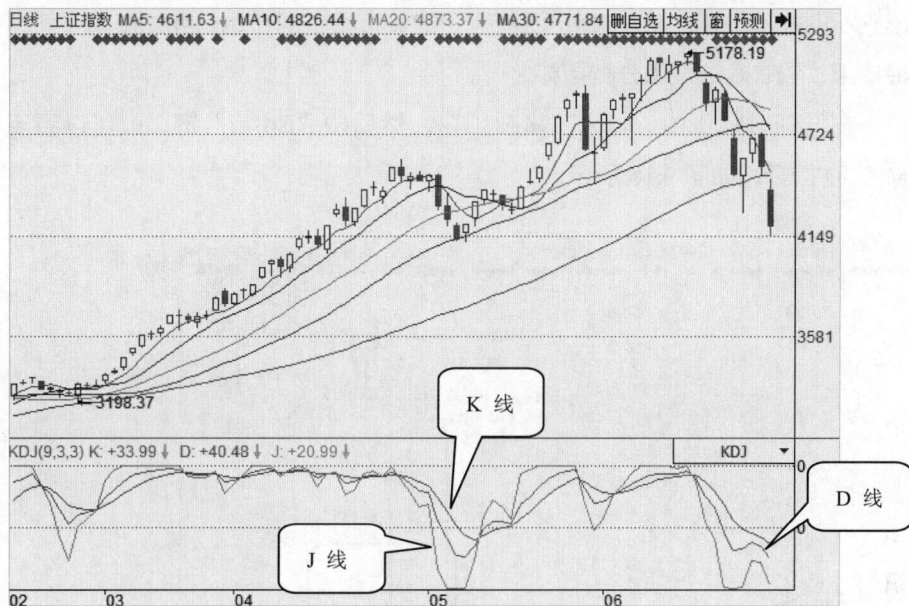

• 图 9.15　KDJ 指标

（2）D 值向下趋近 20 或跌破 20 时，说明卖方力量很强，进入超卖区，市场的反弹性增强。

（3）J 值＞ 100% 超买，J 值＜ 10% 超卖。

（4）当 K 线与 D 线交叉时，如果 K ＞ D，说明市场上涨，K 线从下方突破 D 线，行情上涨，可适当买进。

（5）如果 K ＜ D，K 线从上向下跌破 D 线，行情转跌，可适当卖出。

（6）如果 KD 线交叉突破反复在 50 左右震荡，说明行情正在整理，此时要结合 J 值，观察 KD 偏离的动态，再决定投资行为。

> 提醒：如果价格层层拔高而 KD 线层层降低，或完全相反，这种情况称为 " 价线背离 "，预示着市场行情要转向，进入一个多头或空头区位，投资者要及时变换投资行为。价格变动过快时，不适用该指标。

9.1.6　MACD 指标及应用技巧

　　MACD 是指数平滑异同移动平均线的英文缩写。该指标是利用快速移动平均线与慢速移动平均线之间的聚合与分离状况，对买进、卖出股票时机做出判断的技术指标。MACD 广泛流行于欧美市场，现在也是我国市场中使用最广泛、较有效的技术分析指标之一。

在同花顺软件中，输入"MACD"，然后按"Enter"键，就可以看到 MACD 指标，如图 9.16 所示。

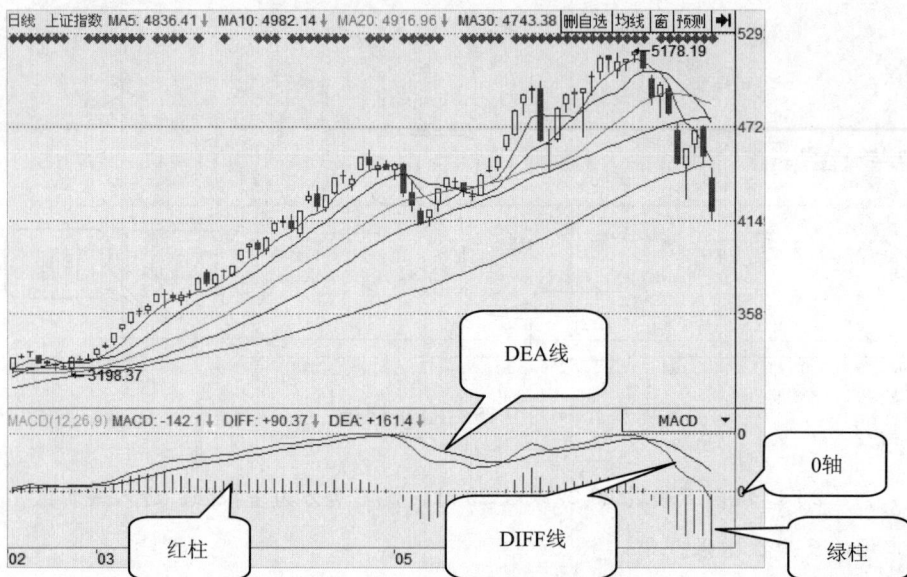

● 图 9.16　MACD 指标

MACD 技术指标图形是由 DIFF 线、DEA 线和柱状线组成，其中 DIFF 线是核心，DEA 线是辅助。DIFF 线是快速移动平均线（12 日移动平均线）和慢速移动平均线（26 日移动平均线）的差，而 DEA 是 DIFF 线的算术平均值。柱状线的值是 DIFF 与 DEA 的差值，即若 DIFF 线在 DEA 线上方，则差值为正，柱状线在 0 轴上方，显示为红柱；若 DIFF 线在 DEA 线下方，则差值为负，柱状线在 0 轴下方，显示为绿柱。

如果 DIFF 线和 DEA 线运行在 0 轴下方，表示现在的市场是空头市场；如果 DIFF 线和 DEA 线运行在 0 轴上方，表示现在的市场是多头市场。

DIFF 线由下向上穿过 DEA 线时产生的叉点，称为黄金交叉，是买入信号；DIFF 线由上向下穿过 DEA 线时产生的叉点，称为死亡交叉，是卖出信号。

0 轴上方的柱状线为做多信号，当其增多拉长时，说明多方气势旺盛，多方行情将继续；当其减少缩短时，表示多方气势在衰减，价格随时都可能下跌。0 轴下方的柱状线为做空信号，当其增多拉长时，说明空方气势旺盛，空方行情将继续；当其减少缩短时，表示空方气势在衰减，价格随时都可能止跌或见底回升，如图 9.17 所示。

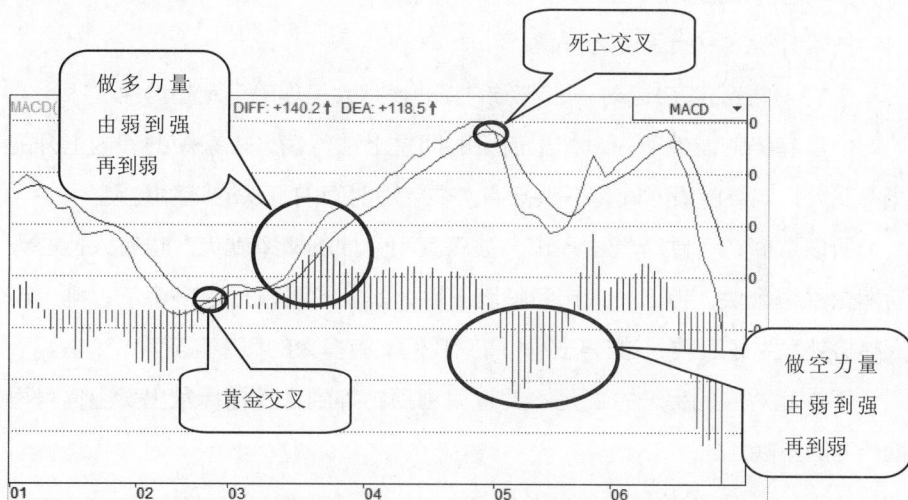

● 图 9.17　黄金交叉、死亡交叉及做多做空力量变化

9.1.7　看大盘走势做基金的注意事项

看大盘指数走势对于指导基金的中长期操作有很好的效果，其本质原因就是基金是适合中长期投资的金融品种。

（1）不抄底，不逃顶

抄底是指因市场的长时间暴跌已经呈现出一定的投资价值，但下跌的总体趋势并没有结束，投资者过早入市的行为。

投资市场中有句俗话："牛市不言顶，熊市不言底"，用这句话来形容我国的金融市场再合适不过了。由于我国 A 股市场缺乏做空机制，这使主力坐庄控盘的方向趋向一致，导致金融市场超预期的暴涨暴跌。

例如，在上升行情中，几乎所有主力都希望能够抬高价格，拉升大盘指数以使原持有股票获利；在下跌行情中，主力又急于出货，致使大盘指数无阻力地下跌。

大部分投资者都存在性格上的弱点，当看到大盘在狂拉时，不敢追高，总是希望大盘跌下来。但当大盘真的跌下来后，我们又踏上了下跌的大势。所以在操作上，我们一定不要在各项指标发出买入信号之前入市，要顺应市场的变化趋势来投资。

技术分析的三大假设之一是：

（1）价格沿趋势运动，即市场的变动通常会呈现出一定趋势性

由于趋势的惯性所在，如果前段时间是上涨行情，未来短时间内上升的概率就大；如果前段时间是下跌行情，未来短时间内下跌的概率就大。

所以选择在下跌行情中入市，被深套和亏损的概率就大。也有人担心大盘指数涨得太快，自己一入市行情就下跌，其实这种顾虑是多余的。刚入市大趋势就发生了反转，这种巧合的情况我们又有多大的概率碰到呢？

不抄底对应的另一方面是不要过早逃顶，等到各项指标发出卖出信号再操作为时不晚。

（2）不要被价格的日常波动困扰

基金价格的波动取决于基金的收益和亏损情况，而收益和亏损是我们所托付的基金公司和基金经理的事，我们要做的只是把握好合适的买入和赎回时机。

大部分的基金收益都是建立在投资市场的牛市行情之上，所以只要我们把握准了大盘趋势，想在基金上盈利是没有问题的。

有时候我们的基金收益可能相对其他基金高些；有些时候可能因为基金经理战略上调整，导致基金收益降低，甚至出现短暂的亏损。时刻关注基金的变动情况是一件意义不太大的事，它只会影响我们的心态，误导我们进行错误的操作。

既然我们已经选择了值得依靠的基金公司，就应该对其充分地信任，没有必要去刻意拿自己基金与其他基金短期收益情况进行比较。看大盘指数操作基金的最好办法是遵守投资纪律，放弃主观臆断，严格按照制订好的计划进行客观的投资。

9.2 基本面分析技巧

基金投资与股票投资有很多相似的地方，通常从两个方面来考虑，一种是技术分析方法，即 K 线、均线、技术指标等；另一种是基本面分析技术。

基本面分析不是以历史的图表和数据进行趋势的预测，而是根据影响基金价格变动的根本原因，如公司财务状况、市场消息面、宏观政策等进行分析，从而判断未来中长期市场价格的总体发展方向。

因此，基本面分析的优点是：围绕价值进行投资，动机比较合理，中长期趋势能够较准备地把握。

基本面分析的缺点是：周期较长，不能立竿见影，即使判断正确，在市场上未必不会被套，未必能够快速获利。

9.2.1 基本面分析包括的因素

基金的基本面分析主要是根据影响基金价格变动的内在因素，判断基金的投资前景和价格趋势，它主要包括 5 个方面，如图 9.18 所示。

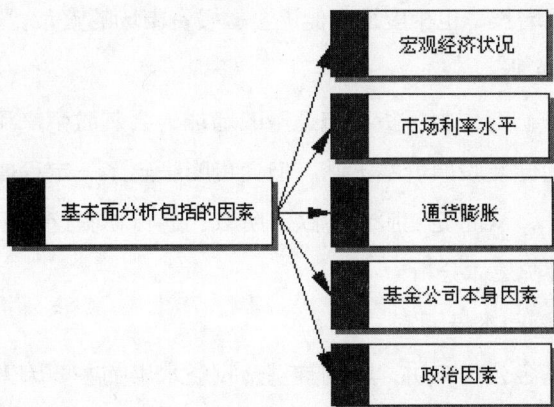

• 图 9.18 基本面分析包括的因素

（1）宏观经济状况

基金由于是一种中长期投资品种，宏观经济状况的分析是基本面分析的最重要内容。从长期和根本上来看，证券市场的走势和变化是由一国经济发展水平和经济景气状况所决定的，证券市场的波动在很大程度上反映了宏观经济状况的变化。从西方成熟国家证券市场历史走势来看，证券市场的变化趋势大体上与经济周期相吻合。

经济不景气时，企业收入减少，利润下降，就会导致证券市场的价格不断下跌；而在经济繁荣时期，企业经营状况好，盈利多，则证券市场的价格也会不断上涨。

要注意，证券市场的走势与经济周期在时间上并不是完全一致的，通常证券市场的变化要领先于经济的变化。因此，证券市场的价格走势是宏观经济的晴雨表。分析宏观经济变化有助于基金投资把握好投资时机。

（2）市场利率水平

在影响基金投资市场走势的诸多因素中，利率是一个比较敏感的因素。一般情况下，利率上升，存款吸引力增长，金融市场一部分资金会转移到银行，从而减少了证券市场的资金量，对证券市场走势会造成一定影响。

同时，由于利率上升，各类企业贷款经营成本增加，利润减少，也相应地会使股票价格有所下跌，导致整个金融投资市场低迷。

反之，如果利率降低，投资者出于保值增值的内在需求，会有更多人愿意把钱投向证券市场，从而刺激价格上涨。同时，由于利率降低，企业经营成本降低，利润增长，也相应地会促进金融投资市场的繁荣。

（3）通货膨胀

在通货膨胀初期，由于货币流通量的增加，会刺激生产和消费，增加企业的盈利，从而促使股票价格上涨。但通货膨胀到了一定程度，必将会推动市场利率的上升，从而促使股价下跌。所以，通货膨胀这一因素对证券市场的走势要具体情况具体分析。

（4）基金公司本身因素

对于具体基金公司来讲，影响其基金收益水平的主要因素在于公司本身的内在素质，包括财务状况、经营情况的好坏、管理能力和分析团队的水平，以及资金投向、发展潜力等一系列因素。

（5）政治因素

政治因素是指能够对证券市场产生直接或间接影响的政治方面的因素，如国际政治形势、政治事件、国家之间的关系、重要的政治领导人的变换等，这些都会对证券投资市场产生巨大的、突发性的影响。

这些事件的发生，会影响到社会安定，进而影响投资者的心理状态和投资行为，引起股票市场的涨跌变化。

9.2.2 把握经济周期

经济周期是指总体经济活动的扩张和收缩交替反复出现的过程。证券市场波动通常与经济周期紧密相关。宏观经济的诸多因素对证券市场的综合作用，可以通过经济景气的周期运动与证券市场的周期运动之间的关系表现出来。既然价格反映的是对经济形势的预期，因而其表现必定领先于经济的现实表现，除非预期出现偏差，经济形势本身才对股价产生纠错反应。经济周期一般由衰退、萧条、复苏和繁荣四个阶段构成，如图 9.19 所示。

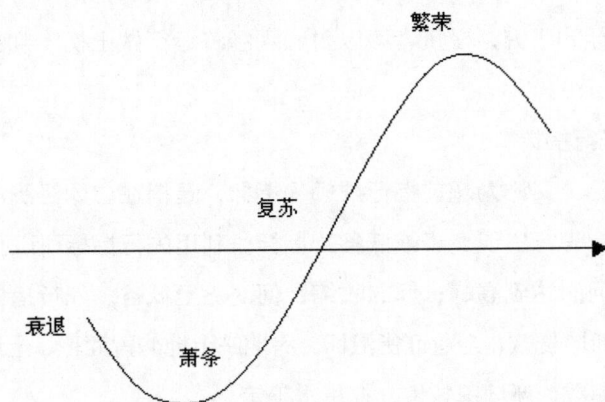

● 图 9.19　经济波动周的四个阶段

当经济持续衰退至尾声，百业不振，投资者已远离证券市场，每日成交稀少。此时，有眼光的、并且不断收集和分析有关经济形势的投资者已默默吸纳股票，价格已缓缓上升。

当各种媒介开始传播萧条已去，经济日渐复苏，价格实际上已经升至一定水平。随着人们普遍认同及投资者自身的境遇不断地改善，证券市场开始活跃，需求不断扩大，价格不断攀升，更有主力借经济形势好转之"利好"进行哄抬价格，普通投资者在利欲和乐观从众心理的驱使下极力"捧场"，价格屡创新高。而那些有识之士在综合分析经济形势的基础上，认为经济将不会再创高潮时，已悄然抛出股票，价格虽然还在上涨，但供需力量逐渐发生转变。

当经济形势逐渐被更多的投资者所认识，供求趋于平衡直至供大于求时，价格便开始下跌。当经济形势发展按照人们的预期走向衰退时，与上述相反的情况便会发生。

上述描述了股价波动与经济周期相互关联的一个总体轮廓，这样投资者就明白，在经济波动周期的不同阶段，应该对证券市场采取不同的操作方法。

如何才能准确把握经济波动周期呢？经各国统计部门和众多经济学家、统计学家对经济数据进行广泛的统计分析表明，一些指标循环运行领先于经济周期，被称为先行指标；也有一些指标循环运行与经济周期同步，被称为同步指标；还有一些指标循环运行领滞后于经济周期，被称为滞后指标。通过对多个指标的研究，投资者可以对宏观经济运行做出初步判断。经济指标如图 9.20 所示。

（1）先行指标

先行指标，又称为超前指标或领先指标，是指在总体经济活动达到高峰或低谷之前，先行出现高峰或低谷的指标。利用先行指标可以预测总体经济何时扩张，何时达到高峰；何时收缩、何时落至低谷。先行指标很多，主要有金融机构新增贷款、企业订货指标、房地产土地购置面积、土地开发面积、采购经理人指数、新订单数量、存货水平等。

（2）同步指标

同步指标，又称为一致指标，是指其达到高峰和低谷的时间与总体经济活动出现高峰和低谷的时间大致相同的指标。同步指标可以描述总体经济的运行轨迹，确定总体经济运行的高峰和低谷位置。同步指标很多，主要有国内生产总值、工业总产值、社会消费品零售总额等。

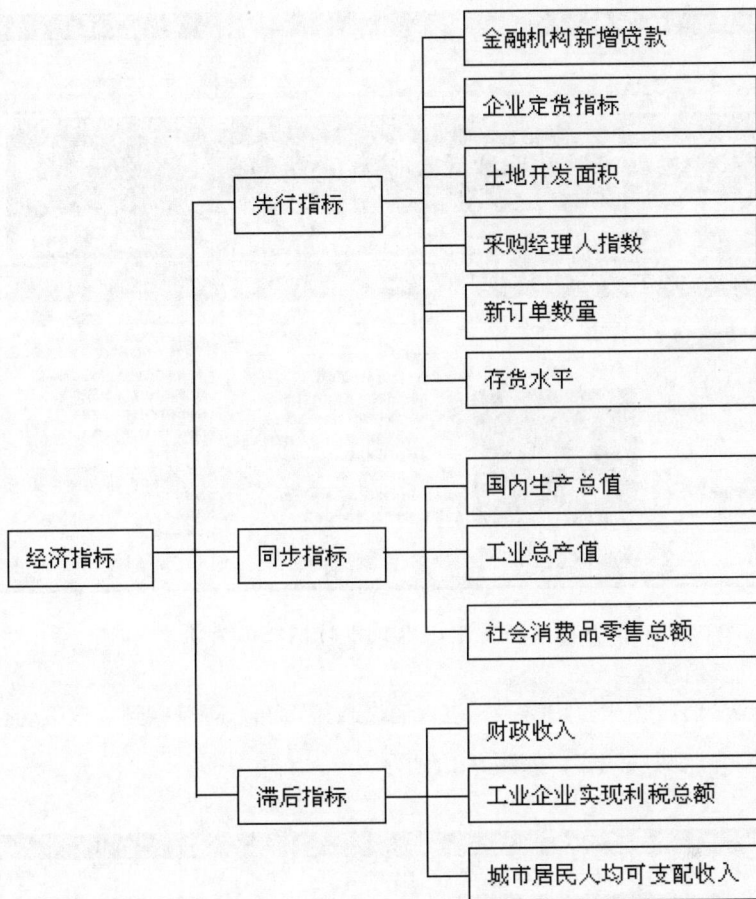

● 图 9.20 经济指标

（3）滞后指标

滞后指标，又称为落后指标，是指其达到高峰和低谷的时间晚于总体经济活动出现高峰和低谷的时间的指标。该指标有助于分析前一经济循环是否已结束，下一循环将如何变化。同步指标很多，主要有财政收入、工业企业实现利税总额、城市居民人均可支配收入等。

（4）查看重要经济指数数据

利用中国人民银行网站可以了解我国的信贷政策、货币政策、利率及金融运行情况等信息。在浏览器的地址栏中输入"http://www.pbc.gov.cn"，然后按"Enter"键，就进入中国人民银行网站的首页，如图 9.21 所示。

•图 9.21　中国人民银行网站的首页

单击"信贷政策"超链接，进入信贷政策页面，可以看到"政策动态"和"业务简介"两项内容，如图 9.22 所示。

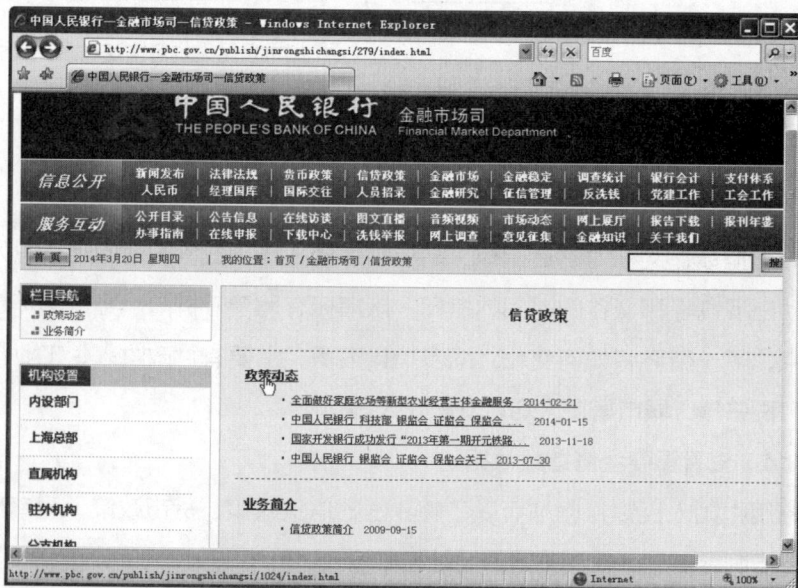

•图 9.22　信贷政策页面

单击"政策动态"超链接，即可看到所有动态信贷政策，如图 9.23 所示。

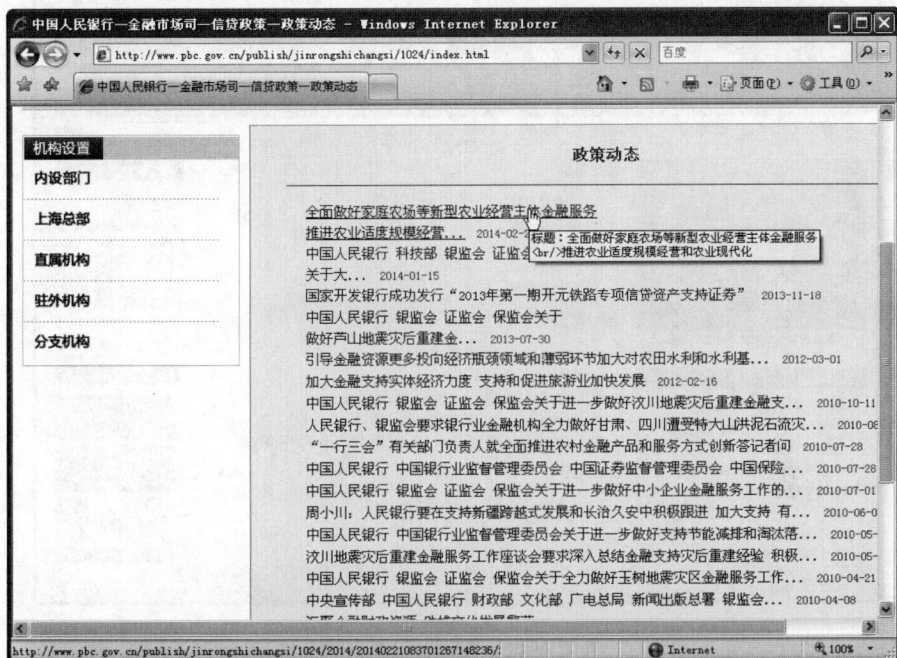

● 图 9.23　所有动态信贷政策

如何要查看具体的某项信贷政策，只需单击其超链接即可。

同理可以查看货币政策和利率信息，方向同上，这里不再赘述。

利用"调查统计"，可以了解最近一个季度的银行家、企业家和全国城镇储户的情况。单击"调查统计"超链接，进入调查统计页面，如图 9.24 所示。

单击"2013 年第 4 季度企业家问卷调查报告"超链接，即可看到宏观经济热度指数和企业家信心指数、企业产品销售价格指数和原材料购进价格指数、出口订单指数和国内订单指数、企业资金周转指数和销货款回笼指数、企业经营景气指数和盈利指数。

> 提醒：由于这个调查报告是 PDF 格式，所以要使用 Acrobat Reader 软件再能打开。

图 9.25 所示为宏观经济热度指数和企业家信心指数。

• 图 9.24 调查统计页面

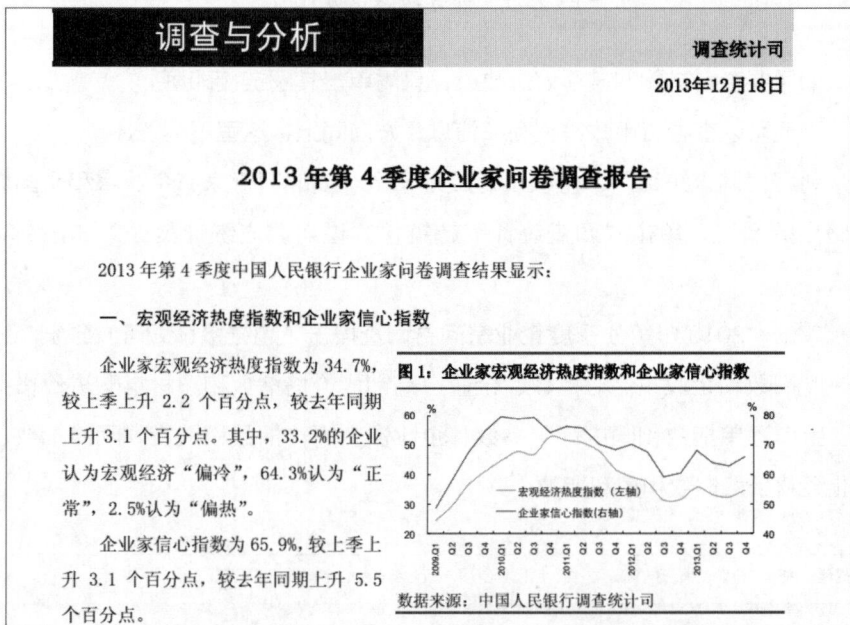

• 图 9.25 宏观经济热度指数和企业家信心指数

图 9.26 所示为企业产品销售价格指数和原材料购进价格指数。

二、企业产品销售价格指数和原材料购进价格指数

企业产品销售价格指数为 46.5%，较较上季上升 2.1 个百分点，较去年同期上升 0.1 个百分点。其中，17.9%的企业认为本季产品销售价格较上季"下降"，71.1%认为"持平"，11%认为"上升"。

原材料购进价格指数为 57.3%，较上季上升 1.5 个百分点，较去年同期下降 3.4 个百分点。其中，23.4%的企业认为

图 2：5000 户企业产品销售价格指数和原材料购进价格指数

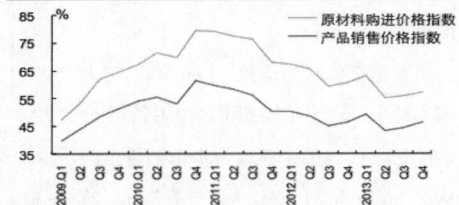

数据来源：中国人民银行调查统计司

● 图 9.26　企业产品销售价格指数和原材料购进价格指数

图 9.27 所示为出口订单指数和国内订单指数。

三、出口订单指数和国内订单指数

企业出口订单指数为 48.7%，较上季下降 1.4 个百分点，较去年同期上升 1.6 个百分点。其中，17.7%的企业认为出口订单较上季"增加"，62%认为"持平"，20.3%认为"减少"。

国内订单指数为 49.4%，较上季上升 1.2 个百分点，较去年同期上升 1.7 个百分点。其中，18.5%的企业认为本季国内订单较上季"增加"，61.8%认为"持平"，19.7%认为"减少"。

图 3：5000 户企业出口订单指数和国内订单指数

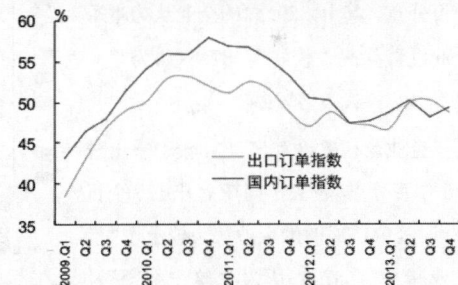

数据来源：中国人民银行调查统计司

● 图 9.27　出口订单指数和国内订单指数

图 9.28 所示为企业资金周转指数和销货款回笼指数。

四、企业资金周转指数和销货款回笼指数

企业资金周转指数为 57.3%，与上季基本持平，较去年同期下降 2.4 个百分点。其中，32.7%的企业认为本季资金周转状况"良好"，49.1%认为"一般"，18.2%认为"困难"。

企业销货款回笼指数为 60.9%，与上季基本持平，较去年同期下降 2.9 个百分点。其中，35.1%的企业认为本季销货款回笼状况"良好"，51.8%认为"一般"，13.2%认为"困难"。

图 4：5000 户企业资金周转指数和销货款回笼指数

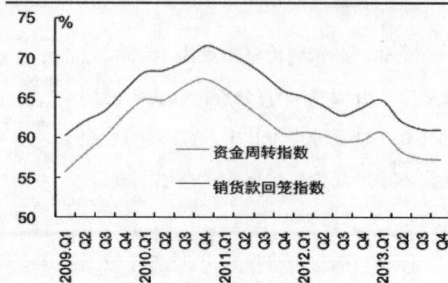

资金周转指数
销货款回笼指数

数据来源：中国人民银行调查统计司

• 图 9.28　企业资金周转指数和销货款回笼指数

图 9.29 所示为企业经营景气指数和盈利指数。

五、企业经营景气指数和盈利指数

企业经营景气指数为 58.1%，较上季上升 1.8 个百分点，较去年同期下降 3.7 个百分点。其中，29.4%的企业认为本季企业经营状况"较好"，57.5%认为"一般"，13.1%认为"较差"。

企业盈利指数为 57.6%，较上季上升 2.5 个百分点，较去年同期上升 4.5 个百分点。其中，38.9%的企业认为较上季"增盈或减亏"，37.4%认为"盈亏不变"，23.7%认为"增亏或减盈"。

图 5：5000 户企业经营景气指数和盈利指数

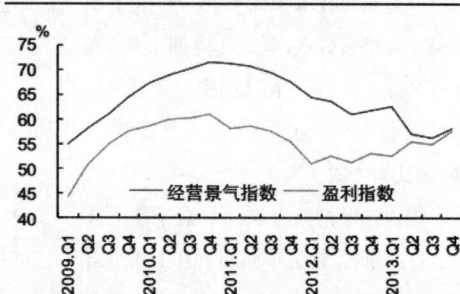

经营景气指数　　盈利指数

数据来源：中国人民银行调查统计司

• 图 9.29　企业经营景气指数和盈利指数

单击"2013 年第 4 季度城镇储户问卷调查报告"超链接，即可看到城镇居民对收入、就业、房价、消费、投资等的感觉和态度，如图 9.30 所示。

单击"2013 年第 4 季度银行家问卷调查报告"超链接，即可看到银行家宏观经济信心指数、货币政策感受指数、贷款需求指数和银行业景气指数，如图 9.31 所示。

调查与分析

调查统计司

2013年12月18日

2013 年第 4 季度城镇储户问卷调查报告

2013 年第 4 季度，中国人民银行在全国 50 个城市进行了 2 万户城镇储户问卷调查，结果显示：

一、物价感受指数

居民物价满意指数为 20.5%，比上季回落 0.9 个百分点。其中，61.6% 的居民认为物价"高，难以接受"，比上季上升 1.8 个百分点。居民未来物价预期指数为 72.2%，比上季提高 1.7 个百分点。其中，44.5%的居民预期下季物价水平"上升"，41.5%的居民预期"基本不变"，4.4%的居民预期"下降"，9.6%的居民"看不准"。

图 1：当期物价满意指数与未来物价预期指数（%）

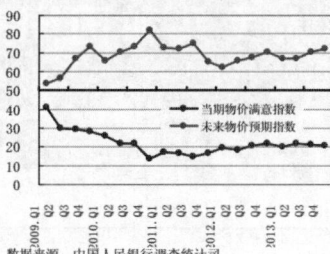

● 图 9.30 2013 年第 4 季度城镇储户问卷调查报告

2013 年第 4 季度银行家问卷调查报告

2013 年第 4 季度，由中国人民银行和国家统计局合作开展的全国银行家问卷调查结果显示：

一、银行家宏观经济热度指数

银行家宏观经济热度指数为 38.6%，较上季提高 7.3 个百分点。其中，69.8%的银行家认为当前宏观经济"正常"，较上季提高 12.2 个百分点；26.5%的银行家认为当前宏观经济"偏冷"，较上季下降 13.4 个百分点。银行家宏观经济热度预期指数为 43%，较本季判断提高 4.4 个百分点。银行家宏观经济信心指数为 71.3%，较上季提高 10.3 个百分点。

图 1：银行家宏观经济热度指数

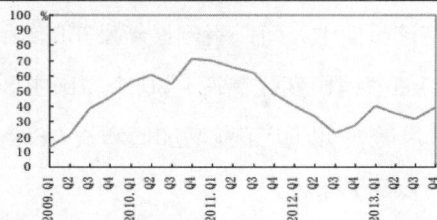

数据来源：中国人民银行调查统计司

● 图 9.31 2013 年第 4 季度银行家问卷调查报告

利用国家统计局网站可以了解最近月份及不同月份的工业、城镇投资、房地产开发、居民消费等信息。在浏览器的地址栏中输入"http://www.stats.gov.cn",然后按"Enter"键,就进入国家统计局网站的首页,如图 9.32 所示。

• 图 9.32　国家统计局网站的首页

在该页面中,可以看到最新发布的统计信息,如 2014 年 2 月份 70 个大中城市住宅销售变化情况、50 个城市主要食品平均价格变动情况、2014 年 1～2 月份规模以上工业增加值增长 8.6% 等信息。如果想查看哪条信息,只需单击该链接即可。

在这里单击"2014 年 1～2 月份规模以上工业增加值增长 8.6%"超链接,即可看到其信息内容,如图 9.33 所示。

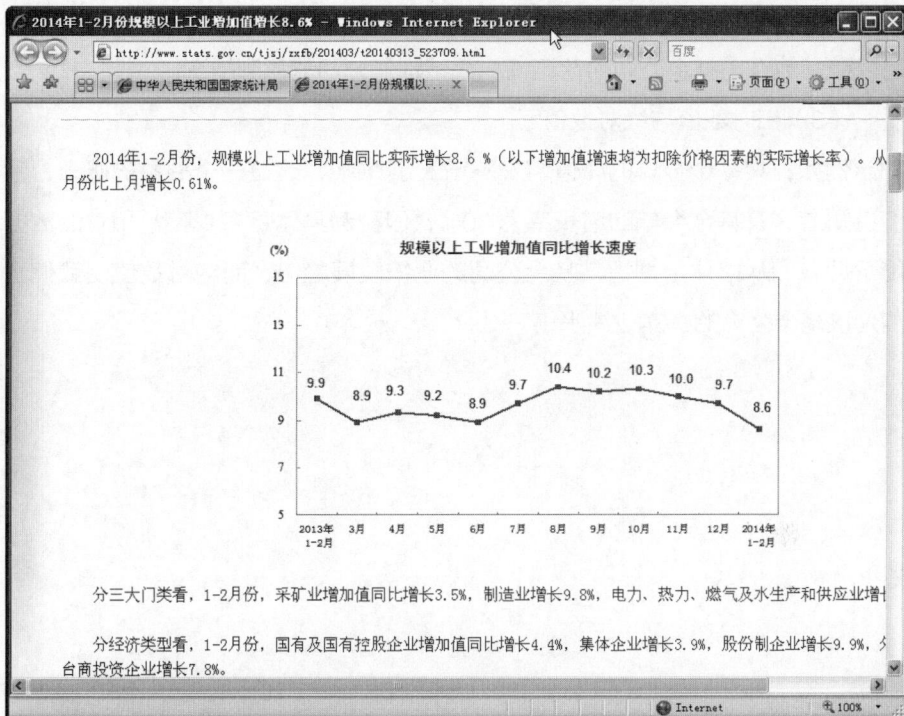

● 图 9.33　2014 年 1 ～ 2 月份规模以上工业增加值增长 8.6%

9.2.3　财务数据分析的注意事项

通过基金周期报表数据，如资产负债比率、收入与费用比率等，我们可以对基金经营状况进行财务分析。数据选择和运用一般应遵循以下原则。

（1）具体问题具体分析的原则

在财务比率分析中不能生搬硬套。例如，一般认为流动比率达到 2 ： 1 是比较好的，但如果不加区分，对所有基金公司的流动比率都要求是 2 ： 1，就会显得过于僵化。该指标仅仅是判断公司清偿能力的一种参考依据，而不是唯一的标准。

（2）实行单位化分析方法

因为基金的资产规模一般较为庞大，并且不固定，所以使人很难看清楚基金公司的实际经营状况。

一般情况下，如果把各种财务资料或会计项目的数字，化为单位数字，如每股资产净值等，就会对分析其经营状况更方便一些。利用单位数字，就可以清楚地看出基金公司的营运情况，特别是公司的盈利情况。

（3）相对数值与绝对数值

例如，某基金今年的净值增长率增长了30%，这是一个抽象的概念，我们只知道这只基金今年的增长率为30%，但盈利具体是多少呢？相对的数据能帮助我们从整体上把握某基金公司的业绩发展趋势，而绝对数值使我们看清楚该基金公司的真实业绩水平。

第 10 章

利用同花顺买卖
分级基金实战

真正的投资高手都是经过真枪实弹的操练一步一步成长起来的，投资者要想真正成为分级基金交易的赢家，就要不断地学习、不断把学到的技术反复应用，总结出一套简单实用的、适合自己的分级基金交易秘籍。本章讲解利用同花顺买卖分级基金实战。

本章主要内容包括：

➤ 登录网上交易系统

➤ 上交所分级基金母基金的买卖技巧

➤ 上交所分级基金 A 份额和 B 份额的买卖技巧

➤ 上交所分级基金的拆分与合并技巧

➤ 深交所分级基金母金的申购和赎回技巧

➤ 深交所分级基金 A 份额和 B 份额的买卖技巧

➤ 深交所分级基金的拆分与合并技巧

10.1　登录网上交易系统

如果你已有证券账户或基金账户，就可以利用同花顺买卖场内交易的分级基金母基金、A 份额和 B 份额了。下面先来看一下如何登录网上交易系统。

打开同花顺软件，就可以在菜单栏中选择"委托"命令，弹出下一级子菜单，如图 10.1 所示。

• 图 10.1　下一级子菜单

在下一级子菜单中，选择"中信万通"选项，就会弹出中信万通证券公司的交易软件的"用户登录"对话框，如图 10.2 所示。

> 提醒：这里是用中信万通证券公司的交易软件来讲解的，虽然不同券商的交易软件不完成相同，但操作方法几乎相同。

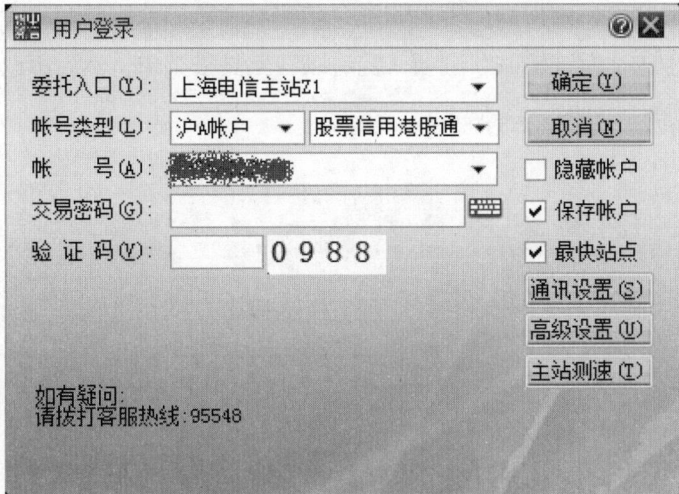

• 图 10.2　用户登录对话框

正确输入账号、密码和验证码后，单击"确定"按钮，就可以成功登录网上交易系统，如图 10.3 所示。

• 图 10.3　成功登录网上交易系统

在交易之前，要把银行卡上的资金转到基金账户或股票账户中。选择左侧导航栏中的"银证转账"选项，就可以看到其子菜单，然后再选择"银行→券商"选项，如图 10.4 所示。

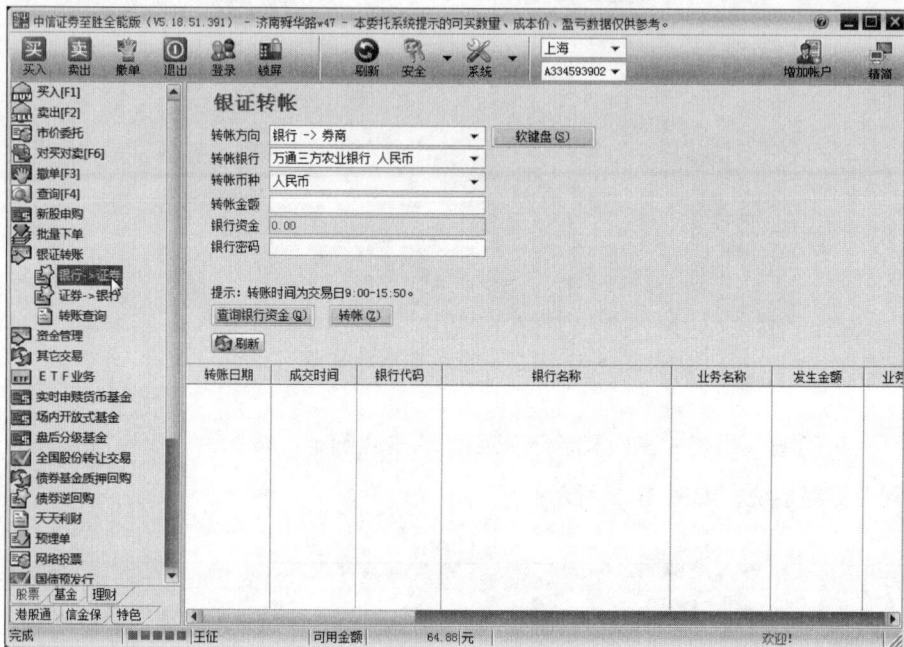

● 图 10.4　银证转账

在转账之前，先来查看一下银行卡中的余额，单击"查询银行资金"按钮，弹出"请输入银证转账密码"对话框，如图 10.5 所示。

正确输入密码后，单击"确定"按钮，就可以查看银行卡中的余额。

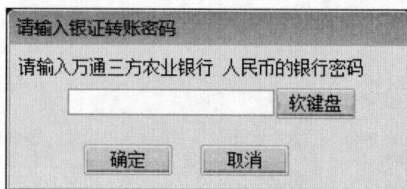

● 图 10.5　请输入银证转账密码对话框

查询银行资金余额后，然后在"银证转账"界面中，输入转账金额和银行密码，然后单击"转账"按钮，即可转账成功。

资金转入到账户后，就可以进行分级基金买卖了。

提醒：单击"证券→银行"，可以把账户中的资金转入到银行卡中。单击"转账查询"按钮，即可查看转账的详细信息。

10.2 上交所分级基金的买卖技巧

下面先来看一下上交所分级基金母基金、A 份额、B 份额的买卖技巧。由于上交所的分级基金母基金、A 份额、B 份额，都可以上市交易，所以它们的买卖操作与股票操作是一样的。

10.2.1 上交所分级基金母基金的买卖技巧

选择左侧导航栏中的"买入"选项，然后输入要买入分级基金母基金的代码，如图 10.6 所示。

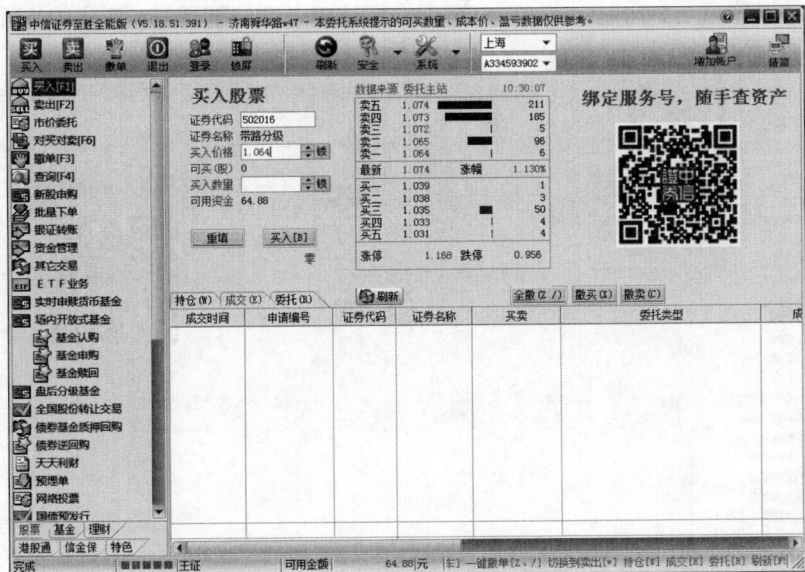

• 图 10.6 输入要买入分级基金母基金的代码

输入分级基金母基金的代码后，就可以看到分级基金的名称、买入价格、可买入数量等信息。

分级基金母基金显示的买入价格，就是当前分级基金母基金的现价，投资者可以以低于这个价格购买，也可以高于这个价格购买。

买入的数量，如果投资者要全仓，可以按"可买（股）"的数量填写；如果适量买进，可以买入小于"可买（股）"的数量填写。

在买入股票的右侧显示了五档买盘和五档卖盘信息，还显示了分级基金母基金最新、涨幅、涨停和跌停的信息。

认真考虑后，认为可以适量买进，就可以单击"买入"按钮，弹出如图10.7所示的"委托确认"提示对话框。

单击"是"按钮，就可以成功买入。

卖出分级基金母基金同买入几乎相同。选择左侧导航栏中的"卖出"选项，直接输入要见卖出的分级基金母基金的代码，如502016，这时会自

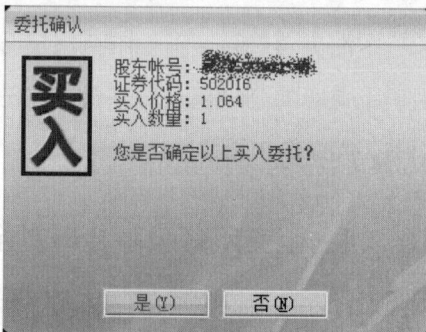

• 图 10.7　委托确认提示对话框

动显示该分级基金母基金的名称、卖出价格及可以卖出的数量，如图10.8所示。

• 图 10.8　卖出分级基金母基金

正确输入卖出价格和卖出数量后，单击"卖出"按钮即可。

10.2.2　上交所分级基金 A 份额和 B 份额的买卖技巧

选择左侧导航栏中的"买入"选项，然后输入要买入分级基金 A 份额的
代码，如图 10.9 所示。

• 图 10.9　分级基金 A 份额的代码

在这里输入的是带路分级的 A 份额代码，即"带路 A（502017）"。
在这里可以看到，买入 A 份额的各项参数，与母基金相同，这里就不再
多说。

同理，买入 B 份额的方法与参数，也与 A 份额、母基金相同。图 10.10
所示为带路分级的 B 份额，即"带路 B（502018）"的买入信息。

卖出 A 份额与 B 份额，方法与母基金相同。卖出带路 B（502018）的信息，
如图 10.11 所示。

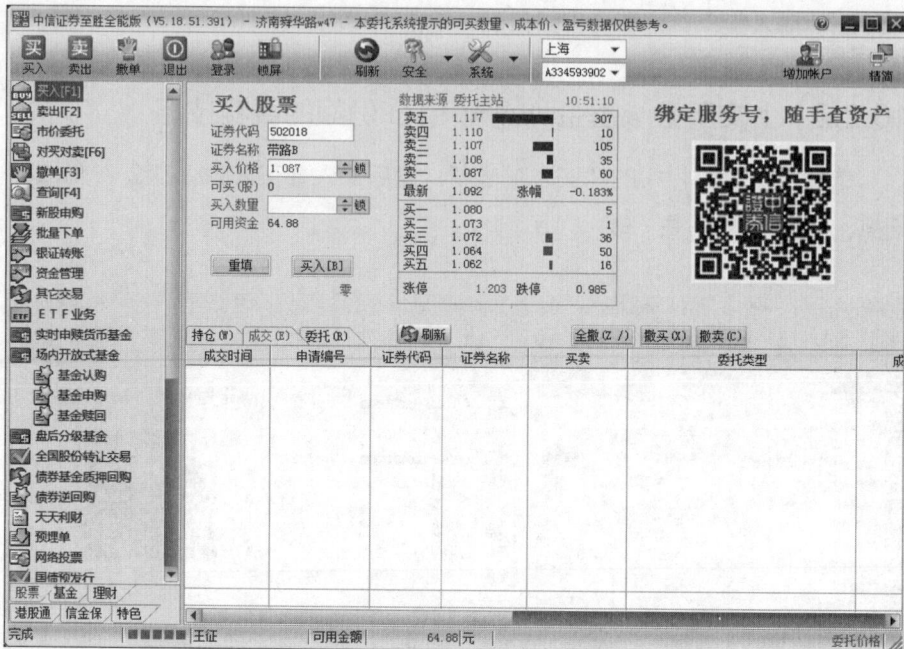

• 图 10.10　带路分级的 B 份额的买入信息

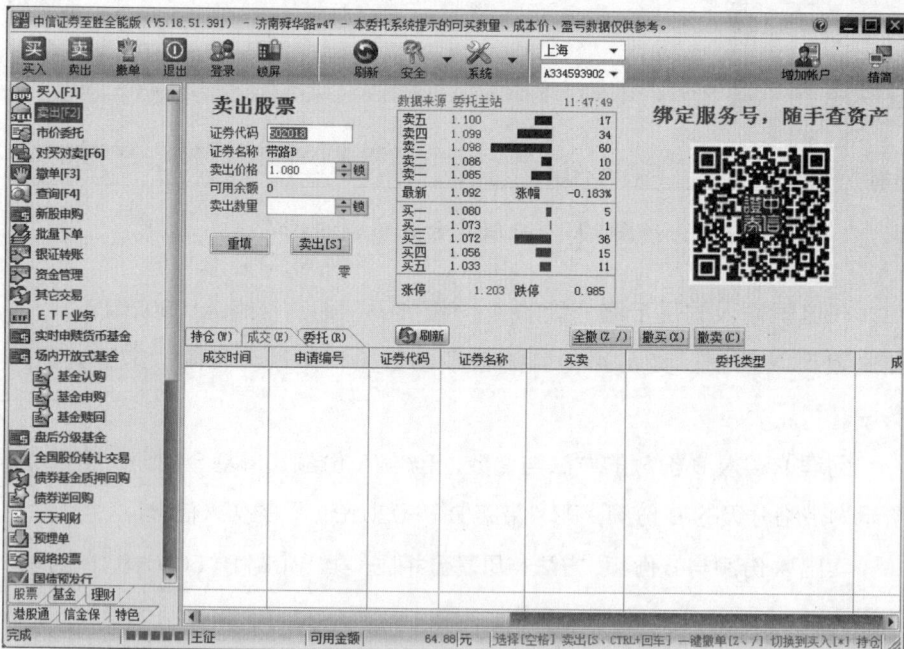

• 图 10.11　卖出带路 B（502018）的信息

10.2.3　上交所分级基金的拆分与合并技巧

在分级基金的套利操作中，会用到拆分与合并，下面就具体讲解一下。

选择左侧导航栏中的"上海 LOF 基金"选项，就可以看到其子菜单，然后选择"LOF 拆分"选项，就可以看到哪些分级基金可以拆分，哪些分级基金不可以拆分，并且可以看到分级基金的转换状态，如图 10.12 所示。

•图 10.12　LOF 拆分

注意，如果进行套利交易，一定要选择可以拆分的分级基金母基金、A份额、B 份额。

假如在这里要拆分"军工分级（502003）"这只分级基金母基金，只需双击该母基金即可，当然也可以直接输入代码，如图 10.13 所示。

> 提醒：要拆分分级基金母基金，首先确定该基金可以拆分与合并，其次买入分级基金母基金，最后选择 LOF 拆分命令进行拆分。

在这里可以看到军工分级（502003）的净值日期、T-1 日基金单位净值、累计净值、主证券代码、最低合并数量、最低拆分数量。并且可以看到军工分级（502003）的五档买盘和五档卖盘信息，及军工分级（502003）的最新、涨幅、涨停和跌停的信息。

● 图 10.13 军工分级（502003）的拆分

　　输入拆分数量，然后单击"确定"按钮，就可以把军工分级（502003）成功分拆成军工 A（502004）和军工 B（502005）。

　　需要注意的是，拆分数量，一定要小于等于可拆分数量。

　　分级基金的合同，与拆分是反向操作，即先买入可以拆分合并的分级基金 A 份额和 B 份额，然后选择"LOF 合并"命令进行合并即可。

　　假如已买入带数分级（502016）的 A 份额 [带路 A（502017）] 和 B 份额 [带路 B（502018）]，选择"LOF 合并"选项，输入带数分级的代码 502016，如图 10.14 所示。

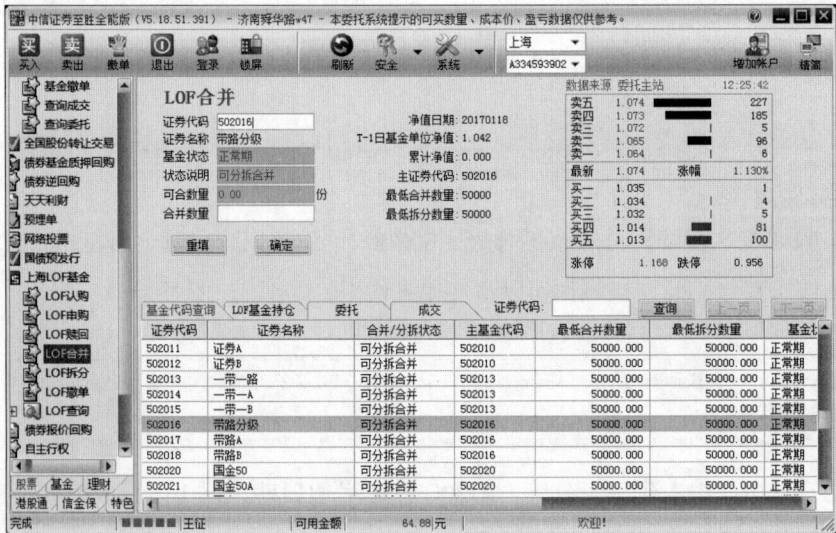

● 图 10.14 LOF 合并

　　然后输入合并数量，再单击"确定"按钮即可。

10.3 深交所分级基金的买卖技巧

深交所的分级基金母基金不上市交易，只接收申购和赎回申请。但深交
所的分级基金 A 份额、B 份额，都可以上市交易，所以它们的买卖操作与股
票操作是一样的。

10.3.1 深交所分级基金母金的申购和赎回技巧

选择左侧导航栏中的"场内开放式基金"选项，就可以看到其子菜单，
然后选择"基金申购"选项，如图 10.15 所示。

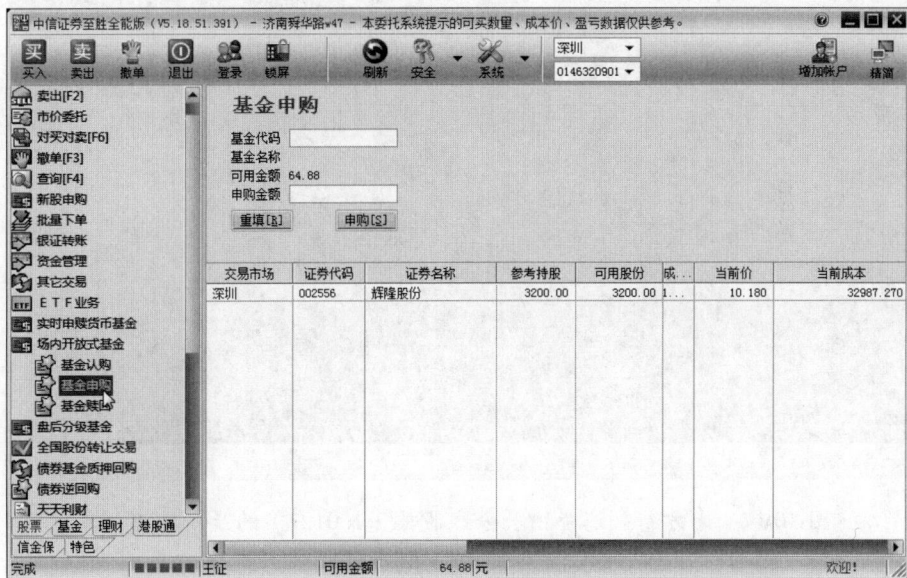

• 图 10.15 基金申购

在基金申购界面中，输入要申购的基金代码，就会显示出基金名称，如
图 10.16 所示。

然后输入申购金额，单击"申购"按钮即可。

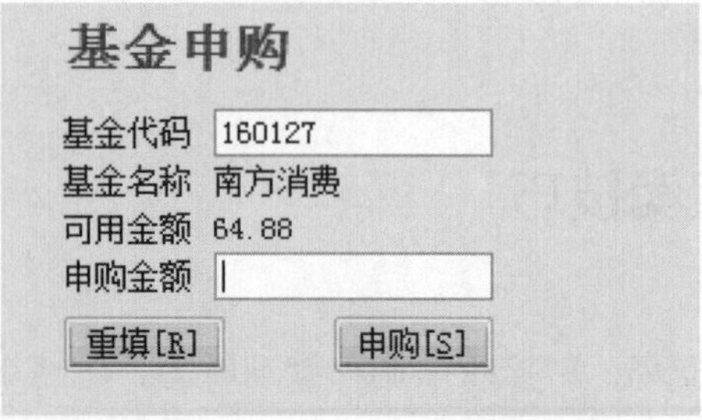

提醒：要申购某基金，必须对该基金有足够的了解。

• 图 10.16　输入要申购的基金代码

需要注意的是，由于场内开放式基金，没有 K 线图走势，所以当你输入基金代码后，就会在同花顺软件中显示最新数据信息，并且可以看到其净值走势，如图 10.17 所示。

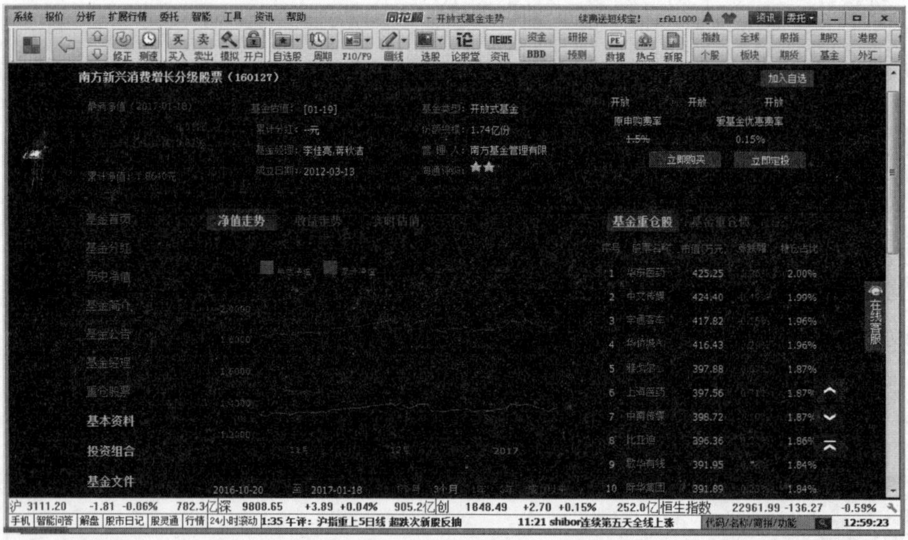

• 图 10.17　南方新兴消费增长分级股票（160127）的最新数据信息

在这里不仅可以查看其净值走势，还可以查看其收益走势，实时估值。还可以查看其重仓股、重仓债券。

当然，还可以查看基金公告、基金经理、投资组合等信息。

下面再来看一下分级基金母基金的赎回。

然后选择"基金申购"下方的"基金赎回"选项，然后输入要赎回的基金代码，如图 10.18 所示。

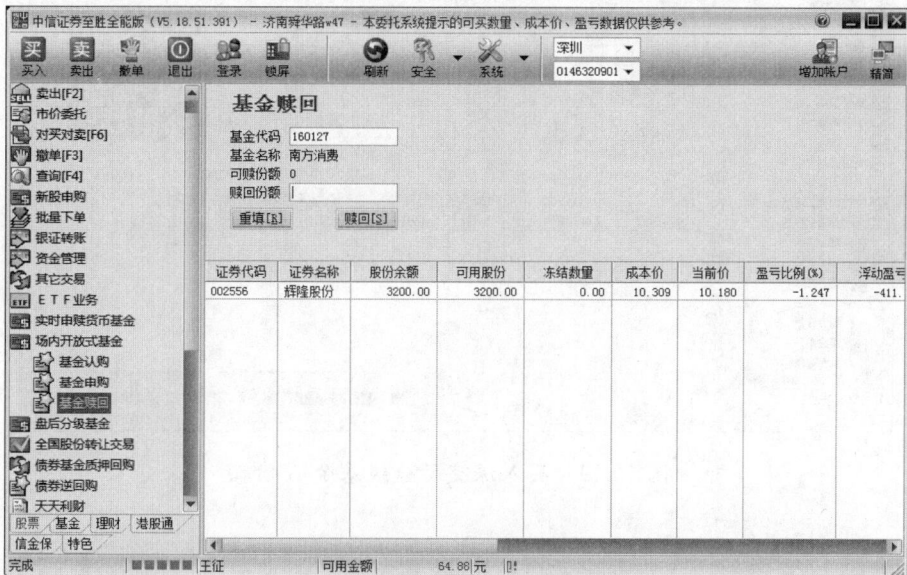

● 图 10.18　基金赎回

然后输入赎回份额，再单击"赎回"按钮即可。

10.3.2　深交所分级基金 A 份额和 B 份额的买卖技巧

深交所的分级基金 A 份额、B 份额，可以上市交易，买卖都非常简单。先来看一下 A 份额的买入和卖出。

选择左侧导航栏中的"买入"选项，输入要买入深交所分级基金 A 份额的代码。在这里输入的是"南方消费"分级基金母基金对应的 A 份额，即消费收益（150049），如图 10.19 所示。

在这里可以看到，买入深交所分级基金 A 份额的各项参数，与上交所分级基金 A 份额的相同，这里就不再多说。

然后输入"买入数量"，再单击"买入"按钮即可。

需要注意的是，当你输入基金代码后，就会在同花顺软件中显示该基金的日 K 线图走势，如图 10.20 所示。

● 图 10.19　买入深交所分级基金 A 份额

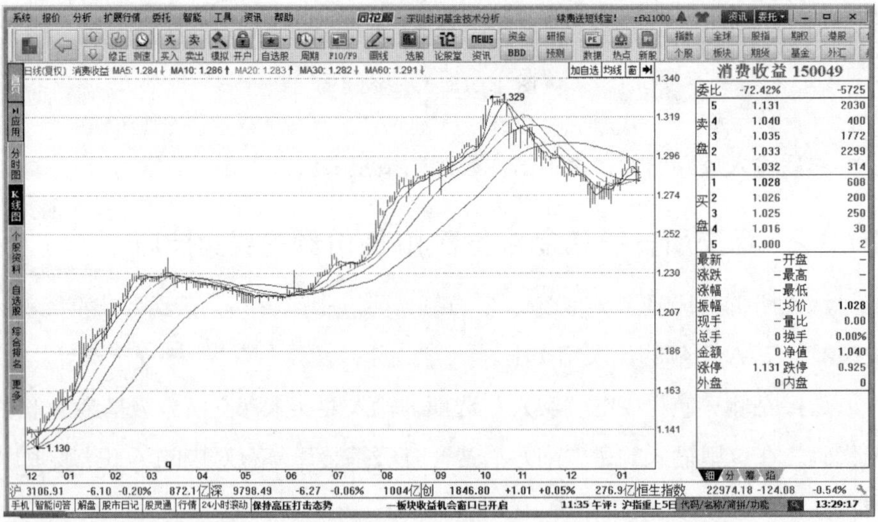

● 图 10.20　消费收益（150049）的日 K 线图走势

　　卖出深交所分级基金 A 份额。选择左侧导航栏中的"卖出"选项，输入要卖出深交所分级基金 A 份额的代码，在这里输入消费收益的代码 150049，如图 10.21 所示。

　　然后输入卖出数量，再单击"卖出"按钮即可。

• 图 10.21　卖出深交所分级基金 A 份额

下面再来看一下 B 份额的买入和卖出。

选择左侧导航栏中的"买入"选项，输入要买入深交所分级基金 B 份额的代码。在这里输入的是"南方消费"分级基金母基金对应的 B 份额，即消费进取（150050），如图 10.22 所示。

• 图 10.22　买入深交所分级基金 B 份额

然后输入买入数量，再单击"买入"按钮即可。

需要注意的是，当你输入基金代码后，就会在同花顺软件中显示该基金的日 K 线图走势，如图 10.23 所示。

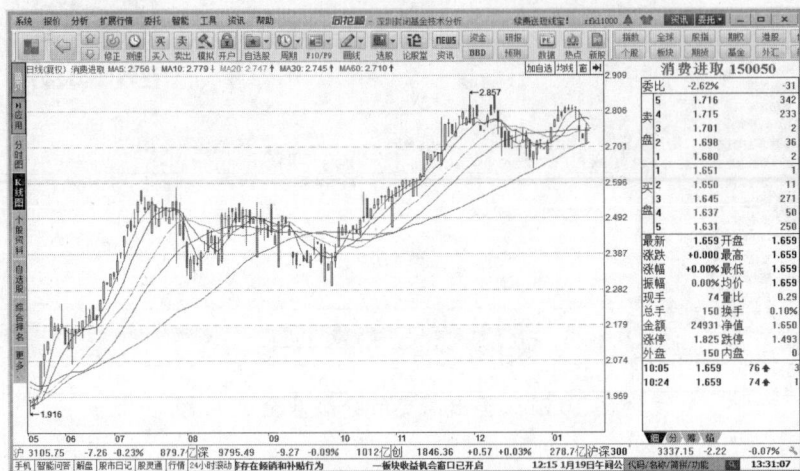

• 图 10.23　消费进取（150050）的日 K 线图走势

卖出深交所分级基金 B 份额。选择左侧导航栏中的"卖出"选项，然后输入要卖出深交所分级基金 B 份额的代码，在这里输入消费进取的代码150050，如图 10.24 所示。

• 图 10.24　卖出深交所分级基金 B 份额

然后输入卖出数量，再单击"卖出"按钮即可。

10.3.3 深交所分级基金的拆分与合并技巧

下面来讲解一下深交所分级基金的拆分与合并技巧。

先来看一下，就可以看到哪些分深交所分级基金可以拆分，哪些深交所分级基金不可以拆分。

选择左侧导航栏中的"盘后分级基金"选项，就可以看到其子菜单，选择"基金分拆"选项，就可以基金的信息，即基金代码、最低拆分数量、合并 / 分拆比例、最低合并数量、累计净值、交易市场、证券代码、证券名称，如图 10.25 所示。注意最低拆分数量、合并 / 分拆比例、最低合并数量都为 0 的基金，是不可以拆分与合并的。

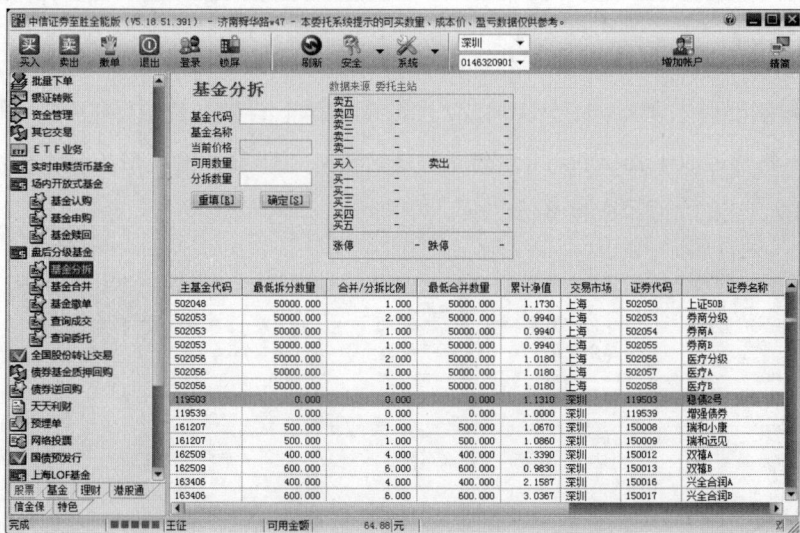

主基金代码	最低拆分数量	合并/分拆比例	最低合并数量	累计净值	交易市场	证券代码	证券名称
502048	50000.000	1.000	50000.000	1.1730	上海	502050	上证50B
502053	50000.000	2.000	50000.000	0.9940	上海	502053	券商分级
502053	50000.000	1.000	50000.000	0.9940	上海	502054	券商A
502053	50000.000	1.000	50000.000	0.9940	上海	502055	券商B
502056	50000.000	2.000	50000.000	1.0180	上海	502056	医疗B
502056	50000.000	1.000	50000.000	1.0180	上海	502057	医疗A
502056	50000.000	1.000	50000.000	1.0180	上海	502058	医疗B
119503	0.000	0.000	0.000	1.1310	深圳	119503	稳健2号
119539	0.000	0.000	0.000	1.0000	深圳	119539	增强债券
161207	500.000	1.000	500.000	1.0670	深圳	150008	瑞和小康
161207	500.000	1.000	500.000	1.0860	深圳	150009	瑞和远见
162509	400.000	4.000	400.000	1.3390	深圳	150012	双禧A
162509	600.000	6.000	600.000	0.9830	深圳	150013	双禧B
163406	400.000	4.000	400.000	2.1587	深圳	150016	兴全合润A
163406	600.000	6.000	600.000	3.0367	深圳	150017	兴全合润B

● 图 10.25　盘后分级基金的基金分拆

要想利用基金分拆套利，首先要买入可以分拆的分级基金母基金，假如在这里买入的是南方消费（160127），下面来把它拆分。

在基金分拆界面中，输入 160127，如图 10.26 所示。

然后输入分拆数量，再单击"确定"按钮即可。

分级基金的合同，与拆分是反向操作，即先买入可以拆分合并的深交所分级基金 A 份额和 B 份额，然后选择"基金合并"命令进行合并即可。

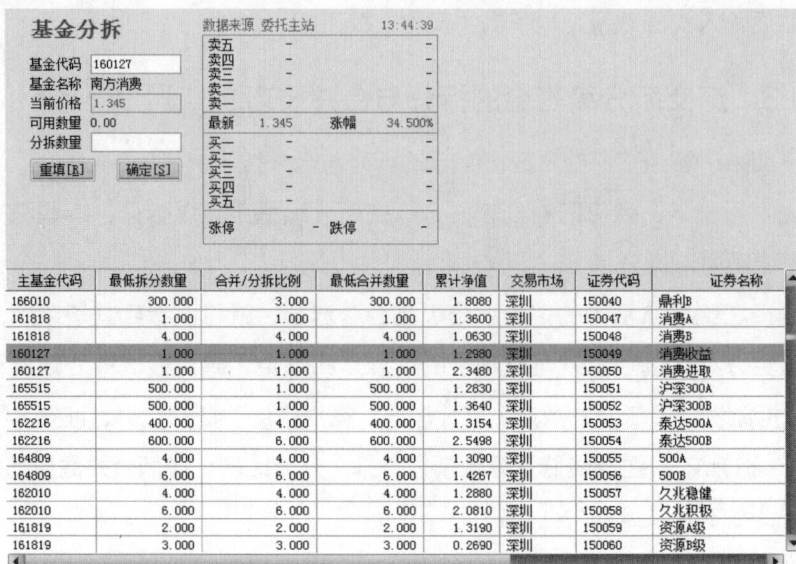

• 图 10.26　基金分拆界面

假如已买入南方消费（160127）的 A 份额 [消费收益（150049 ）] 和 B
份额 [消费进取（150050 ）]，选择"基金合并"选项，输入带数分级的代码
160127，这时如图 10.27 所示。

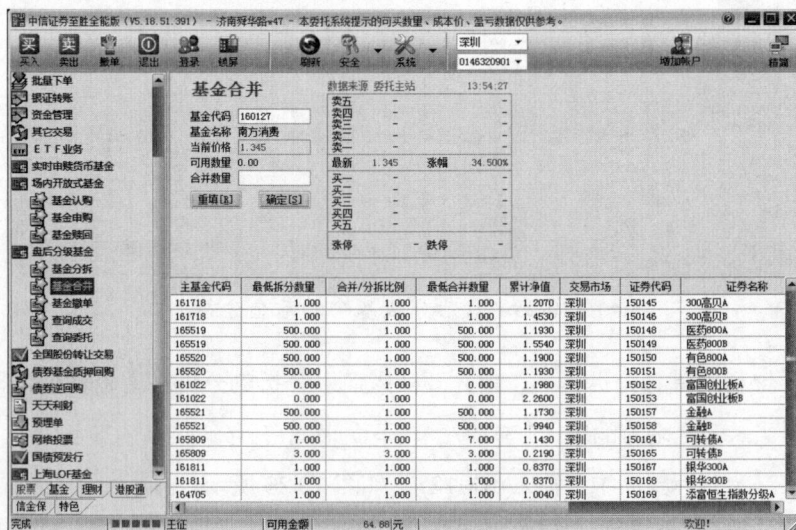

• 图 10.27　基金合并

然后输入合并数量，再单击"确定"按钮即可。

附录一

分级基金产品
审核指引

《分级基金产品审核指引》从 2011 年 12 月 28 日起实施。

为规范分级基金的发展，适当控制分级基金的风险，确保分级基金的平稳运作，特制定本审核指引。

一、分级基金是指通过事先约定基金的风险收益分配，将母基金份额分为预期风险收益不同的子份额，并可将其中部分或全部类别份额上市交易的结构化证券投资基金，其中，分级基金的基础份额称为母基金份额，预期风险、收益较低的子份额称为 A 类份额，预期风险、收益较高的子份额称为 B 类份额。

二、分级基金产品设计应遵循以下原则：① 产品结构简单，易于投资者理解；② 风险可控，分级份额的杠杆合理；③ 风险和收益相匹配，分级份额的约定收益与风险特征相匹配；④ 充分揭示基金各类份额的风险。

三、分级基金的名称中需包含"分级"字样，不得包含"高收益""双赢"等有误导性词语。

四、分级基金可以采取以下两种募集方式。① 合并募集并分拆。以母基金代码进行募集，募集完成后，场内份额按比例分拆为两类子份额；② 两类子份额分开募集。分别以两类子代码进行募集，通过比例配售实现两类份额的配比。分开募集的分级基金仅限于债券型分级基金，且此类基金不得设计母基金份额净值低于一定阈值时，两类份额共同下跌的条款。

五、分级基金应当设定单笔认 / 申购金额的下限，合并募集的分级基金，单笔认 / 申购金额不得低于 5 万元，分开募集的分级基金，B 类份额单笔认购金额不得低于 5 万元。

六、分级基金需限定分级份额的初始杠杆率，债券型分级基金不超过 10/3 倍，股票型分级基金不超过 2 倍。其中，初始杠杆率＝（A 类份额配比数＋B 类份额配比数）/B 类份额配比数。例如，A 类份额、B 类份额的配比比例为 7：3，则初始杠杆率为（7+3）/3 = 10/3。

七、股票型分级基金和无固定分级运作期限的债券型分级基金需限定分级份额的最高杠杆率。其中，股票型分级基金不超过 6 倍，无固定分级运作期限的债券型分级基金不超过 8 倍。若上述分级基金的分级份额的实际杠杆率达到最高杠杆率，则需通过份额折算或其他方式，降低分级份额的实际杠杆率。其中，实际杠杆率是指：B 类份额参考净值变化率的绝对值除以母基金份额净值变化率的绝对值。

八、分级基金可以约定份额折算。① 基金份额的定期折算。分级基金若约定份额定期折算,分开募集的分级基金定期折算的间隔时间应在 3 个月(含)以上;合并募集的分级基金定期折算的间隔时间应在 1 年(含)以上;② 基金份额的不定期折算。分级基金可以设置上阈值或下阈值折算机制,当 B 类份额参考净值或母基金份额净值达到一定阈值时,进行份额折算。

九、分级基金的申购、赎回。分开募集的分级基金,A 类份额打开集中申购、赎回的间隔时间应在 3 个月(含)以上。

十、分级基金分级运作期到期的处理方式。分级基金分级运作期到期时可以采用下列处理方式,并在基金合同中注明是否召开持有人大会。① 基金终止运作;② 两类子份额折算为母基金份额并终止上市,母基金开通申购赎回或上市交易,以 LOF 形式继续运作;③ 转入新的分级运作期。

十一、分级基金的投资策略。① 分级基金的投资策略和投资标的应当与产品特征相匹配;② 债券型分级基金不得直接从二级市场买入股票;③ 分级基金若在分级运作期满后转为 LOF,则需在基金合同中明确转 LOF 后的投资策略。

十二、基金管理公司需在基金募集申请材料中提交投资者教育 2 手册。分级基金宣传推介材料的封面需进行风险提示,注明产品不保本,可能发生亏损。

十三、基金管理公司需在基金募集申请材料的《准备情况》中说明分级基金人员、系统、制度、流程和运作等方面的情况,必要时我部将联合相关派出机构和交易所对上报分级基金的公司进行现场检查,检查主要内容包括公司在分级基金人员、系统、制度、流程和销售等方面的准备情况。

十四、基金管理公司及基金销售机构在销售分级基金时应当按照《证券投资基金销售管理办法》《证券投资基金销售适用性指导意见》等法规的要求,对基金投资人的风险承受能力进行评价和调查,严格按照投资人的风险承受能力销售分级基金。

十五、我部将视情况在基金销售机构现场检查时增加分级基金销售适用性的专项检查。

附录二

上海证券交易所分级
基金业务管理指引

新手学分级基金投资

第一章　总则

　　第一条　为了加强上海证券交易所（简称本所）分级基金业务管理，保障分级基金业务平稳运作，保护投资者合法权益，根据《证券投资基金法》《公开募集证券投资基金运作管理办法》《上海证券交易所证券投资基金上市规则》《上海证券交易所会员管理规则》《上海证券交易所开放式基金业务管理办法》等相关规定，制定本指引。

　　第二条　在本所上市交易的分级基金的份额折算、投资者适当性管理、投资者教育与风险警示等事项，适用本指引；本指引未做规定的，适用本所其他有关规定。

　　第三条　基金管理人应当按照法律、行政法规、部门规章、规范性文件、本指引及本所其他业务规则、基金合同的规定开展分级基金业务，加强分级基金相关技术系统及业务制度建设，做好投资者教育及风险警示工作，保障分级基金业务安全稳定运行。

　　第四条　会员应当根据本指引及本所其他相关规定，建立并严格落实分级基金投资者适当性管理制度，做好投资者教育及风险警示工作，引导投资者理性参与分级基金交易及相关业务。

　　第五条　投资者应当遵循买者自负的原则，根据自身风险承受能力，审慎决定是否参与分级基金交易及相关业务。

　　第六条　本所可以根据市场情况或应基金管理人的申请，暂停接受分级基金的申购及分拆合并申报，或者实施停复牌。

第二章　基金份额折算

　　第七条　分级基金份额折算包括定期份额折算和不定期份额折算。

　　分级基金的定期份额折算由基金管理人按照基金合同约定的日期办理。

　　分级基金的不定期份额折算，包括上阈值折算和下阈值折算，由基金管理人在相关基金份额净值达到基金合同约定的条件后办理。

　　第八条　基金管理人应当建立分级基金份额折算预警系统及响应机制，根据折算日期及阈值等预警信息，及时办理信息披露、暂停申购赎回和分拆合并、停复牌等相关业务。

　　第九条　分级基金发生份额折算的，基金管理人应当向本所申请暂停办理基础份额于折算基准日和折算基准日的次一交易日的申购赎回和分拆合并业务。折算基准日由基金管理人按照基金合同的约定确定。

第十条　分级基金发生份额折算的，基金管理人应当向本所申请参与份额折算的基金份额于折算基准日的次一交易日全天停牌。分级基金发生下阈值不定期份额折算的，基金管理人除应当按前款规定办理停复牌业务外，还应当向本所申请子份额（包括 A 类份额和 B 类份额，下同）于折算基准日开市至 10：30 停牌。

第十一条　基金管理人在折算基准日和折算基准日的次一交易日，除了按照本指引第九条、第十条规定执行外，有合理理由的，可以向本所申请延长相关基金份额的暂停申购赎回、分拆合并及停复牌时间。

第十二条　分级基金发生份额折算的，折算完成后次一交易日即时行情显示的前收盘价，调整为基金管理人按照基金上市法律文件中规定方式计算并向市场公告的基金份额净值或参考值。

第十三条　基金管理人在办理基金份额折算业务期间，应当及时就份额折算、暂停申购赎回、转托管和分拆合并、停复牌、折算结果、前收盘价调整等事项发布相关公告。

第十四条　分级基金份额折算的登记和结算，由本所指定的登记结算机构按照相关规则办理。

第三章　投资者适当性管理

第十五条　会员应当制定分级基金投资者适当性管理工作制度及操作流程，通过严格的业务管理规范及技术系统前端控制等手段，保障参与分级基金交易及相关业务的投资者符合适当性管理的要求。

第十六条　具备下列条件的个人投资者及一般机构投资者可以向会员申请开通分级基金的子份额买入和基础份额分拆的权限（简称分级基金相关权限）：（一）申请权限开通前 20 个交易日其名下日均证券类资产不低于人民币 30 万元；（二）不存在法律、行政法规、部门规章、规范性文件和业务规则禁止或者限制参与分级基金交易的情形。前款所称证券类资产，包括以该投资者名义开立的证券账户及资金账户内的资产，不包括该投资者通过融资融券交易融入的资金和证券。

第十七条　会员可以为下列专业机构投资者直接开通分级基金相关权限：（一）证券公司、期货公司、基金管理公司及其子公司，保险机构、信托公司、财务公司、私募基金管理人、合格境外机构投资者等专业机构及其分支机构；（二）社保基金、养老基金、企业年金、信托计划、资产管理计划、银行及保险理财产品，以及由第一项所列专业机构担任管理人的其他基金或者委托投资资产；（三）监管机构及本所规定的其他专业机构投资者。

第十八条　投资者根据本指引第十六条规定申请开通分级基金相关权限的，会员应当了解投资者身份、财产与收入状况、证券投资知识与经验、风险偏好、投资目标等信息，对投资者是否符合该条规定的条件进行核查，综合评估其风险认知与承受能力，并向符合条件、通过评估的投资者详细介绍分级基金产品特性和充分揭示分级基金相关风险，要求其在营业部现场以书面方式签署《分级基金投资风险揭示书》。风险揭示书应当包括本指引附件所列举的必备条款。对于符合本指引第十六条规定条件且已签署《分级基金投资风险揭示书》的投资者，会员可为其开通分级基金相关权限。

第十九条　会员应当妥善保存投资者相关资产证明、风险认知与承受能力评估结果及《分级基金投资风险揭示书》等资料。

第二十条　投资者应当配合会员要求，提供投资者适当性管理的相关证明材料，并对其真实性、准确性、合法性负责。

第二十一条　本所对会员落实分级基金投资者适当性管理相关要求的情况进行监督检查。会员应当根据本所要求如实提供投资者开户材料、证券及资金账户情况及其他信息等资料，不得隐瞒、阻碍或拒绝。

第四章　投资者教育和风险警示

第二十二条　基金管理人和会员应当建立分级基金投资者教育工作制度，根据投资者的不同需求和特点，对投资者教育工作的内容和形式做出安排，引导投资者在充分了解分级基金业务特点和风险的基础上参与交易及相关业务。

第二十三条　基金管理人和会员应当通过公司网站、微信、微博与营业场所等渠道，有针对性地开展分级基金投资者教育工作，详细介绍分级基金产品结构、风险收益特征及相关业务规则，充分揭示分级基金投资风险。

第二十四条　对于可能或已经发生下阈值折算且 B 类份额溢价较高的分级基金，基金管理人应当及时发布风险提示公告。会员应当按照本所业务规则的有关规定，及时向投资者警示分级基金交易风险。

第二十五条　会员应当密切关注投资者参与分级基金交易情况，加强投资者服务和沟通解释。

第二十六条　基金管理人和会员应当做好投资者投诉处理工作，妥善处理矛盾纠纷，并按照本所要求将投资者投诉及处理情况向本所报告。

第五章　附则

第二十七条　基金管理人、会员违反本指引的，本所将依据《上海证券交易所证券投资基金上市规则》《上海证券交易所会员管理规则》等规定，对其实施相应的自律监管措施或者纪律处分。

第二十八条　本指引由本所负责解释。

第二十九条　本指引自 2017 年 5 月 1 日起施行。

附录三

分级基金投资风险揭示书必备条款

为了使投资者充分了解分级基金的投资风险，保护投资者合法权益，开展分级基金经纪业务的证券公司应当制定《分级基金投资风险揭示书》，向投资者充分揭示相关业务存在的风险，并由投资者仔细阅读并签字确认。

《分级基金投资风险揭示书》应当至少包括下列内容：

本风险揭示书的揭示事项仅为列举性质，未能详尽列明分级基金业务的所有风险。投资者在参与分级基金相关业务（含买卖、认购、申赎、分拆合并等）前，应认真阅读相关法律法规、业务规则及基金合同、招募说明书等信息披露文件，了解分级基金特有的规则、所投资的分级基金产品和自身风险承受能力，自主判断基金的投资价值，自主做出投资决策，自行承担投资风险。除了本风险揭示书所列举风险外，投资者对其他可能存在的风险因素也应当有所了解和掌握，并确信自己已做好足够的风险评估与财务安排，避免因投资分级基金而遭受难以承受的损失。（以醒目文字载明）

分级基金是一种结构复杂的金融产品，通过基金合同约定的风险收益分配方式，将基金份额分为预期风险收益不同的子份额，其中全部或者部分类别份额在交易所上市交易或者申赎，大部分分级基金基础份额和子份额之间可以通过分拆、合并进行配对转换。其中，分级基金基础份额也称为"母份额"，预期风险收益较低的子份额称为"A类份额"或"稳健份额"并获取约定收益，预期风险收益较高的子份额称为"B类份额"或"进取份额"并获取剩余损益。

投资分级基金除了面临证券市场中的宏观经济风险、政策风险、市场风险、技术风险、不可抗力因素导致的风险等之外，还可能面临包括但不限于以下风险：

一、B类份额净值和价格大幅波动的风险。B类份额净值和价格变化一般与基金所跟踪指数走势密切相关。由于B类份额具有杠杆属性，在基金投资比例符合基金合同要求的情况下，其净值和价格的波动幅度一般要大于所跟踪指数，极端情况下单日净值波动幅度可能超过40%，投资风险较大，投资者应正确评估自身的风险承受能力。

二、B类份额杠杆变化的风险。对于股票型分级基金而言，B类份额的净值杠杆约等于初始杠杆*A类份额净值/B类份额净值。随着B类份额净值增大，其杠杆会变小；随着 B 类份额净值降低，其杠杆会变大。股票型分级基金 B 类份额的初始杠杆一般为 1 倍，实际杠杆随着 B 类份额净值的变化而改变，一般介于 0.5～5 倍之间；极端情况下，B 类份额的杠杆可能超过 5 倍，如基础份额净值跌幅为 1%，B 类份额净值跌幅可能超过 5%。

三、分级基金份额折溢价风险。折溢价是指基金价格相对于净值的偏离。受投资者预期、市场情绪、供求关系和价格涨跌幅限制等方面的影响，A 类、B 类份额交易时可能存在较高的折溢价。对于 B 类份额而言，其市场价格一般会高于份额净值；在市场快速下跌时，B 类份额在杠杆作用下其净值会加速下跌，跌幅可能超过 10%（如 20% 甚至更高），因价格存在 10% 涨跌幅限制，B 类份额交易价格与份额净值可能出现较大偏离，造成较高的溢价，投资者应特别注意高溢价买入所带来的风险。

四、B 类份额下折算的风险。股票型分级基金一般设置了下折算机制，当 B 类份额净值达到或低于基金合同约定的阈值时（一般为 0.25 元），即触发下折算，触发日次一交易日为折算基准日；基础、A 类及 B 类份额折算基准日净值一般折算为 1.00 元，A 类和 B 类份额数量会大幅缩减，投资者持有的市值一般会发生调整，但资产净值总额不会发生变化。在分级基金临近下折算时或者在折算基准日，B 类份额可能以较高的溢价率进行交易。不定期折算完成后，B 类份额净值和杠杆率将回到初始水平（净值 1 元、杠杆率 1 倍），在此基础上，B 类份额溢价率可能随之大幅降低，若投资者在折算前以高溢价率买入 B 类份额，折算后可能遭受较大损失。极端情况下，如果市场连续大幅下跌，下折算前 B 类份额溢价率可能超过 400%，投资者若此时买入 B 类份额，折算后亏损可能超过 80%。

五、分级基金上折算的风险。股票型分级基金一般设置了上折算机制，当基础份额净值达到或超过基金合同约定的阈值时（一般为 1.5 元或 2.0 元），即触发上折算，触发日次一交易日为折算基准日；基础、A 类及 B 类份额折算基准日净值一般折算为 1.00 元，投资者持有的市值一般会发生调整，但资产净值总额不会发生变化。上折算后，B 类份额较折算前杠杆倍数有所增大，其参考净值随市场涨跌而增长或者下降的幅度也会增加。

六、基金份额折算导致 A 类份额投资者持仓的风险收益特征变化风险。

当发生合同规定的定期或不定期份额折算时，部分 A 类份额将会被折算为基础份额。以下折算为例，约 3/4 或更多的 A 类份额折算为基础份额，原 A 类份额持有人的风险收益特征将发生一定变化，由持有单一的较低风险收益特征的 A 类份额变为同时持有 A 类份额与基础份额，其获得的基础份额净值将随市场涨跌而变化，可能会承担因市场下跌而遭受损失的风险。

七、不定期折算基准日净值与折算阈值不同的风险。触发不定期折算阈值当日，B 类份额净值可能已高于上折算阈值或低于下折算阈值，而根据基金合同的规定，不定期折算将按照折算基准日净值进行，因此折算基准日 B 类份额净值可能与折算阈值有一定差异（特别是在下折算中，在折算基准日当日 B 类份额的净值可能低于 0.25 元），对投资者利益可能会产生一定影响。

八、利率调整导致 A 类份额价格变化的风险。大部分 A 类份额约定收益率一般为"中国人民银行颁布的金融机构一年期定期存款利率 +n%"，n 为 3、3.5、4、5 等。如中国人民银行颁布的金融机构存款基准利率发生调整，A 类份额约定收益率也将出现变化，投资者将面临 A 类份额价格出现较大波动的风险。

九、份额折算期间停牌、暂停申赎带来的风险。份额折算期间，为保证折算业务的顺利进行，相关基金份额将按规定停牌或暂停申赎，投资者在停牌或暂停申赎期间无法变现，可能承担期间基金份额净值大幅波动的风险。

十、因投资者自身状况改变而导致的风险。投资者参与分级基金投资必须符合相关业务规则规定的条件，不存在法律、法规、规则等禁止或限制从事分级基金交易的情形。如投资者不再具备相关业务规则规定的条件，将可能面临分级基金相关业务权限被取消的风险。

十一、因投资者未尽注意义务而导致的风险。投资者应当特别关注基金公司就分级基金发布的风险提示性公告，及时从指定信息披露媒体、基金公司网站及证券公司网站等渠道获取相关信息。投资者无论因何种原因未注意相关风险提示公告或风险警示信息，都可能面临一定的投资风险。

除了上述各项风险提示以外，各证券公司还可以根据具体情况在本公司制定的《分级基金投资风险揭示书》中对分级基金交易及相关业务存在的风险做进一步列举。

声明：本人确认已知晓并理解上述《分级基金投资风险揭示书》的全部内容，了解分级基金相关业务规则、产品特性与相关风险，具有相应的风险承受能力，自愿承担参与分级基金投资的风险和损失。

签名：_____

日期：_____

八问八答分级
基金新规

对分级基金的监管完善安排，终于有了明确指引。2016 年 9 月 10 日，深沪交易所都发布分级基金指引的征求意见稿。以后开通分级基金投资相关权限，最近 20 个交易日名下日均证券类资产合计不低于 30 万元。

而在现有的规定下，对于场内买卖分级 A 和分级 B 没有资金门槛限制，只是要求在认购和申购母基金份额时要求投资门槛不低于 5 万元。这也意味着，经历过去年股灾的一系列风险暴露之后，分级基金投资门槛将全面提高。众多不具资金实力的投资者将再也无法买入分级基金。

30 万元对专业机构不是什么门槛（如果连 30 万元都没有，那得是什么机构啊？），且专业机构投资者无须申请分级基金权限，交易所会员可以直接为其开通。

新的指引有利于进行投资者的适当性管理，防范不了解分级基金的投资者盲目买入受损；但门槛的设置将会导致分级基金的流动性出现一定萎缩，尤其是个人投资者众多的高风险分级 B。

数据显示，分级 A 的个人投资者占比很少，只有 24%，而分级 B 的个人投资者占比高大 90%。通过中报可以了解到，部分分级 B 的持有人，户均持有金额也就几万元。

2016 年 9 月 10 日，深沪两大交易所发布《深圳证券交易所分级基金业务管理指引（征求意见稿）》《上海证券交易所分级基金业务管理指引（征求意见稿）》（简称都《指引》），八问八答，将业内关注的内容进行了说明。

两大交易所细则基本没有实质区别，具体如下：

1. 《指引》的起草背景和适用范围？

分级基金是带有杠杆特性的复杂金融产品，投资风险较高，前期有些中小投资者对分级基金产品运作机制及其风险缺乏了解，盲目买入而蒙受了损失。为规范分级基金市场投资者适当性管理，切实维护投资者合法权益，深圳证券交易所（简称深交所）制订了分级基金业务管理指引。

深交所分级基金的份额折算、投资者适当性管理、投资者教育与风险警示等事项，适用《深圳证券交易所分级基金业务管理指引》；《指引》未做规定的，适用深交所其他有关规定。

2. 个人投资者及一般机构投资者开通分级基金相关权限需满足哪些条件？

具备下列条件的个人投资者及一般机构投资者可以向会员申请开通分级基金的子份额买入和基础份额分拆的权限（简称分级基金相关权限）：

（一）最近20个交易日其名下日均证券类资产合计不低于30万元；
（二）不存在法律、行政法规、部门规章、规范性文件和业务规则禁止或者限制参与分级基金交易的情形。证券类资产包括投资者持有的客户交易结算资金、股票、债券、基金、证券公司资产管理计划等资产，不包括该投资者通过融资融券交易融入的资金和证券。符合规定条件且已签署《分级基金投资风险揭示书》的投资者，会员可为其开通分级基金相关权限。

3. 个人投资者及一般机构投资者买入A类份额需开通分级基金相关权限吗？

需要。个人投资者及一般机构投资者开通分级基金权限后才能进行A类份额和B类份额的买入，基础份额分拆操作。

4. 专业机构投资者需要申请开通分级基金相关权限吗？

专业机构投资者无须进行分级基金相关权限申请，会员可以为其直接开通。专业机构投资者包括：（一）证券公司、期货公司、基金管理公司及其子公司，保险机构、信托公司、财务公司、私募基金管理人、合格境外机构投资者等专业机构及其分支机构；（二）社保基金、养老基金、企业年金、信托计划、资产管理计划、银行及保险理财产品，以及由第一项所列专业机构担任管理人的其他基金或者委托投资资产；（三）监管机构及本所规定的其他专业机构投资者。

5. 投资分级基金为何要签署《分级基金投资风险揭示书》？

分级基金是一种结构复杂，风险较高的金融产品，投资分级基金除了面临证券市场中的宏观经济风险、政策风险、市场风险、技术风险、不可抗力因素导致的风险等之外，还可能面临分级基金份额折溢价、B类份额净值和价格大幅波动、B类份额杠杆变化等特殊风险。因此，投资者在投资分级基金前需充分了解分级基金相关的风险，仔细阅读《分级基金投资风险揭示书》并签字确认，根据自身能力审慎决策，独立承担投资风险。

6. 对分级基金存量投资者的影响？

《指引》正式实施后，对于存量个人投资者及一般机构投资者，必须向会员申请开通分级基金的子份额买入和基础份额分拆的权限。存量个人投资者及一般机构投资者若不满足投资者适当性条件，可以自主选择继续持有、卖出或者合并赎回当前持有的分级基金份额。

7. 《指引》从发布到实施有过渡期吗？

考虑到《指引》出台需证券公司进行技术系统改造，并为合格投资者开通交易及相关业务权限，为确保分级基金交易正常进行，《指引》从发布到实施将预留一段时间的过渡期。

8. 份额折算期间分级基金申购赎回、交易业务的停复牌是如何安排的？

分级基金发生份额折算的，深交所根据基金管理人申请暂停、恢复申购赎回业务及停复牌业务。分级基金下折期间的申赎、拆分合并业务，交易停复牌业务安排如下：

	A 类份额	B 类份额	基础份额
T 日（折算基准日）	10:30 开始交易	10:30 开始交易，并于 13:00 ～ 14:00 暂停交易	暂停申赎和拆分合并
T+1 日	暂停交易	暂停交易	暂停申赎、拆分合并
T+2 日	正常交易	正常交易	正常申赎，正常拆分合并

注意，基金管理人应当向交易所申请 B 类份额于折算基准日 13:00 ～ 14:00 停牌。

读 者 意 见 反 馈 表

亲爱的读者：

感谢您对中国铁道出版社的支持，您的建议是我们不断改进工作的信息来源，您的需求是我们不断开拓创新的基础。为了更好地服务读者，出版更多的精品图书，希望您能在百忙之中抽出时间填写这份意见反馈表发给我们。随书纸制表格请在填好后剪下寄到：北京市西城区右安门西街8号中国铁道出版社综合编辑部 张亚慧 收（邮编：100054）。或者采用传真（010-63549458）方式发送。此外，读者也可以直接通过电子邮件把意见反馈给我们，E-mail地址是：lampard@vip.163.com。我们将选出意见中肯的热心读者，赠送本社的其他图书作为奖励。同时，我们将充分考虑您的意见和建议，并尽可能地给您满意的答复。谢谢！

所购书名：＿＿＿＿＿＿＿＿＿＿＿＿＿＿＿＿＿＿＿＿＿＿

个人资料：

姓名：＿＿＿＿＿＿＿＿ 性别：＿＿＿＿＿＿ 年龄：＿＿＿＿＿＿ 文化程度：＿＿＿＿＿＿＿＿

职业：＿＿＿＿＿＿＿＿＿ 电话：＿＿＿＿＿＿＿＿＿＿＿ E-mail：＿＿＿＿＿＿＿＿＿

通信地址：＿＿＿＿＿＿＿＿＿＿＿＿＿＿＿＿＿＿＿ 邮编：＿＿＿＿＿＿＿＿＿＿＿

您是如何得知本书的：

□书店宣传 □网络宣传 □展会促销 □出版社图书目录 □老师指定 □杂志、报纸等的介绍 □别人推荐 □其他（请指明）＿＿＿＿＿＿＿＿＿＿＿＿＿＿＿＿＿＿＿＿＿＿＿＿

您从何处得到本书的：

□书店 □邮购 □商场、超市等卖场 □图书销售的网站 □培训学校 □其他

影响您购买本书的因素（可多选）：

□内容实用 □价格合理 □装帧设计精美 □带多媒体教学光盘 □优惠促销 □书评广告 □出版社知名度 □作者名气 □工作、生活和学习的需要 □其他

您对本书封面设计的满意程度：

□很满意 □比较满意 □一般 □不满意 □改进建议

您对本书的总体满意程度：

从文字的角度 □很满意 □比较满意 □一般 □不满意

从技术的角度 □很满意 □比较满意 □一般 □不满意

您希望书中图的比例是多少：

□少量的图片辅以大量的文字 □图文比例相当 □大量的图片辅以少量的文字

您希望本书的定价是多少：

本书最令您满意的是：

1.

2.

您在使用本书时遇到哪些困难：

1.

2.

您希望本书在哪些方面进行改进：

1.

2.

您需要购买哪些方面的图书？对我社现有图书有什么好的建议？

您更喜欢阅读哪些类型和层次的理财类书籍（可多选）？

□入门类 □精通类 □综合类 □问答类 □图解类 □查询手册类

您在学习计算机的过程中有什么困难？

您的其他要求：